THE
WISDOM
OF
TEAMS

（Jon R. Katzenbach）
[美] 乔恩·R. 卡岑巴赫
（Douglas K. Smith）
[美] 道格拉斯·K. 史密斯
—著

胡晓姣 吴纯洁 胡亚琳 译

高效能团队

**打造卓越组织的
方法与智慧**

Creating the
High-performance
Organization

中信出版集团 | 北京

图书在版编目（CIP）数据

高效能团队：打造卓越组织的方法与智慧 /（美）乔恩·R.卡岑巴赫，（美）道格拉斯·K.史密斯著；胡晓姣，吴纯洁，胡亚琳译 . -- 北京：中信出版社，2022.6
书名原文：The Wisdom of Teams: Creating the High-performance Organization
ISBN 978-7-5217-0984-1

Ⅰ.①高… Ⅱ.①乔…②道…③胡…④吴…⑤胡… Ⅲ.①企业管理–组织管理学 Ⅳ.①F272.9

中国版本图书馆CIP数据核字（2020）第 034463 号

The Wisdom of Teams: Creating the High-performance Organization by Jon R. Katzenbach and Douglas K. Smith
Original work copyright © 1993 McKinsey & Company, Inc.
Published by arrangement with Harvard Business Review Press
Unauthorized duplication or distribution of this work constitutes copyright infringement.
Simplified Chinese translation copyright © 2022 by CITIC Press Corporation
ALL RIGHTS RESERVED

本书仅限中国大陆地区发行销售

高效能团队——打造卓越组织的方法与智慧

著　　者：［美］乔恩·R.卡岑巴赫　［美］道格拉斯·K.史密斯
译　　者：胡晓姣　吴纯洁　胡亚琳
出版发行：中信出版集团股份有限公司
　　　　　（北京市朝阳区惠新东街甲 4 号富盛大厦 2 座　邮编　100029）
承　印　者：北京中科印刷有限公司

开　　本：880mm×1230mm　1/32　　印　张：10.5　　字　数：210 千字
版　　次：2022 年 6 月第 1 版　　　　印　次：2022 年 6 月第 1 次印刷
京权图字：01-2019-2959
书　　号：ISBN 978-7-5217-0984-1
定　　价：59.00 元

版权所有·侵权必究
如有印刷、装订问题，本公司负责调换。
服务热线：400-600-8099
投稿邮箱：author@citicpub.com

谨以此书献给迈克尔·卡岑巴赫

及艾琳娜和埃本·史密斯

感谢他们为本书付出的所有时间和精力

目 录

前言 V

第一部分 了解团队

1 为何选择团队 005

吸取的教训 006

对团队的需求 009

抗拒团队 015

小结 020

2 团队一心 023

团队合作 024

小结 041

3 团队基本要素 045

少数 047

能力互补 050

投身于一个共同的目标与绩效目标　052
投身于共同的方法　060
共同责任　064
小结　066

4　高效能团队　071

一线团队："一零"团队　073
青年管理团队："达拉斯黑手党"　081
小结　090

第二部分　如何成为团队

5　团队表现曲线　099

关键决策　101
团队表现曲线　103
工作小组与潜在团队的区别　110
快速反应团队：攀升为高效能团队　113
小结　121

6　沿曲线攀升　127

潜在团队的挑战　130
打造团队绩效的方法　139
小结　148

7　团队领导者　151

领导者及其团队的力量　158

团队领导者的作为与不作为 160

小结 170

8 团队、障碍与终结 177

克服障碍 178

团队被困 182

摆脱困境的方式 189

应对变更与终结局面 195

小结 198

第三部分 挖掘团队潜力

9 团队和绩效 205

惠普：绩效体系的重要性 210

摩托罗拉连接团队：明确的业绩目标 216

"白兰地酒"：薄弱的绩效体系 223

小结 227

10 团队与重大变革 231

团队与自上而下的文化建立 236

跨职能再设计与一体化 246

小结 247

11 顶层团队 251

工作小组绩效或已足够 253

为何组织的顶层更难形成团队 256

工作小组与决策 263

真正的团队与决策 265

向顶层团队绩效突围 274

小结 279

12 高管如何做 285

运营团队 288

建议团队 291

制作执行团队 294

团队与高绩效组织 297

小结 302

后　记 307
致　谢 315

前　言

从这本书中我们可以学到什么

"团队"这个词和概念可谓人人皆知,因此,这本书最初的创作设想是在更广泛的组织背景下发掘团队的概念。我们本以为过去的经历和现有搜索到的知识可以为本书提供大部分所需信息,结果发现,我们大错特错。

直到当我们开始寻找案例来证明自认为已经掌握的知识时,我们才发现有太多的东西仍不曾知晓,而"团队"更是一个博大精深的主题。最后,我们同各个组织的几百人交谈,专注于那些可能是或已经是团队的群体。结果发现没有一个是无效案例——所有案例都让我们有所收获。我们也渐渐认识到,这些经历可以让人受益良多。

本书表达的内容既一目了然又有些隐晦。很多人了解团队那广为人知的一面,比如,我们定义的团队各要素可以让人一目了然,但它们暗含的纪律性是个比较隐晦的概念。此外,团队的每种要素的意义都很明显,但又分别包含一些微妙的含义,而且团队的力量显然大于个人的力量。然而,部分高层管理人员对如何利用团队合作的优势仍然不甚明了，所以我们在进行了大量调查工作后创作了这本书。

出于这个原因，我们把真实的团队故事作为本书的重点。这些故事让我们对"团队"有了新的见解，并让我们能提出自己的观点，也让我们的创作有了依据。本书讲述的故事为读者呈现了各种各样的绩效挑战、组织成员和组织环境。也许没有一个故事能够完美地吻合你现在正经历或面对的团队机遇，但我们仍真诚地希望这些故事能够给大家提供一个学习的机会并从中受益。

需要注意的是，本书讲述的是组织机构中的团队故事，而不是整个组织，我们特意在各个组织中，按照绩效记录来挑选我们的目标团队，以便更好地理解不同环境中的团队动态。团队所取得的成绩，通常都是非凡的，而这些成绩或多或少都与团队的生命周期相吻合。通过观察在众多组织条件和组织机构设置中团队绩效状况协调出现的情况，我们收获了知识和信念。

和预料的一样，我们确实找到了一些让团队发挥作用的常识。与此同时，我们还不断发掘让团队表现有所差异的"非"常识。撰写此篇前言是为了向预期读者强调此类内容的重点是什么，同时阐述我们将从本书所描述的各类团队故事中探索、收获什么样的知识。

我们所知道的常识

如果要在有关团队的常识基础中有新的发现，这是悖论。很多人都不会以正确的方式运用已有的团队知识，因此团队未能发挥应有的潜力。举例来说，常识表明，若没有一个共同目标，团队就不会成功，然而很多组织当中的团队并不清楚"作为一支团队"，他们想要实现什么目标，以及为何要实现这一目标。在本书中，我们将会探索为何应用团队的常识如此困难：

1. **在要求较高的绩效挑战下通常更容易形成团队**。就团队成功而言，人们对绩效的渴望要比团建活动、特殊奖励或拥有理想型团队负责人更强烈。事实上，在没有任何管理层的帮助和支持的情况下，挑战更容易激发人们组建团队的欲望。相反，如果没有这样的挑战，团队通常也就无法形成。

2. **应严谨地运用团队基本要素**。团队基本要素包括团队规模、目的、目标、能力、方法和责任。这些是实现团队绩效的必要条件。如果缺乏上述基础，就不足以称之为团队，然而很多潜在团队总是无意间忽略了一个或多个团队基本要素。

3. **团队绩效机遇存在于组织机构的各个方面**。团队基本要素可以运用于各个团队，其中还包括负责推荐的团队（比如任务小组）、负责实际操作的团队（比如工人团队、销售团队）和负责运营的团队（比如不同层级的管理团队）等。当然，每种类型的团队会面临其特有的挑战，但在为团队绩效而战的时候，共同性要比差异性更重要。不幸的是，大部分组织只认识到上述类别中一两个组建团队的机会，因此与很多潜在团队绩效机遇失之交臂。

4. **组织高层团队难度最大**。长期挑战的复杂性、执行时间的多项要求，以及高管人员根深蒂固的个人主义思想使得组织高层很难组建团队。此外，人们对组织高层行为的期待与实际团队绩效通常存在冲突，因此，大型组织的高层通常鲜有团队，至于那些为数不多的团队，其成员也屈指可数。不过重要的是，我们相信这种现象是由人们对组织高层团队和行为的普遍误解造成的。

5.大多数组织从本质上来说更倾向于个人责任而非小组（团队）责任。职位描述、薪酬方案、职业道路和绩效评估都更侧重个人，团队只是"有也不错"的候补品。我们的文化更看重个人成就，让我们觉得将事业抱负托付于其他人的做法似乎不太妥当。"如果你想把事情做好，就自己一个人做"似乎是普遍观念，就算是把重点从个人责任转移到团队责任也会让我们感到不安。

我们所不知道的常识

我们还发现了很多让团队绩效大相径庭的非常识。举例来说，在我们介绍"团队"这一概念之前，很多表现绝佳的团队根本没有把自己视为一个团队。此外，在很多表现良好的团队中，我们很难找到具体的负责人，而且这一角色也没那么重要，因为所有成员在不同时期都会扮演负责人的角色。在这些团队和其他团队的对比中，我们发现"团队"和"团队合作"完全是两件事，团队负责人最显著的特征就是他们的态度和他们不做的事，以及只关注"如何成为一个团队"对真正组建团队来说没什么作用。

本书中最重要的非常识发现是（我们将在书中做进一步探讨）：

1.具有较高绩效要求的公司似乎比那些推行团队理念的公司更容易产生真正的"团队"。打着团队的名义或把员工送到团建设研讨会加以培训的"团队",并非真正的"团队"。事实上,就是因为这种不平衡的存在,很多以团队为基础的组织机构遇到了挫折。在管理层清楚地提出绩效要求之后,真正的团队才能够产生最优的效能。

2. 高效能团队十分罕见。虽然现在人们越来越关注团队,但真正表现良好的团队,即表现优于其他相似团队、(考虑到团队组成)表现超过人们期待的团队少之又少。主要原因是对他人较高的个人承诺会将高效能团队中的人和其他团队中的人区分开来。虽然人们可以有效利用这一点,也可以努力向其他团队和更大型组织的强大优势看齐,但这种承诺确实无法管理。

3. 等级制度和团队相互协调,团队和绩效也一样。团队可以强化并改进组织的形式结构和进程。对大型组织而言,多级结构和基本进程至关重要,并且不应受到团队的威胁。事实上,团队合作是跨越结构障碍、设计并推动核心进程的最佳手段。那些将团队视为等级制度替代品的人其实忽略了团队的真正潜力。

4. 团队可以整合绩效和学习。我们从未遇到过对"学习型组织"蕴含的伟大愿景持不同意见的人。不过,很多人对如何平衡短期绩效重点与长期制度建设存有疑虑。我们发现,团队刚好能解决这个问题,将长期目标转化为可以确定的短期绩效目标,然后发展实现这些目标所需要的能力,这种能力不仅可以从团队中获得,还可以从长久的忍耐当中习得。

5. 越来越多的公司认识到,团队是绩效的主要组成部分。如今,如果管理者不重视团队,就无法抓住机遇来应对挑战,现在的形势比以往任何时候都严峻。各行各业的大型公司都面临绩效挑战，比如服务水平、技术变革、有竞争性的威胁和环境限制等，这些都要求更快的响应速度和更优的在线定制方案以及凭个人能力无法实现的更高的品质要求。而团队恰好可以弥补这一裂痕。

* * *

团队中的智慧来源于人们对绩效孜孜不倦的追求，我们将通过本书的三个部分对此一一陈述。第一部分，"了解团队"，探明为何团队对大型组织的绩效来说越来越重要，为何我们对团队定义的基本元素的密切关注可以获得更好的团队绩效，为何真正绩效表现不俗的团队少之又少。第二部分，"如何成为团队"，描述了不同群体的绩效表现，并探讨了为何不同的群体会有不同的绩效，其中包括团队和非团队群体。这一部分也从团队的角度讲述了成为一个团队需要具备哪些条件（比如优秀团队带头人会做些什么），以及当团队遇到困难时团队的基本纪律为何如此重要。第三部分，"挖掘团队潜力"，在组织中追寻团队最大的绩效潜力时，要专注于董事会的角色（比如董事会自己的小团体）。第三部分还探究了当应对管理能力、价值观和行为变化时，团队起着何等重要的作用，以及为何有这样重要的作用，这对那些极其渴望拥有高效能的组织来说至关重要。

对于团队，我们当然无法做到事事皆知，需要学习的地方还有很多。比如，我们并不知道组织内部高层的团队、连锁团队、绩效良好组织中团队的角色，以及真正的团队对身边其他团队的影响。此外，我们并不局限于自己讲述的故事，或仅通过数据标准、科学事实收集总结的经验教训。的确,本书以极其详细的叙述方式讲述了很多故事,或许根本没必要讲述这么多故事,但我们真诚地希望读者可以将自己的团队经历和书中的故事做一个对比,从而得出自己的结论。我们笃信,通过故事讲述团队的智慧要比单纯分享经验更让人受用。我们曾与许许多多组织中的不同团队相处过一段时间,他们慷慨地向我们讲授了作为一个团队,他们是如何做到与众不同的,现在我们想把这些珍贵的知识和智慧分享给大家。

第一部分

了解团队

团队合作的效果既优于个人单独工作，又强过小组组织化工作，尤其在面对要求多重能力、良好判断力和丰富经验的工作时。关于这些团队优越性，大多数人都知道，也具备团队运作的常识，但他们还是选择忽视组成团队的机会。

造成忽视的一部分原因是人们对团队何以成功存在困惑，更多的是人们对团队合作有一种本能抗拒，人们天然倾向于个人职责。当然，我们不愿轻易为他人承担责任，也不愿让他人为我们的工作承担责任。要克服这种抵抗，需要我们严格遵守"团队基本要素"（见图I-1）。三角形的三个顶点表示团队成果，各边与中间点构成的区域表示取得成果所需的各项要素。如果把注意力集中在绩效成果与团队基本要素上，而不是"为了组成团队而成为团队"，

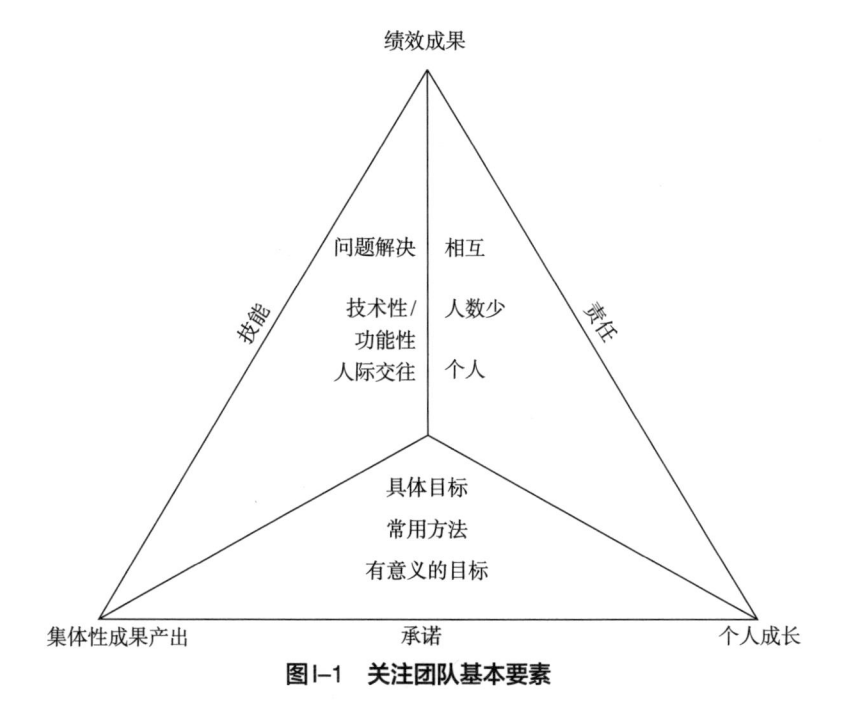

```
                    绩效成果

          问题解决    相互
  技能                         责任
          技术性/    人数少
          功能性
          人际交往   个人


            具体目标
            常用方法
            有意义的目标

集体性成果产出     承诺        个人成长
```

图I-1　关注团队基本要素

大多数小组都能取得这种需要团队合作的成果。

了解团队的最佳方式就是观察那些实实在在的工作团队，他们自身的团队故事比那些抽象的评论或逻辑的陈述更能揭示出他们的成绩、能力、责任与承诺。真正的团队对他们的团队目的、目标与工作方法高度认同。高效能团队成员与其他成员相互支持、相互信任。打造高效能团队就是要关注集体性成果产出、个人成长与绩效成果。不论绩效挑战何等严峻，"团队"永远是应对挑战的必选答案之一。

1
为何选择团队

人们进行团队合作的历史已有数百年之久,以它为主题的图书浩如烟海,在很多国家与文化里,团队合作也备受推崇。大多数人都认为自己了解团队如何运作,以及团队能带来何种优势。很多人有一手的团队经验,有些经验令人受益匪浅,而有些也有可能并不可行。无论如何,在考察团队效用的过程中,我们逐渐发现就大型机构的绩效而言,不论是单独团队的潜在影响还是多个团队的集体影响都不可避免地被低估了,尽管人们越来越认识到自身对团队优势的需求。了解这种悖论与处理它所需的要领,就是我们从中吸取教训的重点。

吸取的教训

起初，我们以为只要管理人员与其他决策者明白团队为何更优越，他们就能领导团队，团队就能成功运作。现在，我们发现事实比我们想象的要困难得多。尽管大多数人（尤其是企业管理层）都已认识到团队的价值所在，然而，长期存在的习惯、紧凑的时间安排和毫无根据的假设，使团队的优势难以全部被开发出来。

我们本以为人们都了解团队与非团队之间的大部分区别，因而觉得充分利用团队的优势应该只需做出一个更清晰明确的定义即可。但事实上，大多数人并不会把他们已知的团队知识付诸有纪律的方式运用，从而错失开发现有团队的绩效潜能的机会，更不用说探寻新的团队潜在机遇了。

团队的智慧远不止我们熟悉的那些，以下是我们总结的团队与团队绩效的关键经验。

1. 不论是面对大组织下的哪一个团队，重大绩效挑战都能发挥激励作用。 不经历一次严肃挑战，是不可能成为一个团队的。良好的人际氛围或"要成为一个团队"的渴望都能增强团队合作的价值，但团队合作与团队并不是一回事。诚然，如果组织内部一致认为达到高绩效目标十分重要，那么大多数情况下，他们既可达成目标也可成长为一个团队。绩效才是首要目标，团队只是达成目标的手段，并不是目的。

绩效是团队的关键，对大组织机构下的小团队来说亦是如此，包括建议团队、制作执行团队和运营团队。这三种团队各自面临不同的挑战。制作执行团队与其他团队相比通常需要开发新能力以管理自身，建议团队最大的挑战就是要把他们的推荐交接给执行人员，运营团队与前两个团队相比要应对更多的层级障碍与地盘划分纠葛。尽管存在这样的困难，只要团队能关注绩效而不是拘泥于自身职责范围，它就能出色地完成目标，比个人在非团队情形下单独工作所取得的绩效更为优异。

2. 组织领导者提升团队绩效的最佳方式，是建立完善的绩效标准，而非只是构建团队推崇的工作环境。组织领导者要想构建团队友好型环境，对绩效的关注也是十分重要的。有太多的主管像掉进陷阱般，为了团队而推崇团队。他们谈论着要把整个组织变成一个大"团队"，把团队与团队合作混为一谈；或是围绕着自我管理型团队进行公司重组，将团队数目优先于绩效，视为首要目标，实际上这样做风险巨大。这些领导者有时会把他们的顶层小圈子称为团队，但对公司里的大部分人来说，他们绝对称不上团队。

如果领导者在关注绩效的同时能平衡客户、员工与股东需求，那么团队就更可能取得成功。清晰的目的与目标在这个不断变化的世界里存在着巨大的力量。处于各层级的大多数人都明白，要保住一份工作取决于顾客满意度与财务绩效，并且他们也都愿意依此接受评定并得到相应的报酬。也许不太受重视，但是同样正确的是，如果能够满足有明确要求的客户和财务需求，这可以扩大就业机会，促进个人成长。

我们都想做出改变。在已有浓厚绩效文化的公司内，推崇团队的组织政策、设计与程序自然能够提升团队绩效；在那些绩效标准或文化尚有欠缺的公司，领导者通过提出绩效标准和相应要求可为团队打下一个更牢靠的基础，而非追随最新的管理设计潮流，包括建立团队本身。

3. 针对个人主义的偏见确实存在，但这并不必然会妨碍团队绩效。我们都成长于强烈的个人责任感中，我们的父母、老师、教练与人生模范塑造了我们基于个人成就的价值观。坚定的个人主义造就了美国社会。同样的价值观也存在于美国的企业之中——晋升与奖励制度都是基于个人评估。即便是团队出现后，个人成就也从未被取代。我们接受的教育要求我们公平竞争，但也要"先为自己着想"——这样的观念早已深入人心，比"我们大家都有责任"或者"一个人的失败是我们所有人的失败"之类的理念要牢固得多。

但是自我保护与个人责任有两种作用方式：一是忽视它们，让它们阻止、破坏潜在团队形成；二是正视并承认二者的存在，将其与应对绩效挑战结合，这样个人关心和个人差异就会成为集体力量的源泉。团队合作与个人绩效并非对立关系。真正的团队总能为每个个体找到出力的方式，并因此获得荣誉。的确，在我们为同一团队目的与目标努力时，将自己与他人区分开来的需求就成了提升团队绩效的强大动力。我们在观察了诸多团队后，发现没有任何一个事实能够支持"完全放弃个人主义有利于团队"这一观点。我们在本书中也并没有提出这种非黑即白式的命题。

4. 纪律（包括团队内与团队间）可以为绩效创造条件。 寻求高团队绩效的团队同寻求建立牢靠绩效标准的领导者一样，都必须关注绩效。对组织领导者来说，他们需要做出明晰且一致的指令，以反映出顾客、员工与股东的需求，并始终对此负责，如此便会为团队创造出最富成效的条件。我们认为团队的定义（详见第3章"团队基本要素"）并不是一系列的特征要素，而是一种纪律，就像节食菜谱，如果人们严格遵守便能为团队绩效创造有利条件。通过纪律性行动，小组可变成团队。纪律能确定共同目标，达成绩效目标，决定同一工作方法，开发高级互补能力，使大家共同为工作结果负责。建立了有效的纪律，团队便能秉承一贯的工作模式。

对团队的需求

团队，或者说真正的团队，而不是那种管理层口中的"团队"，应该成为大部分组织的最基本绩效单位，不论其规模大小。在任何要求员工具备多重能力、良好判断力和丰富经验的工作中，团队总是要比个人出色，因为个人只是单独工作，每个人职责有限。团队也比大组织灵活，能更快地召集解散、部署调转，这些行动通常都是加强而非破坏了组织的既定结构与程序。比起那些没有绩效目标而只追求有形成果的小组，团队的生产力更强。绩效、团队，二者结合使之无人能敌。

看看团队的绩效履历，这个道理就不言自明了。团队总是在商界、慈善组织、学校、政府、社区和军队中做出重大贡献。以摩托罗拉公司为例,它此前称自己生产出了世界上最轻巧、质量最优的手机,一举打败了它的日本劲敌。摩托罗拉公司仅用了几百个零部件,而日本公司则用了上千个零部件。这一成功极大地归因于团队的作用。福特公司也是如此,它依靠团队生产的金牛座车型在1990年一跃成为全美利润最高的汽车公司。在3M公司有一条著名的准则:过去5年推出的创新产品要创造出公司每年一半的收入,为了达到这样的目标,团队是不可或缺的。通用电气也把自我管理的工作团队设定为公司新管理组织的中心。

非企业性团队的作用同样巨大。海湾战争中的多国部队在"沙漠风暴行动"中战胜伊拉克军,离不开诸多团队的配合。其中由现役军人与预备役人员组成的团队,是30多万军队的核心。他们负责运送、接收、维持10万辆军用车辆以及700多万吨的装备、燃料与补给,这项工作始于1990年年底,一直持续到1991年战事结束。在纽约市布朗克斯区教育服务机构,员工与理事组成团队,建立了全美第一家得到国家认可的成人读写学校。还是在纽约市,哈勒姆区的一些公民组成团队,成立了少年棒球联盟,举办了当地40多年来的首次少年棒球联赛。

我们并不认为通过团队能取得巨大成就是什么新的现象,但是如今我们迫切地需要团队绩效,因为团队、个人行为改变、高效能三者之间联系紧密。"高绩效公司"能十年如一日地表现出色,打败竞争对手,并且使公司三个关键组成部分(顾客、股东与员工)都满意。毫无疑问一个新的时代已然来临:建立"顾客主导型"模式，生产"全面质量"产品，"不断创新提升"，"激励员工"，"与供应商、客户协力合作"，从而达到高绩效。然而这一切都需要在全组织机构内完成特定的行为改变，仅对个人而言这无疑困难重重且无法预测，对全公司来说就更加困难了。但好消息是，我们的发现能提升效能的团队动力，也能促进团队自身学习与行为方式的转变，并且比由大型组织机构和个人单独进行转变更为实在有效。因此，我们相信团队将会在创造以及维持高绩效组织上发挥越来越重要的作用。

当然，改革一直都是一项管理方面的挑战。但提到管理改革，行政部门通常指"常规"改革，也就是说新的环境情形出现了，但现有管理方法仍能解决。管理人员几乎每天都要应对这样的改革，这是他们基本工作的一部分，比如提升价格、面对不满的顾客、应对固执的联合会、人员更替，甚至还包括改变战略优先目标。但现在大家都认为改革拥有完全不同的含义，管理人员继续应对着"常规"改革，同时越来越多的人意识到必须面对"重大"改革，即全公司上下的改变，包括公司的最基本部分，使他们的行为、能力由糙转精。认为改革就是做战略决定或是管理重组的时代已经过去。

在1990年致股东信中，时任通用电气首席执行官的杰克·韦尔奇、副总裁劳伦斯·博西迪以及副总裁爱德华·胡德是这样描述挑战的：

改革是这个时代的风向。如今我们通用电气员工了解了变化的节奏、对速度的需求，我们知道了不论做什么都必须更快速迅捷……对速度的追求……是公司对20世纪90年代的一个愿景：我们要成为一个无边界的公司。无边界这个词并不常见……它包含了所有能提高速度的行动。在一个无边界的公司里，供应商不再是"圈外人"。

每一位通用电气公司的员工，不论男女都集中注意力在满足顾客需求上，内部职责分界开始模糊。售后服务不是单独某个人的职责，而是所有人的职责。

20世纪80年代起，通用电气就开始在战略、结构重组以及管理方面做出重大改革，人们通常将这些变革与高管层联系起来。为了在选定市场中居于第一或第二的位置，杰克·韦尔奇与他的同事们撤出了价值100亿美元的资产，进行了价值约200亿美元的收购。这些行动只占高层管理工作的一小部分，虽然艰难却十分必要。另一部分是管理上述的改变行为，我们的同事米基·胡布莱格森称它为"激励性"变革。

这项改革极具挑战性，即便是最睿智的领导者也难以完全明白要改革什么，或了解如何实现这些改革。智慧如杰克·韦尔奇，也承认著名的"群策群力"会议是经过了多次试验、挫折才发展出来的。没有大家的参与与贡献，公司领导者是难以取得成功的。高层应与员工通力协作，为基层提供引导，首先要认识到重要的新能力、新价值与新行动，再加以学习，将之制度化，最终达到并保持高绩效。要达成这些目标，团队的力量不可或缺，因为行为改变既是团队绩效的组成部分也是它的副产品。

有几个著名的现象能够解释为什么团队较个人表现更出色。

第一，团队将互补能力与丰富经验相结合，这种结合本身就强过团队里任何个人，它使团队能良好地应对多重挑战，包括创新、质量提升以及客户服务。

第二，团队共同制定明确的目标与方法，从而建立起顺畅的沟通以支持实际问题的解决。当情况有变或要求发生改变时，团队反应更加敏捷，可以灵活应对。因此，团队能根据新信息与挑战积极调整方式方法，比深陷大组织内重重流程的个人更快速、更准确、更有效。

第三，团队提供了一个独特的社会维度，增强了工作的经济特性与行政特性。真正的团队只有当成员努力克服集体绩效的障碍时才能得以壮大，在一起克服阻碍的过程中，团队成员之间建立起信任，相信彼此的能力，还能加强追求团队目标的决心，从而超越个人计划或是部门日程。通过克服困难，团队才能成长为真正的团队。工作与努力所负载的意义都得以深化，最终的回报则是高团队绩效。

第四，团队带来了更多的欢乐。这并不是什么无关紧要的事，因为这种欢乐与员工表现息息相关。当然，欢乐的方式包括派对、玩闹与庆祝活动，开派对谁都会，但团队的欢乐的与众不同之处在于它的持续方式以及它可通过团队效能保持下去。举个例子，我们经常会发现在高绩效团队工作的人幽默感更强，因为幽默能帮助他们疏解压力，缓和紧张氛围。而且我们总是能听到这种说法：最深刻、最让人心满意足的快乐源于"参与某项比自身更重要的事业"。

行为改变更容易发生在团队之中，因为人们承担着共同的责任，相互承诺，而个人基于自保更可能视改变为威胁。另外，团队灵活性强，对不同解决方案包容性强，与受层级职责限制的狭隘任务分配相比，团队提供了更广阔的成长空间。最后，因为团队关注绩效，它会鼓励、挑战、奖励、支持成员改变做事的方式。

因此，广泛改变在组织中越来越频繁地出现，就需要团队自上而下的领导方向更明晰，质量更有保证，发掘新模式，促进跨部门交流。团队工作的方式能将尚处于萌芽期的设想与价值更完备地转化为一贯的行动模式，因为模式的建立依赖通力协作。想要在组织上下形成统一方向，最可行的方法还是采用团队模式，它能使大小层级在不被削弱的情况下依然反应灵敏，跨越职能边界使程序运行顺畅，储备多重能力以解决问题。

实际上，我们听说过的那些"未来组织"模式——"网络式""集群式""非层级式""水平式"等，大多是以"作为基础绩效单位，团队表现优于个人"为预设前提。因此，当管理层想要更快更好地将资源配置于客户机会或有力挑战时，团队而非个人会成为工作的基本单元。这并不是说个人表现或个人责任就不重要。在个人与团队之间达到平衡逐渐成为一个管理挑战，不是说可以用一个取代另一个，或是偏重于其中一个。此外，团队而非管理者更应对个人的职责与绩效问题多加思考，也就是说，在多数情况下，团队比管理者更清楚个人职责何在以及自身是否达到绩效标准。

抗拒团队

然而，这种关于团队的预测引起了不少怀疑。尽管我们认为"应给予团队更多关注"这一观点令人信服，我们采访的大多数人也都这么认为，但正是同一批受访者，当让他们或他们手下的员工采用团队方式时，他们又都不情愿那么做。虽然我们身边不乏团队效能的例证，虽然团队在管理行为改变与高效能中有着重要作用，虽然团队经验在日常生活中有各种益处，但在面对绩效挑战时大家还是低估、忽略或是公开质疑团队这一选项。我们无法对这种抗拒做出完全的解释，因为可能每个人都有各自不同的拒绝理由。另外，我们既不认为这种抗拒是"好"的，也不认为它是"坏"的。但我们的确认为这种抗拒是强有力的，它深深扎根于个人主义观念，我们不能也不该忽视它。

对团队的抗拒主要源自三个方面：缺乏"团队是最佳工作模式"的信念；基于个人风格、能力、偏好认为团队工作有风险或是不自由；工作标准模糊，阻碍团队形成。

1. 缺乏信念。有些人不认为团队（除特殊或不可预测情形）会比个人表现出色。有些人甚至认为团队会造成更多的麻烦，因为团队成员会在毫无成果的会议与讨论中浪费时间，造成抱怨多过建设性成果的情况。有些人认为从人际交往角度看，团队可能有效，但在工作、成果、果断行动方面，它只会是障碍。还有些人认为适用于整个组织的团队合作与权力下放的宽泛概念可取代对特定工作小组绩效的关心与标准。

一方面，很多人对团队都具有建设性的认识，但未能严格地将之付诸实践。例如，人们知道团队应拥有共同的目标，但实际上有太多的团队随意设立目标，要么要求模糊不明，要么不切实际、难以聚拢人心。另一方面，"团队"一词的普遍运用使其含义不再明确。人们在使用"团队"一词时并不会过多地思考它的准确含义。因此，大多数人并不清楚什么是团队。事实上，团队不仅仅是一群人在一起工作，委员会、议事会、工作小组并不一定就是团队。小组不会因为仅仅有人称它为团队，就会真正成为一个团队。大型复杂组织的全体员工并不是团队。整个组织可以相信团队合作，运用团队合作，但团队合作并不等于团队。

很多管理层都公开提倡团队合作，他们也确实应该这样做。团队合作代表着一系列价值观，它鼓励人们倾听、积极回应他人意见、包容怀疑、向需要的人提供支持与帮助、认可他人的利益与成就。这些价值有助于我们在工作中更好地沟通并提高工作效率，所以这些行为都是良好的、有价值的。显而易见的是，团队合作的价值观有助于团队的表现，也有助于个人与整个组织的绩效。换言之，团队价值并非只专属于团队，只拥有这些价值观也无从确保团队绩效。

团队是独立的绩效单位，既不是一组积极的价值观念，又不同于个人与整个组织。团队是一群拥有互补能力的人（通常少于20人）为共同的目的与特定的绩效目标而一起工作，相互负责，对结果承担共同责任。团队合作鼓励并有助于团队取得成功，但仅靠团队合作是无法成为团队的。所以，当高级管理者要整个组织成为一个"团队"时，实际上他是在推广团队合作的价值观。尽管这是好意，但这种模糊不清的使用会造成不必要的混乱。此外，那些认为团队只是让人们感觉良好或友好相处的手段的描述，不仅混淆了团队与团队合作，而且漏掉了真正的团队与非团队之间最根本的区别——对绩效的不懈追求。

团队因绩效挑战而成长；没有了挑战，团队将持续低迷。没有了绩效目标，团队就会缺失继续存在的目的，无法长久运作。为了成为一个团队，为了获得职责提升、良好沟通、一流效率甚至为了追求非凡表现而建立的团队很少能成为真正的团队，很多公司在进行质量研讨小组实验之后留下的不良印象就证明了这一点。虽然质量代表着一种可贵的抱负，但质量研讨小组却经常无法通力合作达成特定的、可实现的绩效目标。

我们认为，忽视绩效会导致团队走向失败。管理学大师彼得·德鲁克就曾引用过通用汽车、宝洁、施乐（全球最大数字与信息技术产品生产商）等公司在过度设置"团队建设"目标时遇到的困难。当然，团队与团队努力有时会失败，但多数情况下，是因为不遵循团队成功要素导致了这些失败。换言之，与其争论团队是不是完成目标的合适绩效单位，不如说是不清晰的思考与操作造成了失败。不论失败的原因是什么，这些无用的个人经验贴着团队的标签，进一步动摇了人们对团队的信心。很多人在进行、参与或是了解了团队时，建立的雄心快速被遗忘或被嗤之以鼻后，对团队的态度也变成了谨慎、冷嘲甚至是敌视。

2.个人不适与风险。很多人惧怕或是不愿意在团队里工作。其中有一些人是真正的独来独往者，不被打扰的安静环境才能保证他们的效率最佳，科研人员、大学教授以及特别顾问多属于这一类。大多数人觉得在团队里不自在，是因为他们觉得团队模式太消耗时间、不确定性太强或是风险太大。

"我的工作已经够辛苦了，如果要我再去处理会议、跟一群我不怎么认识或者就算我认识也没那么喜欢的人打交道，我实在没那么多时间。"这种观点并不少见。持这种观念的人视团队为额外的负担，认为其会拖累个人任务的完成与个人的进步。有些人不喜欢在团队中当众发言、集体参与，而如果不参与的话又太引人注目。还有些人担心自己无法兑现承诺。很多人甚至根本就不喜欢相互依赖这个概念，不愿倾听或接受别人的意见，也不喜欢为别人的错误买单。难以成为团队一分子的管理者在其不是团队领导者时尤其会受到这些担忧的困扰。

没有人会否认团队合作的价值或团队潜在的绩效影响力。但在内心深处，人们还是更偏爱个人责任与独立工作，不论小组是何种形式，或是不是团队。父母、老师、教练从小就教育我们个人责任最为重要。我们从小便遵循这样一种生活规则，它依据我们的个人表现而非集体表现进行评判（考试分数）、奖励（零花钱）与惩罚（被请到校长办公室）。要想"办成一件事"，我们第一个念头就是找到负责此事的人。

所以人们在加入团队前会感到异常焦虑，也就不足为奇了。但也不是说西方的文化里就没有团队与团队合作的存在，《三个火枪手》《十二金刚》《星际迷航》都是我们耳熟能详的、讲述团队协力完成不可能任务的故事。我们钟爱的体育活动也多半是团队活动。父母、老师也都曾教导我们要追求团队价值。但对大多数人来说，不论这些教导多值得我们遵循，团队始终是排在个人责任后的第二选择，自我保护与个人责任才是主导，基于信任的共同责任是特例。对冒着风险把自己的命运交由团队的抗拒几乎是人类的一种本能。

3. 工作标准模糊。在工作标准模糊的组织里，员工多数不情愿把自己的命运与团队联系在一起。这些组织缺乏能够从理性与情感两方面吸引员工的强有力的目标。这些团队的领导者未能做出明确、有意义的绩效要求，也无法达成组织，最重要的是，他们对此负有责任。这种现象对整个组织而言，所引发的担忧更多地集中在内部政治或外部公共关系方面，而非无法承诺达成平衡顾客、股东和员工三方需求的明确目标。最坏的影响在于这种环境会破坏团队赖以生存的互信与开放，导致人们本能地认为任何重大决定都应由管理层做出，或至少是一个决定要通过层层审批，执行者才能放心行动。政治取代了绩效成为人们日常关注的焦点。而且，不可避免的是这种认知利用了个人的不安全感，进一步削弱了人们采用团队工作模式的信念与勇气。这样一来，糟糕的团队经验就变成了自行实现的成功预言。

随着团队的发展越来越重要时，调整对个人责任的天然偏重是十分重要的。但如果绩效标准不够明确的话，以团队型设计代替个人型管理结构与模式就不是必要的，这种做法反而可能造成损害。但如果绩效标准足够明确，把重点逐渐从个人转向团队就可以提高团队绩效，使其越发出色，特别是当管理人员也清楚如何处理团队情况时。不论是哪种团队政策，如果不能认识到绩效的重要性，就不会有效果。有的团队依旧会成功，其中原因无从解释，但这只是例外而已。因为在团队与绩效之间有着至关重要的联系，如果绩效标准模糊，团队内部成员就会滋生对团队的抗拒情绪。

小结

团队不是应对所有人现在与未来公司需求的方案，不能解决所有的问题、提升所有小组的成果，也不能帮助管理层层解决所有绩效挑战。如果应用不当，就会造成浪费，反而有害。虽然如此，通常情况下，团队的表现仍比小组、个人表现更出色，它是促进广泛变革的最佳方式之一。如果管理层认为基于行为而建立的特性（如质量、创新、成本效益以及客户服务）有助于形成可持续的竞争优势，团队绩效发展就必须被置于首位。

要取得成功，管理层还必须思考为什么那么多人对采取团队模式持谨慎态度。这种抗拒情绪多半来自亲身体验、对个人责任的信念以及信任他人的风险。的确，团队将个人责任与共同责任结合在一起，需要消耗大量时间，一个人如果认为不费一点儿时间就能建立并达成统一目的、目标与方式方法，那就太天真了。此外，每个小组都要冒着来自个人、部门以及层级的风险成长为真正的团队。团队各成员之间需要相互信任、依赖并创造团队绩效。

这也就不难理解很多人十分勉强地把团队模式运用在一些主

要问题上。如果我们认为一开始善意的愿望——"作为一个团队工作效果更佳"就足够驱散人们对团队的抗拒,这完全是自欺欺人。我们认为在组织机构上下建立团队绩效才是提高效能的必经之路。但这样一来,不论我们是否愿意承认,更多的挑战又出现在面前。

幸运的是,团队是存在一种法则的,如果人们严格遵守,它就能将人们对团队的抗拒转换成为团队效能。但其中有些部分是与人的本能想法相反的,需要多加学习,比如"成为一个团队"并非首要目标,但其中大部分内容是基于一些常识性概念,例如建立目标与共同责任的重要性。此外,这条法则对运作团队、推荐团队或是制作执行团队都完全适用。对一线工作有效,对管理层同样有效。

没有这条法则,恐怕也不会有小组能成长为团队。获得团队绩效是极具挑战性的。长期的个人主义习惯、普遍的对团队与团队合作的混淆以及看似有害的团队经验都在取得团队绩效的关键期削弱了团队的潜在优势。不幸的是,同其他法则一样,成功的代价就是要一以贯之地执行。不能坚持和自律的话,恐怕没有人能成功减重、戒烟、学会弹钢琴或是打高尔夫球。小组不会因为我们想让它成为团队就会真正成为团队,四处建立团队也不一定就能碰巧在正确的地方建立真正的团队,而且在高层建立团队一直是件难度极大的事。但事实仍表明组织里的潜在团队表现更为出色。这些尚未被发掘的潜力急需高层管理者将注意力再次投向它们。达成绩效的关键在于人们认可团队的智慧,有勇气尝试,运用法则并吸取经验。

2
团队一心

绩效的故事

　　团队是大部分组织获取绩效的最基本单位。它结合了各个成员不同的能力、经历和见解，赋予了成员对共同目标的高度责任感，也促进了个体的创新和成长。我们在研究过程中发现，一个组织如果在管理过程中贯穿团队意识，就能显著提高团队的绩效。

　　"团队"一词给人的印象因人而异。大部分人将团队作为区分个人阅历好与坏的场所。提起团队，有些人会联想到特别工作小组或是军事突击队，更多人则偏爱将团队塑造成他们最爱的体育队伍的模样。然而，人们的这些联想鲜有能准确形容出一个真正的团队的模样，也无法有序地解释为何在相似情况下，有些团队能脱颖而出、鹤立鸡群。在本书中，我们将列举各类团队和非团队的实际案例，来证明并分析团队明确且一致的观点将如何促成高水平的绩效。

团队的成功经历总是令人难忘，不仅仅因为集体的成果喜人，更是因为各个团队成员也收获颇丰。可以说，没有两次经历是完全相同的，因为每一次涉及的群体和工作内容都不相同，绩效结果也必定迥然不同；再者，各个团队即使面对同一挑战，各自采取的行动也千差万别，这就必然导致彼此之间产出的结果相去甚远。虽然如此，所有表现出色的团队身上仍有许多共同的闪光点，本书的目的，正是找出不同团队的相同闪光点，将其展示出来供读者学习、参考并运用于实践。

本章分析的这个团队故事很独特又令人难忘。这个团队取得了远远超出预期的绩效，主要是因为团队成员严格遵循了团队的基本规则，这些规则是一些早已被大众接受的概念。所以我们相信这个团队的故事，一定能帮助读者理解影响团队发挥的各方面的因素，也能具体形象地说明团队显著成果的由来。随着团队故事的不断推进，相信你一定能轻而易举、源源不断地发现这个团队成功的因素，当然也有一些因素比较隐蔽。各个团队故事中的细节大相径庭，但其中的闪光点大同小异，也都会在本书中不断出现。这个故事里最有意思的问题是：为什么其他团队成功的因素总是看起来很简单，在实际情境中却比较难实践？

团队合作

1981年，美国政府解除了对铁路行业的管制，为伯灵顿北方公司等老牌铁路公司提供了建立新联运体系的契机。"联运"指的是结合不同的交通方式，将单一运输模式无法处理的复杂货物的运输成本降到最低，并提高运输速度。伯灵顿北方公司的联运是火车与货车的联合运输，这在当时是一种全新的商业模式，与传统的铁路运营方式大相径庭。

历史背景

提及"搭载运输"，人们会自然而然地联想到这样一幅画面：货运卡车或集装箱"坐着"火车的平板车皮前往全国各地。这种运输概念的出现实现了单次装运合同覆盖全部货物的"一条龙"服务，比如货物从美国康涅狄格州哈特福德发出，由卡车运至纽约，再由火车运至旧金山，最后由卡车运到目的地美国加利福尼亚州沃森维尔。

在管制解除之前，搭载运输非常少见。那时候的火车大部分都是货车车厢，需要由大型的火车头牵引和专业工程师操作，它们穿行在复杂的物流运输网络之间。铁路员工都是工程师、后勤人员和机械操作员，这些岗位存在已久，因此工作模式相当传统，他们的工作内容也受限于铁路网络。如果运输方在货运途中需要卡车，他们就必须另寻他路，再单独与负责公路运输的公司签订合同。美国联合铁路公司创始董事爱德华·乔丹略带戏谑地将管制解除之前的美国铁路运输称为"老古董"，因为近百年来，美国几条主要铁路的组织结构以及客户服务模式始终如一，从未改变。

大部分铁路员工非常敌视货运卡车司机，他们视卡车司机为强有力的竞争新贵，殊不知从 20 世纪中期开始，卡车司机就抢走了铁路运输的绝大部分业务，铁路早已丧失竞争力。卡车司机就像是"一夜暴富"的创业者，且不受任何制度、传统、网络或世代留下的运作模式的约束。卡车司机与铁路员工联合起来共同为客户提供服务这一想法起初在几大主要铁路公司看来就是异端邪说，但这确确实实是能够支撑联运机制的理论。

1981 年 3 月，在管制解除的前夕，伯灵顿北方公司的营销主管要求运营经理比尔·格林伍德接手市场部新组建的联运业务组。格林伍德欣然接受，因为他认为解除管制是联运机制难得的发展机遇，目前一片惨淡的联运机制一定能发展壮大。他坚信管制解除意味着激烈竞争，激烈竞争意味着服务客户新力量的出现，同时他预感客户需要更具创新性的产品、更优质的服务和更优惠的价格。格林伍德认定即将发生的这些改变将帮助运输业务彻底摆脱局限性强的货车车厢，转向由联运提供的灵活、高效、便捷的集装箱和拖车，实现更高级的运输服务。他坚信伯灵顿北方公司就是这次变革的引领者，因此他迅速组建了一支团队负责此次任务。然而那时的他大大低估了这次变革的范围及难度。

绩效挑战

1981 年，伯灵顿北方公司的举动充分体现了铁路运输公司不愿采取联合运输的方式。他们认为联运充其量只是另一个必要的运输方式，而不是什么真正的商机，一位观察家对铁路的联运基础设施的评价是"惨不忍睹"。虽然伯灵顿北方公司当时在全美各地拥有超过 160 处卡车-铁路连接坡道,但这些坡道分布相当零散,与客户需求匹配度低,没有任何实际应用价值。每一处活动坡道在使用过程中更是遭受了那些"支持货车车厢、反对卡车"的铁路工作人员的"后妈式虐待"。除此之外,伯灵顿北方公司的联运设施也因年久失修、操作不当而变得十分破旧,因为当时的大部分联运人员都是在其他毫无前途的工作岗位表现平平被"流放"至此的员工。在种种弊端的共同"促进"下,到 1981 年年底,伯灵顿北方公司的绩效在业内排名垫底。

伯灵顿北方公司的这种情况至少可以作为"绩效挑战"的典型代表,但通常情况下,正因为这些挑战的出现才会造就真正的优秀团队。优秀团队不是受人指派而形成,团队的形成是悄无声息、自然而然的,因为它是人们完成工作所需要的。伯灵顿北方公司联运团队的形成也是如此,他们在 20 世纪 80 年代末成功实现逆转,凭借联运业务,从业内倒数第一跃居榜首,创造了 10 亿美元的佳绩。

最终组成这支团队的 7 名成员共同设定了一个艰巨的目标——在铁路业打造一个全新的商业概念,这个概念不仅会给伯灵顿北方公司带来翻天覆地的变化,也会在一定程度上改变整个铁路业的格局。他们全然不顾伯灵顿北方公司中大部分现有权力结构的极端敌意,立志要实现这个目标。团队的 7 名成员深知自己肩负着建立新概念的重任,也坚信这是重新定义铁路如何服务其客户的绝佳机会。久而久之,团队成员深受这些想法的激励,强烈的使命感油然而生,对他们来说似乎没有什么障碍是难以逾越的。最终，他们对目标矢志不渝的信念、对彼此坚定不移的信任，以及他们不同凡响的成果共同造就了这支卓尔不群的团队。

扬帆起航

事实上，联运团队在1981—1982年才集结起来。格林伍德深知，包括他的新任上司在内，几乎没有人认同他对联运的乐观和激情。但他也知道，单靠自己的力量无法建立联运体系。因为现有资源不足，而且从潜在团队领导者的角度来看，格林伍德意识到还没有万事俱备，自己需要帮助，最开始他招募了精通理财的年轻经理马克·凯恩，随后他又发现了另一个对联运事业怀有激情的人——艾米特·布雷迪。布雷迪已在联运部门工作多年，与那些浑浑噩噩混日子的同事不同，布雷迪立即意识到格林伍德的远见卓识，当即表明了他的决心与激情，愿意为联运贡献自己的一份力量；格林伍德之后又从公司外部招聘了第三名成员肯·霍普纳。这次招募纯属巧合：格林伍德刚接手新工作不久，就接到了老朋友霍普纳的电话，他的这位朋友在运营和战略规划方面的经验相当丰富，正在换工作的霍普纳只想让格林伍德做他的推荐人。而比尔·格林伍德则另有想法。霍普纳回忆道：

> 当时我正在与比尔谈论我想找的新工作，但电话另一头异常安静，我以为他把电话挂断了，于是我问："比尔，你还在听吗？"
>
> 他回答："我在听。"随后跟我提起，"现在你听我说，别

管那份新工作了,你听听我对联运变革机会的想法,我们来策划一次前所未有的大事件。虽然我现在对这件事并不太了解,但我们本来就是从零开始,我们正在组建一支团队,我希望你能加入"。

霍普纳意识到这是个难得的机遇,正好也可借此机会与老朋友共事,便答应了。他回忆起刚加入格林伍德、布雷迪和凯恩三人团队时的日子不禁笑了起来,好似命运的捉弄,那天正好是1981年4月1日愚人节。4个人集结起来后立即着手解决一些当务之急:首先,他们对业务部门进行了大整改,将低效员工的倾倒场变成主动积极的人才聚集地——这可绝不是件易事;其次,他们在公司内外有条不紊地寻求建议并进行约谈,目的在于改变联运在人们心中不堪的形象;最后,他们成立了联运特别小组,将各条铁路线的代表人员吸纳进来,共同探讨联运的发展机遇,并制定出真正的跨职能策略,以随时抓住机遇。戴夫·伯恩斯是1982年上半年由特别小组加入格林伍德团队的核心成员,他回忆道:

我是特别小组的运输职能代表,联运核心团队成员提出了一个睿智的构想。如果他们的想法能够在铁路业成为现实,员工就能走出货车车厢而进入拖车;如果特别小组的员工能让伯灵顿北方公司的其他人认可并接受这种想法,而不是只在联运部门里像末世预言家般危言耸听,那么他们的情况会好得多。

除伯恩斯之外，还有来自铁路业各个岗位和部门的40多名员工加入了特别小组，这股热潮几乎持续了1981年一整年。特别小组接受并进一步丰富了格林伍德的愿景。比如，特别小组预测，将有近5亿美元的运输业务脱离货车车厢，这至少占了当时整个伯灵顿北方公司业务量的1/10。

特别小组制订了一个三管齐下的战略计划：第一项，着力整合铁路已有的160处连接坡道，建立一个包括22个联运中心的体系，进而将伯灵顿北方公司的货运线路与卡车运输所走的州际高速公路系统连为一体；第二项，提议用新设备替换所有破旧落后的联运设施；第三项，特别小组寄希望于铁路业，期待它有能力并愿意发展一个满足客户需求的完整的产品及价格体系。

这里我们需要注意一点：特别小组并不是一个团队，因为40多个人的群体过于庞大，人数过多会导致其无法实现一个真正团队的高效发挥，也会导致各个成员间无法产生为共同绩效奋斗的责任感和共鸣。但这并不代表特别小组表现平平，相反，他们受到联运核心团队积极的启发，向外界成功地宣传和推荐了联合运输方式。

格林伍德、霍普纳、凯恩和布雷迪都惊讶于特别小组交出的成绩单，因为这些特别小组成员在进入联运部门后一年里，激情与野心日益见长，而且制订了一个务实可行的计划。此外，运输代表伯恩斯和协同策划特别小组代表比尔·戴维特的部门还新招募了两名对这份事业坚信不疑的员工，其中包括1982年春天加入的业内顶尖运营经理比尔·贝里。

有趣的是，虽然格林伍德此前就已明确指定凯恩与霍普纳加入其团队，而且作为部门的领头人他们可以继续"雇用"其他人工作，但是每一位成员在加入时都能有效务实地衡量自己在团队中的位置，每个人都十分明确自己要解决的燃眉之急。格林伍德也在他们每个人身上找到了那份与自己一样迫切想要做成些事情的干劲。与大部分成功的团队一样，这些成员把自己在团队中的事务当作一件与个人息息相关的事情，而不单单是一份职业。每位成员（包括格林伍德在内）每天都在团队中有所收获，没有哪一位依仗着自己的正式邀请任命或高人一等的职位就对他人颐指气使，每个人在团队中扮演的角色只是根据团队当下的需求制定的，这样才能更好地发挥自己的才能。

跨越障碍

7名核心团队成员发现，1981年之前公司对联运漠不关心，而到了1982年，这种冷漠已经变成了敌视。联运核心团队越来越大胆地向伯灵顿北方公司的其他人发出自己的声音，他们提倡将资金、客户、货运、人力和资源从货车车厢和平板车运输中剥离。他们也毫不掩饰自己想建立一种新的跨职能组织，打破市场、运营、财务、信息系统及其他各个方面之间的传统壁垒。此外，他们还积极寻求与卡车司机进行合作的方式，此举大大威胁到了那些"安于现状"的业内人士，这支团队将改变当时铁路业的现状。

"铁路行业内部与外部之间存在相当大的隔阂，"格林伍德说，"外部的人只知道我们正在计划着什么大事，对我们倍加关注,而铁路行业内部对我们的事业不但不支持,还对我们抱有偏见并加以阻挠。连我们自己的老板都想干掉我们,他鼓动手下的市场部人员打压我们,处处与我们作对。"

除了格林伍德的老板外,还有许多人对于联运团队的特立独行表示愤怒,嘲笑他们做着自以为是的春秋大梦。一有机会,这些联运反对者就借题发挥,对联运机制横加指责。不仅如此,他们还煞费苦心地限制联运团队的资源、信息和人员及批准许可,有时限制活动甚至可以说是在蓄意捣乱。团队成员仍记得当时一位管理人员幕后操纵了一次设备招标,使得联运团队与首选的新一代平板车供应商合作失败。种种阻碍导致联运团队运营紧张,只能依靠部门内部自给自足。

肯·霍普纳回忆道:"每次走进公司大楼,就感觉周围有许多榴弹炮指着你,随时准备发射。在这种情况下,我们的团队成员更加清醒地意识到我们与对方同在。"

形成风格

联运团队最大的工作特点便是团体性,从最基本的来说,他们每天一起工作的时间非常长。整个团队每天早上 8:00—8:20 都会进行会议讨论,平时的工作时间长达 18 个小时而非常规的 8 小时,其间他们也始终保持沟通。直至今日,他们每个人仍记得自己当时熬夜或早起,是在和谁彻夜打电话讨论。比如刚起步的第一年，格林伍德和霍普纳这两个夜猫子每天晚上都要聊到深夜十一二点。每当出现在白天的会议或其他临时会面中无法解决的问题时，整个团队就会在星期日下午去格林伍德的家里继续讨论。他们都要求彼此坦诚相待、客观求实。

戴维特总结道："在这个团队中，如果你提出一个想法，就会收获各种与之相关的质疑与测试。团队中的每个人都对市场、运营、设备等问题了如指掌，不会有人信口开河，这也是为什么我们团队彼此之间如此信任。只要逻辑或实践中存在缺陷，其他成员必然会指出其问题："等等，这里有问题，得重来。"

对此格林伍德也十分认同："团队中总是会有许多争执、各种观点、不同的分析角度，但团队成员总是会自我尊重并相互尊重。"

虽然团队成员常常意见相左，但如同那些真正优秀的团队一样，这7位成员充分坦诚、互相尊重，并且从未忘记他们共同的目标，他们所有的努力都朝着同一个方向：在伯灵顿北方公司建立联运商业需要什么？每个人需要做什么？团队一起需要完成什么？每天、每周、每月需要完成的指标是什么？

戴夫·伯恩斯说："我认为我们团队的关键词是'共享'，意思是我们分享所有的东西，开放透明，当然，我们共享最多的还是我们共同的目标与战略,这两者始终将我们凝聚在一起,也是我们每天的衡量标杆——我们是在做推进计划的事情吗?"

激励因素

联运核心团队心无旁骛的专注、奉献和职业道德感染了整个联运部门,到1982年年中,团队人数增至45人。这一年整个春夏,联运部门的人员都专注于完善联运枢纽提案,通过这份提案他们不仅想要引起伯灵顿北方公司对联运的兴趣和关注,更想步步推进直至启动测试:公司是否会通过特别小组的提议战略,为联运枢纽计划提供必需的资金、启动运营变革?

从当时的情况来看,这份联运枢纽提案能否通过,结果不容乐观。首先,对联运发展的抵制情绪已经蔓延至公司最高层组织;其次,联运小组提出用于停用现有160处连接坡道、建立新联运枢纽的资金,触碰到了公司最敏感、最关键的资源;最后,团队推进的工作将在整个铁路业引起动荡,因为联运团队想雇用卡车司机来运营联运的枢纽,并且想把卡车司机定位在高级职位,使其可以获得奖金。

"当时人们依旧抱有思维定式,"比尔·戴维特提到,"他们仍把卡车司机当作势不两立的死对头,无法改变。但是我们想做的是在公司运转的最核心部位启用卡车司机,这在当时简直是骇人听闻!"

联运团队的每个人,每当回想起联运枢纽提案递交至主席和董事那天的情境,都记忆犹新。整个联运部门连续数月夜以继日地准备这份提案,也对此寄予了厚望。格林伍德代表团队参加了提案审议会,尽管联运团队自知他们的要求过高且周围的反对声音很大,但他们对格林伍德有信心,相信他无论如何都能挺过去。

提案会议在那天下午开始。起初,联运团队的成员尽力保持常态、各司其职,但大家心中其实都惴惴不安,空气中也弥漫着焦躁紧张的气氛。会议室外人们开始在小隔间、办公室内走动,摆弄咖啡机、东张西望,不安的气氛越发浓郁。到晚些时候,平静的表象终于被打破,人们终于忍不住互相询问:"怎么那么久还没消息?"

而在会议现场,实际情况远比格林伍德预想的艰难。原本计划一小时的会议拖了整整 4 个小时,有一位高管从一开始就反对联运枢纽提案,不管格林伍德如何动之以情、晓之以理,他都丝毫不动摇。幸好在场的另一位管理人员由于早些年接触过联运工作,所以略微表达了对此提案的支持,但他出于规避风险、免于麻烦的考虑,态度十分谨慎。

几个小时里,他们反复讨论这个提案的价值与风险,格林伍德使出了浑身解数来反驳反对意见,减轻他们的恐惧,尽力维持原有的赞成票,甚至提出只要提案能获得通过,他愿意承诺任何事。然而,这一切努力最终还是付诸东流,格林伍德失败了。

"最终还是没有通过。"格林伍德说,"两位审议人员告知我,除非联运能证明此提案的可行性与可靠性,否则他们是不可能通过这个提案的。他们想让我们针对联运中心的概念进行试点运行，更加苛刻的是，他们给我们挑了两个条件最差的地点。"

"其中一位审议人员不相信我们在停用已有连接坡道、建立新的联运枢纽后还能维持原有的业务量，所以他挑选了明尼苏达州的中途岛，如果实施提案，这里停用的联运坡道将是最多的。另一位审议人员认为我们不可能按照计划完成业务，所以他挑选了俄勒冈州的波特兰，而那里是铁路业竞争最激烈的地方。"

"很明显，他们是想看我们惨败才提出了这两个试点考验。"格林伍德对此深信不疑。

会议结束后，格林伍德身心俱疲。这与他此前的期待大相径庭，肯定也不是联运团队或联运部门所期待的结果，但这已经是可达到的最佳结果，起码不是完全落空。

那天晚上格林伍德回到公司，一整天坐立不安的团队成员挤在联运部门办公区等待他的消息，他们期待的神情让格林伍德更加难以启齿。最终他还是说："我们预想的结果并没有发生，但至少我们获得了两处试点，我认为我们应该试一试。"

事实上，格林伍德低估了团队成员的承受能力。当然，他们听到结果后确实非常失落，一度缄默无言，他们每个人也立即意识到这两处试点实施起来困难重重。除了明尼苏达州中途岛停用连接坡道的数量大、俄勒冈州波特兰的竞争激烈，联运枢纽计划启动时间被安排在1982年和1983年的冬季，这正是所有建造工作因天寒地冻而停滞的时候，同时商业活动因全国经济萧条而滞缓。如果是换作一个意志力不坚定、无法自给自足的团队，恐怕早已在沮丧失望、挫败萎靡的氛围中前功尽弃、一蹶不振了。然而联运核心团队绝不是这样，他们还是看到了希望，虽然不是他们之前预想的结果，但这一丝希望足矣。所以在格林伍德宣布结果后几秒之内，整个屋内沸腾了起来，大家开始互相支持、立下誓言，激动无比，并且下定决心要大干一番。

比尔·戴维特评论道："我们积蓄了太久的能量。此前我从未从头到尾、面面俱到地考虑过完成任务所需的所有内因关联，这次我们真的已经做好充分的准备：我们已经知道如何解决连接坡道停用问题，知道从何处获得新设备，知道我们该如何运作。所以这个结果对我们来说是个好消息，起码我们终于可以着手干点儿什么了。"

从那天之后，整个团队节衣缩食，每天夜以继日地工作，终于在1982年10月启动了中途岛试点，11月启动了波特兰试点，然而这个时间并不是什么好时机。那年冬天异常寒冷，全国各地经济也相当萧条，货运行业也是一如既往地在圣诞节后进入了冬眠期。但这一切对联运团队来说相当有利，他们在伯灵顿北方公司启动的两处试点的运营效果远远超出了预期，这次的成功逆转也帮助联运团队走向成熟，成为一个真正卓尔不群的优秀团队。

信念与享受

所有真正的团队都致力于他们共同的目标，但如联运团队一般对成员也深信不疑的恐怕就只是个例了。联运团队的 7 名成员相互关照，对彼此的信念就如对他们共同目的的信念一般坚定不移。他们关心彼此的福利好坏，有需要时相互支持，只要有任务就会一起努力直至完成。不仅如此，他们也享受互相陪伴的日子，格林伍德说出了整个团队的想法："和公司其他人共事时有时并不是很愉快，但我们团队内部永远都是其乐融融。在团队中，你完全可以放下自己的戒备。我们真的非常享受在一起的时光。"

成员互相之间的信任与对目标的坚定，为这支团队提供了无穷的力量，比尔·贝里说："我们对共同努力追求的目标几乎到了狂热着魔的境界。因为这个目标不仅对我们自己意义深远，对公司也会产生巨大的影响。我们一直坚信我们的工作能让世界有所不同。"

能力与自信

联运团队的另一大特点便是力量的多方结合。团队每个人都"背叛"了之前的公司，但他们对格林伍德无比信任。更有意思的是，他们中没有一个人有市场营销背景，但每个人都有业务运营的经验。不过格林伍德并不要求团队成员一定要有市场营销经历，他在选择成员时更注重他们的潜力，更关注他们能否在团队遇到挑战时开发自己的能力——成员确实也都做到了。

"我们组成的是一支市场营销团队，"马克·凯恩说，"但之前我们之中没有人做过这方面的工作。然而我认为这正是我们的优势，因为这样我们能够提出更新颖的想法，没有任何负担。而且团队每个人都清楚我们必须重塑业务运营的方式，才能让联运更有市场。"

每位成员在团队中都有自己的定位：戴维特成了最佳市场营销，伯恩斯、布雷迪和贝里专注于业务运营，格林伍德主要负责销售，凯恩和霍普纳则负责战略、财务及规划。成员不仅拥有共同的业务经验背景，而且都是近期进入营销领域，团队成员还严格按照团队的要求工作，并且挖掘了一些队内互通可换的能力。所有这一切都进一步加深了成员互相之间的信任，提高了能力，并且为他们的工作创造了绝无仅有的自由发挥环境。

领导才能同样也是队内共享的。格林伍德在团队内的角色是营造团队的创新氛围，同时负责将联运的概念推销给公司里的其他人和客户。团队中专业知识的把控由戴维特、凯恩和霍普纳负责，伯恩斯则是社交公关方面的有力领导者，一直为团队提供积极的反馈与支援。霍普纳这样评价团队的领导力量："我从来不是为比尔·格林伍德工作，而是和比尔·格林伍德一起工作。"

收效与回报

随着联运中心试点的成功运营，联运团队也日渐强大，势如破竹。当联运团队需要建立价格体系时，公司财务部门不愿提供现成的成本计算模型，他们便"借鉴"他人经验，自己建立了一个"仿品";当无法获取足够信息或借助计算机建立联运盈亏报表时,联运团队向公司政策发起抗议,并争取到了专用计算机;当他们需要通信设备来保持彼此之间的联系,并支持不断扩大的枢纽网络时,他们绕过通信部门,自行购买了语音邮箱服务。联运团队严格按照规章办事,只不过这规章由他们自行制定,其中的第一条就是"不择手段也要达成绩效"。

伯灵顿北方公司长久以来对报刊宣传方面并不重视,而联运部门却大力刊登广告宣传。不仅如此,为了迎合卡车司机,他们更有意在宣传时把火车剔除在外,公司的其他人对此非常不满。当时运输行业的每个人都把自己的车漆成白色;联运部门与众不同,让他们的司机把车漆成了绿色。每当有新设备更新时,联运部门都自告奋勇地进行试用,有一次他们甚至在州际高速公路委员会未批准的情况下订购了一批拖车。

联运团队拥有自己独特的信条,其中伯恩斯总结了一条"阴谋原则"管理方法,来用于他们所有的运行活动,意思是:"对我们团队来说,求得原谅比获得批准容易得多。"

话虽如此,联运团队乘胜追击的佳绩让他们几乎从未被要求道歉。仅在18个月内,伯灵顿北方公司已跃居全国铁路联运业务的首位,而公司也开始与卡车司机竞争。联运团队连连创下纪录,拖车使用次数从最初的每周5 000次上升至7 000次,再猛增至12 000次,并且这一过程中并没有额外添置拖车数量。"联运团队的绩效已远远超出了我们的预期目标,"格林伍德说,"这个数字让我们也为之一震。"

联运团队成员无一例外地对自己建立的体系相当自豪,伯灵顿北方公司联运团队的绩效甚至超出了最理想的预期。联运团队的成员还因此进入了此前强烈抵制他们工作的公司高层,晋升至掌握实权的高等职位:比尔·格林伍德成了公司的首席运营官,马克·凯恩接管了价值40亿美元的设备部门,比尔·戴维特晋升为自动化市场营销部的副总裁。

然而在同这7名成员交谈的过程中,他们一致认为最大的回报还是团队本身。肯·霍普纳与其他成员有着同样的感受,他深有感触:"大部分人没有机会在这样一个团队中工作。我之前也从来没有在这样一个团队工作过,在这之后也不会再有这样的机会了。如果从头再来,我还是会毫不犹豫地加入这个团队。"

小结

在伯灵顿北方公司联运团队的故事推进中,我们看到了许多值得借鉴的团队合作方式:对同一目标和绩效挑战的投入、相互之间的信任、交流互动中的坦诚与相互尊重,甚至是互相之间产生的交情,这些都是我们平时身在团队中观察或体验过的。常识告诉我们,当上述这些条件都具备的时候,真正的团队和高效能出现的概率更大。

除此之外,联运团队中还有一些特别的关键优点。比如,我们知道联运团队的故事纯属偶然,我们与格林伍德的一次交谈中探讨与团队毫无关联的话题时,提起了这段经历。一开始格林伍德与其他许多高层管理人员一样，说起"团队"就会联想到特定项目团队或特别任务小组。然而当我们开始描述真正的团队具有哪些特点时，他立刻就想到了联运团队，脸上还自然地流露出了一丝笑容。格林伍德和其他成员从来没有带着"加入团队"的心态开始这项任务，他们也从未想过把自己郑重地定位成"团队"。

团队工作对他们来说并不是需要从自身职责中单独抽出时间和注意力完成的"附加"或"额外"任务，因为以团队为单位的工作方式就是他们承担所有职责的方法，仅此而已。团队工作当然对每个成员都有苛刻的要求，但这不是一种削弱效率的方式，而是团队提高效能的方式。上至高管，下至监督人员，许多人总是无法明确地辨别这一点。他们总是认为团队工作会消耗过多的成本、分散资源、模糊人员分工。不幸的是，正是他们的这种想法断送了其团队的高效前程，妨碍了他们获得整合的团队努力，也无法在成员中树立团队相互信赖高于个人职责的信念。

格林伍德在讲述联运团队的过程中也忽视了一个细节。他明确强调一个高效能团队形成的关键在于最初的人员选择，但从联运团队的经历中我们不难发现，在格林伍德"雇用"其他人的同时，整个团队的人员也在进行自我筛选评估，这一评估不仅发生在他们加入之初，而且是贯穿整个过程。就布雷迪、戴维特和伯恩斯来说，他们选择加入格林伍德的项目并决心为之贡献自己力量的激情绝不亚于格林伍德。而且，衡量一名成员是否适合这个团队，更多的是根据他对集体做出的贡献，而不是根据成员是通过何种途径加入的，所以同所有高效能团队的成员一样，联运团队的成员必须每天都完成一些任务来证明自己适合这个团队。从这个层面来说，起初的成员选择对团队效能来说固然重要，但更为关键的是，选择成员之后为成员创造条件，让他们不断有机会发掘自己在团队中的潜能并证明自己的价值。

最后，联运团队的故事还说明了一些令人意想不到的问题：真正的团队成员数量对团队及周围人员产生的影响。在整个联运行业故事发展中，很明显，7名人员是这个团队的核心，然而他们也没有想要以任何方式削弱其同事做出的贡献，反而常常给他们提出建议，所以7名队员在描述他们自己时常常用的是"内部"或是"核心团队"。此外，他们本身就掌握着关键信息，正是这些信息将他们的角色与联运部门的其他45位员工区分开来。

事实上，这个案例很好地说明了一个真正优秀的团队能潜移默化地带动"团队外围"的员工。诸如联运核心团队这样的优秀团队，他们通过自身的态度和行动带动并凝聚周围人员的努力，将团队自身取得的绩效通过扩散效能影响进一步放大。扩散式团队影响通过明确和加强集体的一致性、动力、价值观和效能，可以收获超越性的团队合作与支持。这也是为什么我们相信，培养少而精的优秀团队是提升组织整体效能的最佳方式。

联运团队的案例令人赞叹。7名成员及其外围团队成功抓住了一个机遇，顶住各方巨大的压力将这一机遇转变成了一项几十亿美元的业务。作为团队成员，他们每个人的经历都是独一无二、历久弥新的，其意义也远远超出了个体层面。在团队中，他们的信念与成就出类拔萃，取得如此巨大的成功。与日常生活中遇到的低效能团队相比，我们不禁会产生许多疑问：既然团队合作能收获如此高效和诱人的绩效，为何我们总是忽视或低估团队合作呢？为何发现团队高效运作的关键条件很容易，在实践中却很困难？在此过程中我们需要具备哪些态度、想法和习惯？实际上，生活中许多团队的潜能尚待发掘，我们也非常笃定，这些问题的答案在人们不断深入理解并严格执行团队绩效原则后将会一目了然。

3
团队基本要素

工作定义与法则

为什么要定义团队？主要是为了弄清我们口中的团队到底意味着什么，因为不同的人对团队有着不同的理解。有的人认为团队完全就同体育运动一样，团队训练队员，激发他们的全部潜能，队员认真练习争取赢得比赛；有的人认为团队最重要的价值在于分享、合作以及互相帮助；有的人认为只要一起工作就是团队；有人认为任何管理小组都是团队；还有人认为团队主要是两人的配对，就像婚姻与两人情感关系一样。

此外，我们还遇到很多关于团队的优势与成本的观点。有人和我们一样，认为团队是提高绩效的强大引擎。有人认为团队的价值就在于帮助成员树立自信心，或是提升成员的参与度、主人翁精神与广泛合作。有人认为团队只对短期项目有价值。有很多人认为团队浪费时间、浪费资源，阻碍果断的个人行动与效能。还有人认为团队会带来很多令人不愉快的个人风险，比如层级制管控的缺失。

由于大家的观点如此不同，我们急需一个明晰的定义来解读本书中的团队案例与经验教训，并澄清哪些事是我们不想做的。我们不想在这里争论"团队"对其他人应该意味着什么。本书中提到的小组可被贴上各种标签，我们可以把它们称为"有效小组"或"绩效队伍"，或者我们能发明出新的术语来称呼它们，但我们选择将之称为"团队"（并且是"真正的团队"）。读者可随意选用一个对自己最有帮助的术语。我们提供团队定义的目的在于为本书找寻一个最为贴切的称谓，而不是要提倡某些特定标签。我们的关注点在于团队如何工作，并非团队的称谓。

团队定义的核心在于一个基本前提，即团队与绩效紧密联系，不可分割。一个全心全意的团队是管理层拥有的最具生产力的绩效单位——假定团队对特定结果负共同责任，且公司对这些结果有绩效标准要求。

然而大多数潜力团队以及他们所在的公司都不够关注公司的绩效标准或是团队的目的与目标，因此这些团队的潜力都未能被全部开发出来。在一个团队内部，没有什么比成员对共同的目的、目标的承诺更重要，他们对相关绩效目标负有共同责任。每个成员都必须清楚团队目标对公司的成功至关重要，他们必须在评估与目标相关的结果时做到彼此坦诚。团队目标不是每个成员要去独自解决的难题，而是一个同时摆在所有人面前的问题。没有这条内部法则，团队可取得的成就要比自己的实际潜能少得多。

组织里，建立有效团队过程中最重要的因素莫过于清晰一贯的总体绩效标准，或者说"绩效准则"。绩效标准明晰、有意义的公司能鼓励和支持有效团队，帮助他们制定、调整目标，让团队明白这些目标的达成将怎样帮助公司实现整体愿景。公司的绩效标准，为团队的努力提供了重要的方向和意义。

团队与绩效二者间的重要联系并非我们的创造发明，相反，这是我们从各团队与非团队身上学到的最重要的智慧。在思考团队的过程中，我们阅读了大量优秀的文章与著作，了解专家们对此有何看法。通过倾听具有团队或准团队经验的人们的故事，我们确定了团队的定义，以便将团队与一群人一起工作的任务小组区分开来：

> 团队是少数具有互补性能力的人，他们投身于共同的绩效目标与方法，并负有共同责任。

我们对此定义的强调贯穿本书，因为潜在团队很容易忽视它。实际上，与其称之为定义，倒不如视它为基本法则，如果运用得当，团队、绩效二者能兼得。

少数

事实上，我们遇到过、读到过、听说过或参与过的团队，人数都在 2~25 人之间。其中多数（比如伯灵顿北方公司联运团队）人数少于 10 人。因此，我们的团队定义中包含"少数"这一元素。

我们承认，有意义的大目标、特定的绩效目标、统一的处理方式、互补性能力与共同责任等要素对团队规模有不同的要求。以上 5 个方面是团队必不可少的组成部分，而"少数"更像是一种实用性指导。更大的规模，比如说 50 人，理论上也可以组成团队，但如此规模的团队更容易分裂成各小团队，而不是以单一的整体团队形式运作。

为什么会这样？因为规模特性决定了人数太多的团队无法进行建设性的沟通，对具体行动也无法达成统一。10 个人的团队比 50 个人的团队更容易消除个人、部门以及层级性分歧，制订统一计划并共同负责。

大规模团队需要解决各种组织管理问题，例如寻找足够大的会议室、协调会议时间。他们还要面对一些更为复杂的情况，例如从众行为或羊群行为（指个体在获取信息不充分的情况下，行为受其他决策者行为的影响远大于考虑自身情况的一种行为），这些行为会限制团队建立所需要的激烈的观点分享。因此，大规模团队所设立的目标大多比较模糊，通常是由上级领导者决定，他们把团队合作的价值观作为他们的工作方式。一旦这些价值观瓦解崩溃，团队就又恢复到从前的层级、结构、政策以及程序。

即便是小规模组织，仅依靠团队合作的价值观也无法成功地成为团队。我们不妨听听桑迪·查拉普老师的故事。她是纽约米尔布鲁克区达切斯走读学校的一名教师，与其他教职工一样，为了提高自己作为老师与辅导员的效率，桑迪参加了团队训练。之后的几个月里，老师与学校行政人员之间的团队合作价值观念得到了提升，学校的氛围也得到改善。

但当被问及她与同事们是否形成了一个团队时，桑迪回答："没有。我们对彼此的态度更友好了，也会定期聚会谈论'团队'这一话题。但除了一些希望'事情有所改善'的大概印象外，我们其实并不知道自己为什么要做这个。实际上，我们最近的会议已经成了一种负担，不是我们因为想要做，而是我们认为我们必须得做。"

当会议变成负担时，这就意味着大多数人除了抱着更融洽地相处的目的外，根本不知道自己为什么要聚在一起，这也是在浪费时间。通常，大型团队比小规模团队会更早遇到这种情况。

所以，成员数量大于20人或25人的大型团队难以成为真正的团队。正如伯灵顿北方公司联运团队的故事告诉我们的那样，大规模团队可以采用扩展型团队的形式进行运作，这种团队的内部影响巨大，使其绩效活力远远超过层级制。最为强大的扩展型团队是从最高层操作运行的，就像伯灵顿北方公司那样，其他类型的团队也可达到同样的效果。在下一章，我们会讲述一个成为"精英"的前线团队，公司里的诸多员工都受到鼓舞，成为扩展型团队，极大地提升了公司的绩效。

然而，这种团队与我们定义的团队的区别也是十分明显的。扩展型团队不论有多强大，都不能算作真正的团队。上述诸多原因，都使得大规模团队通常无法像真正的团队那样建立起统一的目的目标、方式方法与共同责任。它们有的只是一些表面的"任务"与一片好心。因此，虽然可能与人们的本能想法不同，但将团队优势延伸至大型团队的最佳方式，是让大团队下分的小团队迎接严峻的绩效挑战，使这些小团队成长为真正的团队。在大型团队中，一个真正的团队对全体绩效表现的影响力，要远远超过无数下派任务或合作价值宣言。

能力互补

团队必须开发正确的能力组合，即组合中的每一项都应为团队工作所必需。这些能力包括以下三类：

- **技术性或功能性专业知识**。大家都会认为让一群医生在法庭就招聘歧视进行诉讼毫无意义，但若是由医生与律师组成的团队就不同了，他们能够经常合作，处理一些医疗事故或人身伤害类案件。同样，那些同时拥有营销人员与工程师的产品研发小组要比只拥有二者之一的人员的小组更容易成功。
- **问题解决与决策能力**。团队必须认清他们所面临的问题与机遇，评估手上的各种可选项，然后做出权衡与决定，再继续前进。这种能力虽然在解决问题时才能得到最好的激发，但大多数团队都需要提前储备好这种能力。
- **人际交往能力**。共识与共同的目标离不开有效沟通与建设性分歧，而有效的沟通和建设性分歧又依赖于人际交往能力，其包括风险承担、有益的批评、客观中立、积极倾听、包容信任、相互帮助以及承认他人利益与成就等。

我们都知道在选择团体时不能忽视能力。如果没有一定的基本能力，尤其是技术性与功能性能力，团队就无法起步。如果没将能力发展到所需水平，那么团队则无法达成自身的目标。但我们仍惊奇地发现，有很多企业在组织团队时只考虑成员的人际相处能力与他们先前所任的职位。

然而有趣的是，人们同样会过度强调团队选择的技巧，即在选择团队时过于强调能力。很多有关团队的文献都强调综合能力的重要性，把它视为先决条件，尤其是人际交往能力。然而，在调查中，我们没有遇见任何一个团队是在一开始就具备了所有的所需能力，我们发现团队是激发个人学习与发展引擎的强大力量。团队对绩效的关注有助于快速发现能力空缺与成员的特定发展需求，以便及时填补空缺。成员对团队的共同承诺，鼓励了对失败的合理恐惧，防止成员在挑战面前信心不足、焦虑不安。最后，每个成员的个人责任感都会鼓励他们继续学习。本能的个人主义用于团队共同目的，就会激发成员更大的学习动力。除去特定的技术性与功能性能力，我们大多数人都有学习团队能力的潜力。个人主义会激励我们想办法为团队做出自己的、独特的贡献。相应地，只要能力和潜力存在，团队动力就会引领它继续发展。

以伯灵顿北方公司联运团队为例，在面临一个营销领域的巨大挑战时，团队中没有任何一个人有市场营销背景。然而，正如这个故事告诉我们的，团队的优势与回报很多都来自成员加入后的个人成长机会。其他团队也有类似的成长经验。例如，一位曾供职于惠好公司（美国综合性林产品公司）经营战略团队的工厂经理认为，当时他因不会用计算机而拖了团队的后腿，但他特别希望成为团队的一分子，于是每天私下花几个小时提升自己的计算机运用能力。通用电气公司通常会对新进员工进行人际交往能力与问题解决能力的培训，为他们成为高效团队成员打下基础。在摩托罗拉公司的一个自主管理团队里，一位成员因不会阅读而担心拖累团队，主动要求退出，但团队坚持要教会她阅读，成员付出的这些努力最终达成了团队目标。因此，任何潜在团队都需要面对的挑战，是在选择与发展之间找到合理的平衡，以构建全面的团队成员能力互补进而完成团队目标。

投身于一个共同的目标与绩效目标

团队的目标与绩效目标相伴而行。我们还从未遇到过哪个真正的团队缺乏这两者。团队的短期绩效目标必须与整体目标直接相关，否则，团队成员会感到困惑，进而逐渐脱离团队，使得最终表现归于平庸。

1.一个统一的、有意义的目标可确定下全队基调与愿景。团队通过打磨制定一个有意义的目标，明确自己的前进方向和势头，并积极投身于此。建立对团队目标负责的主人翁精神与承诺，与从团队之外获得初始指导并不矛盾。我们经常听到这样的断言：只有当管理层完全置身事外的时候，团队才能"自主决定"自己的目标。这种观点会让潜在团队感到更加困惑，而不是从中得到启发。事实上，只有在极其例外的情况下——如创业情况——团队才会需要完全自主地制定目标。

大多数团队是根据他们所遇到的机会或需求，来确定团队目标的，其通常是由管理层推动的。施乐公司中创建了个人运算的科学家团队，就是在公司总裁建立"信息建筑"的要求下制定目标的。美国包装制造公司希悦尔[①]的位于罗金汉姆县的防松胶团队，在管理层决定要减少浪费、缩短停工后确立了自己的目标。美国能源企业安然公司旗下的钢铁交易团队，确立了大幅提升安然石油管道建设交易的目标，而这也是回应公司高层对层层障碍与官僚风气的厌恶。

来自管理层的指导可以帮助团队从更广泛的角度制定公司的绩效要求。这就是管理学家罗伯特·沃特曼与汤姆·彼得斯在二人合著的《追求卓越》一书中提出的"解答空间"，即清晰地定义权力的边界与范围，使得指令明确，但同时又可以灵活地对指令做出调整、修改以实现更好的发展。表 1-1 是我们找到的关于团队管理准则的最佳表格之一，是宝洁公司在 1985—1991 年经历了重大改变与绩效转变后制定的。表中明确了团队的章程、基本原理与绩效挑战，但也为团队留下了大量的制定具体目标、时间与方法的解答空间。

最优秀的团队会投入大量的时间与精力去探究、树立和达成

[①] 希悦尔公司是一家全球行业领先的包装材料和系统生产商。该公司利用团队模式发展世界一流制造技术，内容详见第 10 章"团队与重大变革"。

一个共同的团队目标及个人目标。事实上,真正的团队从不会停止这一过程,因为它有着能不断向团队成员澄清意义的价值。有了足够的时间与真诚的关注,一个或多个广泛且有意义的团队愿望定会得以成形,从而激励团队,鼓舞成员加倍努力。

表1-1　团队倡议表

任务:	1993年3月5日前推出新产品A		
利益基础:	(消费者、客户、竞争力、成本……)		
输入目标:	(产品设计与可靠性、成本、产品包装、定价、资本……)		
产出目标:	(利润、数量、消费者的偏爱、启动时间、成本……)		
团队成员:			
团队程序:			
团队赞助商:			
关键挑战		如何应对	
各工厂设备不同			
缩短颜色转换时间			
重要原材料获得			
确保最少的过时存货迅速分发			
重要里程碑	所需时间	广告传单(美元)	数据获取
启动资本			
开始筹建			
开始生产			
开始发货			

柯达公司的"斑马团队"管理着1 500个员工，生产7 000种不同的黑白胶片产品。我们来听听"斑马团队"的三位成员是如何描述他们的目标与内含价值的：

- 黑与白，黑与白。人人都是搭档。
- 我们对自己正在做的事和我们取得的成果非常满意，我们希望全公司都能从我们这儿学到些东西。
- 我们很疯狂。任何事我们都能做到。

这些言论和大部分团队得到的评价一样，对团队要比对非正式的、第一次的观察者更有意义，因为团队付出了大量的时间来弄清自己要做的事以及原因。如果你要求斑马团队的成员做出解释，他们会说，团队的共同愿景是"在柯达进行广泛企业变革，建立伙伴关系与承担风险的价值观，证明黑白胶片对柯达的价值"，即使彩色一直是柯达的关注焦点。

希望你们千万不要搞错，斑马团队制定了清晰的绩效目标：提高利润、缩短周期、减少库存、降低生产成本、提高客户满意度以及提升及时完成率。没有这些目标，它也不会成为或不会持续成为一个团队。再经过几年持续的团队讨论、决策、行动，上面引用的三个人所描述的任务将远远超出运营经济学的解释范围。

未能成为团队的小组极少能发展出一个共同的目标，一个为团队所有并能转化为具体、可执行的目标。不论出于何种原因——对绩效的关注不够、缺乏努力、领导不力等，这些小组都未能结合挑战性期许。一家领导性金融服务公司的执行委员会就是绝佳的例证。在本行业领先多年后，这家公司的竞争优势从20世纪80年代起被逐渐削弱。与大多数地位牢固的行业领先公司一样，公司的执行委员会后知后觉，等了很长时间才开始讨论此事，完全没有认识到威胁的存在。

到了1991年，公司终于起草了一份可靠的竞争战略，不论从何种标准来看，这都足以使公司重回正轨。不幸的是，执行委员会并没有将此转化为有效的团队目标。其根深蒂固的个人主义习惯，加之强烈、清晰易辨的不同性格，可能还有对团队目标需求的无知，使得其未能制定出具体的团队目标，也就未能创建一个团队。没有对整体团队目标的共同承诺，像执行委员会这样的小组只得在他们没有共同理解的方向下运作。

但是，是什么让柯达斑马团队的目标如此强大呢？首先，团队目标是一个集体产物，因团结协作而存在。它既能激励成员的自豪感，又能提升其责任感。好的团队通常像对待下一代一样对待团队目标，给它提供持续不断的滋养与照料。因此，他们在塑造目标时会投入较多的时间，在团队运作的过程中，成员也会定期进行目标调整，弄清行动的意义何在。他们会持续这一"有目的"的行动，永无休止。

其次，因为团队的目标经过了大量的讨论，所以目标本身就蕴含着丰富且灵活的含义，指导团队该做什么，尤其是如何达成目标。众多情形得以展现，包括客户需求、竞争者能力、政府或其他规定、内外部限制等。因此，当挑战出现时，只要采取的行动符合团队目标，团队就可及时回应，并因队友的支持与信任充满信心。换言之，原本团队成员不会承担的风险转变成了整个团队的责任。

最重要的是，团队目标给予了团队一个身份认同，大于个人相加之和。这个团队认同使冲突矛盾（既有必要的部分也有对团队的威胁）变成建设性冲突，通过提供一套有意义的标准来解决个人利益与团队利益之间的矛盾。有了团队目标，团队的每个成员都会明白个人在什么情况下跨越了界限，必须以团队为先，否则团队就会有分崩离析的风险。

2. 具体的绩效目标是团队目标必不可少的一部分。将宽泛的方向转化为具体、可衡量的绩效目标无疑是团队在塑造有意义的共同目标时应采取的第一步。具体的目标，如"用比平常短一半的时间将新产品推向市场，在24小时内回复所有客户需求或将产品缺陷率降至零，同时减少40%的成本"，能为团队提供清晰的落脚点，原因如下：

第一，具体目标将团队工作成果定义为既不同于全企业上下的任务，也不同于个人工作目标的简单相加。为实现高效，团队工作成果要求团队中的每个人都做出大致相当的贡献，以产出具体的成果——其本身就能为公司带来实际价值。

第二，具体的绩效目标有助于推动团队内的沟通与建设性分歧的提出。例如，希悦尔公司中一个工厂层级的团队将目标设定为机器装备的转化时间平均为2个小时。目标一旦明晰，团队讨论就可着重关注如何实现或是否需要修正目标；如果目标模糊不清或根本不存在，团队的讨论效率就会低得多。

第三，可达性目标有助于团队对既得成果予以持续关注。礼来公司（美国医药公司）外围设备组中的一个产品研发团队为超声波探针的市场销售设定了明确的标准：该产品能帮助医生精确定位病人体内的血管与动脉，探针需带有声测信号并可达体内组织一定深度，公司每天可生产100套，单位成本不超过前定数量。此外，团队完成产品研发只用了不到平时一半的时间。因为他们订立的目标可达可测，团队在整个研发过程中都清楚地知道自己正处于哪一阶段，要么达成了目标，要么还没达成。

第四，正如户外拓展训练与其他团队项目所展现的那样，具体的目标对团队行为具有平衡效应，有利于团队行为的实现。当人们挑战翻过一堵墙、越过一座山或是穿过沙漠，或将周期缩短50%时，他们各自的头衔、待遇以及其他"标签"都隐没到了背景中。成功的团队评估每个人能依据什么、如何为团队目标做贡献，更重要的是为了绩效目标说到做到，而非看重个人地位或个性。

第五，具体目标可以让团队在追寻目标的过程中赢得几次小成功。小成功对构建成员的团队承诺有着非凡的价值，也极其有助于成员克服在追求长期目标中不可避免的障碍。

第六，绩效目标是强大有力的。它激励团队中的每一个人积极投身其中，团结一心，做出改变。戏剧性事件、紧迫性以及对失败的合理恐惧，三者结合成为关注可达目标的团队的有力引擎。例如，在礼来公司的医疗探针团队挑战在历史最短时间内推出新产品时，他们就放下了名气与骄傲，一心钻研。如果没有团队，没有任何一个人能够实现这一目标。说到底，这是他们的挑战。

3.大小目标结合是高绩效的关键。团队的目标与具体绩效目标间有着象征性的关系，二者相互依赖，保持紧密联系与生命力。具体的绩效目标有助于团队查看进程，对其负责；团队目标所体现的愿景更宽泛，甚至更崇高，它为团队提供意义上与情感上的能量。例如，斑马团队有未来期许，如"让黑白胶卷重回柯达版图"；有具体目标，如"缩短周期、提高完成率"。这就是团队通过二者结合能实现历久弥新的绝佳例证，即崇高目标与绩效目标在经济与社会、理性与情感、绩效与意义上的充分结合。

通常团队的愿景与目标会在对具体目标的不懈追求中自然建立。下一章中我们将提到的《塔拉哈西民主报》"一零"团队就通过自己一开始的目标——减少广告错误，转变为更有意义地提供整体更高质量的客户服务。但有时候，有的团队虽在一开始就建立了强有力的崇高愿景，却难以将其转变为具体、可实现的绩效目标。例如，美国公共电视网的《美国学校观》节目中描述的4所学校都面临严峻的经济困难，学校领导层团队决心"证明我们学校的年轻人和美国其他公立学校的年轻人一样成功"，但此后他们只是建立了与考试分数、出勤率、毕业率有关的可测量目标。有的团队在开始时就建立了清晰的绩效目标，有的团队在遭遇了多次挫折之后才着手准备。无论顺序如何，成功的团队绩效需要将团队目标与绩效目标持续不断地予以整合，并合为一体。

投身于共同的方法

团队还需要发展一个共同的工作方法，即团队如何一起工作以实现目标。团队需要付出与制定目标相同的时间与精力来打磨他们的工作方法，其中必须既涵盖经济、行政方面又包括社会方面。应对经济和行政挑战时，每个团队成员都必须承担"相当"的工作量，不只是评论、修改与决策。团队成员必须就以下事项达成一致，包括谁来做特定的工作、如何制订并遵循日程计划、需要发展哪些技能、如何始终作为团队一分子、如何做出并修改决定（包括何时、如何修改方法）以达成目标。在具体工作细节上，为了促进团队在绩效问题上保持一致，组织整合个人能力的关键就在于形成一个共同的工作方法。不证自明的是，如果团队将所有实际工作只分派给几个成员（或外部员工），而采取在"一起工作"纯粹依赖修正与讨论会来解决的工作方法，那么这样的团队不足以成为真正的团队。

有很多团队认为工作的社会方面与绩效无关。但高效能团队一直让成员承担着重要的社会性与领导性职责，如挑战、解读、支持、整合、记忆以及总结工作。这些职责有助于团队建立相互信任与建设性冲突，对促进团队的成功十分必要。在那些出色的团队里，每个成员根据具体情况承担着不同的社会职责。因此，团队会发展出自己独特的流程来支持和鼓舞成员，使他们坦诚相待，工作稳定顺利。但需要强调的一点是，这些职责需经过长时间的逐步发展以满足绩效需求。人们依据读到的有效社会职责描述，往往认为组织团队必须在一开始就具备所有"正确的部分"，但这其实是错误的理解。

在众分部中，领导花园州砖面与外墙公司的欧文顿分部绩效从倒数第一一跃成为第一，就是因为领导分部的三人团队坚持不懈地讨论和改进成为第一名团队的方法，也从未停止过讨论成为第一的重要性。花园州是一家小型建筑公司，专门承担装饰性砖面效果与灰泥涂层工程，客户中有中产房主，也有世界著名建筑师。每一份工作不论大小，公司都需要一以贯之地应对过程中可能出现的上百个不经意的小错误，比如开裂、颜色或质地稀疏、破坏房屋建筑等，因为这些都会使客户失望。

当查理·鲍姆、道格·基敏克与约翰·帕特森决定在欧文顿重整旗鼓时，他们要着手改变的是一个长期绩效低下的分部。这个分部面临项目拖得太久、成本失去控制、质量极差等一系列问题，使客户深感不满，最后拒绝付款。在分部中，偷盗、事故、吸毒、酗酒的问题也层出不穷，销售部与产品部之间相互诋毁指责。

决心把分部改头换面的三位负责人各有优势和劣势。总经理查理毕业于常青藤盟校，之前的工作是顾问，有着高超的程序分析能力，对公平与正直的价值有着坚定的信念。但他一看上去就不像做砖面的，也不太懂做砖面的复杂工序，因此他跟分部的工人截然不同。销售部副经理道格是个天生的销售员，没有他不知道的销售技巧。虽然他的工作激情能鼓舞整个销售部，但他对行政事务没有丝毫的兴趣。产品部副经理约翰是从底层一路奋斗出来的领导者，对砖面工作一清二楚，也了解那些工人的生活。与查理、道格不同，约翰没有管理经验，缺乏对行业的整体了解，而这恰好是产出成果的关键。

三人在制定让欧文顿成为花园分部第一名的工作方式过程中，各自的头衔逐渐隐没，而相关的职责、能力与实践得以凸显出来：

- 查理成为首席客户服务联系人、目标建议人、教育者、公正仲裁人、总部联系人，同时还担任"正直先生"。
- 道格负责激励、挑战、启发他们的三人团队与自己的销售部。他与约翰一起，想出了使销售部与产品部积极工作以达成查理建议的目标的最佳方式。
- 约翰负责将查理的公正信念传播给每个工人，提醒查理脚踏实地、挑战、支持员工。同时，他还是查理的"首席学生"，学习行业经济学，在整个分部起模范带头作用。
- 他们利用客户预期、在每份工作中积累的行业经济学知识与员工能力发展作为部署计划与解决问题的标尺。
- 他们三人都爱运动（例如篮球、垒球、飞镖），为提出、讨论、解决团队问题创造了一个开放的环境。道格说："通过飞镖靶子解决过的问题数量超乎你的想象。"

显然，这些职责、能力与实践，并不是三人见面的第一天就具备的，也不是上司查理一声令下就有的。它们在无数次讨论团队如何在挑战面前完成目标中形成，其力量就在于不断根据团队目标调整工作方法。在团队逐渐打磨最佳工作方法的过程中，他们也收获了深刻见解与信心勇气，来应对诸多困难阻碍。例如：

- 早些时候，约翰从一个销售商处接了订单，但合同价极低，根本没有利润可言。之前几任产品部副经理都直接拒绝这种订单，但约翰明白销售与产品之间的联系，要比一项订单带来的利润对花园州的工作方式更重要。订单产生的佣金对销售的重要性不言而喻，所以约翰与产品部决定无论如何都要让订单值得接。
- 团队就补偿、培训与信息普及建立了新的方法，以强调赢利的重要性。每个新员工都能获取必要的信息以促进赢利，接受如何利用数据提升绩效的培训，并根据每项工作成果获得回报。
- 他们建立了"砖面大学"，并在漫长寒冷的冬天开课，旨在加深每个人对整个行业的认识，这一教育行为后来得到了国会的认可。
- 团队以职能为基础分配工作，每日混合匹配不同的人，将基于功能-专业性的工作分配方式转变为基于整体目标的工作方式，将其视为一个整体，以保持完整性。然后他们参照专业运动队的模式进行选拔，将组建团队的任务交给前线员工。因此，欧文顿分部得以大幅降低成本，同时提高了工作质量。

当然，这几个人可能在层级模式中以个人为单位工作时也做过这样的事，但我们认为这种积极倡议出现在统一一致、持续更新的团队模式中的可能性要大得多。当个人在团队中，尤其是商务环境中，每个人手上都有先前的工作要做，每个人都有自己的优势与劣势，体现着各自的背景、才能、个性与偏见等优缺点。只有通过共同发现、了解如何将所有人力资源应用于统一的目标，小组才能真正建立起一致认同的最佳团队工作方式，以达成目标。这种长期甚至是艰难的互动，关键在于建立团队承诺的过程，所有成员需要坦诚相待，讨论谁最适合哪项工作以及所有个人职责最终如何实现合而为一。实际上，团队成员间订立了一项有关目标的社会契约，这指引和约束着他们如何协同工作。

共同责任

要成为团队，必须做到以团队的形式负责。如"统一共同目标与方法"，这也是一项严峻的考验。让我们思考一下，"老板要求我负责"与"我们自己负责"二者间微妙但重要的区别。前者可以导致后者，但是如果没有后者，就没有团队的存在。

团队责任在于我们对自己与他人做出的诚挚承诺，由两个重要方面支撑：信任与积极献身。通过许下承诺，我们对团队目标负起责任，每个人都有权利表达自己对团队工作各个方面的观点并让他人倾听，做出公正、积极的判断。信任是团队的基础，通过兑现承诺，我们使相互的信任得以延续。

大多数人在面对加入潜在团队的机会时都十分谨慎，根深蒂固的个人主义信念使我们不愿将自己的命运交到他人手中。无视或祈祷这种行为消失是无法使团队获得成功的。

没有什么能比人与人之间的信任更能加强共同的承诺与责任。共同责任的确容易自然而然成为团队目标、绩效目标与方法发展的对等物。责任源于思考团队要做成什么，以及在采取最佳方式时投入的时间、精力与行动，并从中得以加强巩固。当人们朝着共同目标一起完成实际工作时，信任与奉献就产生了。因此，有着强有力的共同目标与方法的团队，不可避免地要求无论是从个人还是整体团队层面，都要对绩效负起责任。

具体的绩效目标也为责任提供了清晰的标准，例如希悦尔团队想要缩短机器转换时间至两小时，礼来团队想要用历史最短时间推出自己的新医疗设备。在讨论目标与完善方法的过程中，与项目相关的人员逐渐有了越来越清晰的选择：他们可以不赞同团队的目标、团队选择的道路，甚至可以选择离开团队，但他们仍选择加入团队，与队友一起承担责任。

责任是团队目标与方法的试金石。缺乏绩效共同责任的小组无法建立起共同的目标与方法而使之成为团队。前文提到的金融服务公司中的执行委员会就很好地证明了这一点。委员会里都是富有经验的专业人员，都多次表示同意并执行任何任务。在公司危机中，委员会成员未能以一个团队的形式对公司的绩效共同负起责任，他们仍然只负个人责任，显然缺乏共同的团队目标、工作成果，或是他们在继续前进的最佳方式上缺乏一致性。相比之下，如果一组人积极投身于集体成果，共同承担责任，那么几乎可以肯定，他们一定有着坚定的团队目标与共同的工作方法。

小结

尽管我们大多数人都很熟悉团队，但我们对团队的看法并不准确。因此，清晰地了解什么是团队、什么不是团队，尤其是团队与绩效如何相互依赖，可以为怎样才能够为提高团队绩效提供有益见解。但对团队不准确的认识比在潜在团队情境中缺乏纪律更糟糕。团队不是魔术变出来的，人与人之间的氛围也并不像人们通常以为的那样重要，我们认为，坚持运用本书中提供的定义，大多数人都能显著提升团队绩效，集中关注绩效而不是关注氛围、和睦或良好沟通，能够最好地塑造团队。

首先，我们想让大家思考在评估小组现状时涉及的以下6个基本方面：①是否人数够少？②是否拥有足够水平的团队绩效所需要的三类互补性能力与潜在能力？③是否拥有一个崇高、有意义的愿景来激励团队成员？④是否拥有一系列成员一致同意的具体绩效目标？⑤成员是否清晰地理解并一致同意工作方法？⑥成员是否在个人层面与集体层面都对团队成果负责？

虽然这些问题有些直接，但进一步的探究有助于获得实际、可操作的团队提升见解。具体如下：

- **人数够少**

  a. 能够轻松地、经常性地召集齐员工吗？

b. 能够轻松地、经常性地与全体成员交流吗？

c. 是否所有成员都认为讨论会开放且互动性强？

d. 成员之间能够相互理解对方的职责与能力吗？

e. 需要更多的人手来达成目标吗？

f. 有可能或有必要建立小分队吗？

- **足够水平的互补性能力**

a. 是否所有成员都实际拥有或有潜力拥有三类能力（功能性/技术性、问题解决/决策、人际交往）？

b. 是否每个成员都有潜力在三类能力中提高自身水平以满足团队期许与目标的要求？

c. 是否有哪一重要绩效能力缺失或比例偏小？

d. 无论是个人还是集体是否都愿意花时间帮助自己和他人学习和发展能力？

e. 能否按照团队需求引进新能力或补充加强能力？

- **真正有意义的愿景**

a. 是否含有比短期目标更崇高、更深刻的期许？

b. 是否只是更广泛的企业性的愿景或一个人（例如领导者）的愿景而不是团队的愿景？

c. 是否所有成员对愿景的理解、表达都一致？是否还有模糊的抽象表达？

d. 成员与外人在讨论时是否积极地定义愿景？

e. 成员是否经常提到它并探究更多的含义？

f. 是否包含有意义且易记忆的主题？

g. 如果不为之激动，成员是否认为它十分重要？

- **具体的目标**

  a. 是否只是更广泛的企业目标或个人（例如领导者）目标而不是团队目标？

  b. 是否清晰、简明、可测量？如果不可测量，那么是否可以确定团队成果？

  c. 是否切合实际、有雄心？能否在过程中取得几次小的成功？

  d. 是否要求一系列具体的团队工作成果？

  e. 是否所有成员都理解它的重要性与优先性？

  f. 是否所有成员就目标、目标重要性与成果测定方法取得了一致？

  g. 是否所有成员对目标的表达一致？

- **清晰的工作方法**

  a. 是否具体、清晰，所有人都理解并同意？能否通过该方法实现目标？

  b. 能否利用并加强所有成员的能力？是否与对成员的要求一致？

  c. 是否要求所有成员付出相当的实际工作量？

  d. 能否提供开放的互动交流、基于事实的问题解决方法与基于成果的评定方式？

  e. 是否所有成员对方法的表达一致？

  f. 能否提供日后的修正机会与提升空间？

  g. 能否通过信息与分析、新进成员与高层赞助等方式积极系统地寻求、补充新鲜的视角与输入？

- **共同责任感**

  a. 是否从个人与集体两个层面对团队的愿景、目标、方法与工作成果负责？

b. 是否以及能否依据具体目标评估过程？

c. 是否所有成员都对评定感到负有责任？

d. 是否所有成员都了解自身职责与共同职责？

e. 是否认为"只有团队才会失败"？

通过回答上面这些问题，你能够发现自己的团队在多大程度上可算作真正的团队，以及如何努力提高绩效。这些问题设立了严格的标准，在如实作答之后，你会发现自己可能面临尚未预料到的严峻挑战。同时，正视自己的回答有助于加快团队完全实现自身潜能的过程。在第二部分，我们会更加详细地讨论潜在团队应如何提高在这些问题上的"分数"，更重要的是提高绩效"分数"。

4
高效能团队

实用模型

能在相同配置的情况下脱颖而出,且创造出超出预期成果的团队极少。这些"高效能团队"的高产出,有时令团队内部成员也大为惊讶,伯灵顿北方公司联运团队的7名成员便是如此。本章中还会列举另外两个高效能团队——《塔拉哈西民主报》"一零"团队和美国"达拉斯黑手党"团队,这些团队都获得了意料之外的好成绩。

像任何一个真正的团队一样,高效能团队中必须具有我们定义中所描述的能力、目标、方法和责任。然而,高效能团队的区别在于相互信任的程度,尤其是成员彼此之间的相互信任程度。这种信任远远超过团队合作,每个成员都真诚地帮助他人实现个人和职业目标。

第 5 章中提到的高效能、反应快速的团队的成员詹妮弗·福特尼克将成员间的情感纽带称为一种爱。伯灵顿北方公司联运团队的肯·霍普纳给出了另一种更典型的、大同小异的描述："我们不仅对彼此深信不疑，而且互相尊重，也互相关心。无论团队中谁需要帮助，我们都会毫不犹豫地伸出援手。"肯明显对他们团队的凝聚力非常自豪。

正是团队成员之间强烈的信任感成就了高效能团队出类拔萃的表现，团队目标愈加明确，达成团队绩效目标的意愿就愈加迫切，工作方法也变得前所未有的强大。比如许多高效能团队都信奉"一人失利，全军覆没"的理念，全团队共同进退。除此之外，高效能团队成员间相互关注能增强成员发展可互换的能力，从而获得更大的灵活性，有利于团队中每个人的发展成长。相比普通团队，高效能团队还有一个明显的特征：领导力共享度高。最后一个特点相比前面的因素略显无关紧要，即这些高效能团队氛围十分轻松，成员都很诙谐风趣。

但高效能团队是很罕见的。以我们 45 年的经历来看，至今我们也只加入过 4 个高效能团队。这并不稀奇，因为我们所描述的团队成员间的互相信任极难达成与维系。如何安排或引导人们互相关心各自的成功与成长，具体的方法仍未可知，这种联系也绝不是通过团队建立训练项目就能建立起来的，没有规则、没有最佳方案或秘方能保证训练出高效能团队。尽管如此，无论高效能团队如何罕见，它总能为潜在团队提供最佳的研究模型，以供学习。

　　高效能团队只存在于需要它的地方，而不会出现在想要它的地方，可遇不可求。它们的出现极具自发性，设定场景也不尽相同。本章中列举的一线团队（"一零"团队）和青年管理团队（"达拉斯黑手党"）便是两支高效能团队。"一零"团队的成员都是女性，所以人们对她们的期望值很低，但她们却从事着美国佛罗里达州《塔拉哈西民主报》的一线工作。"达拉斯黑手党"则是一支由高度职业化的男性组成的团队，它在竞争激烈的投资银行业占有一席之地。很难想象如果换成不同的人员、挑战和情景是否还能造就出这两支高效能团队，但这两个故事都很好地说明了团队成员间的相互信任如何改变了团队的表现和效能，进而提高周围组织的绩效。这些高效能团队的相同点远比不同点更为震撼。

一线团队："一零"团队

　　奈特里德公司的《塔拉哈西民主报》同北美其他的报纸一样，在20世纪80年代经历了一次不同寻常的商业挑战。随着电视与有线电视的蓬勃发展，加上识字率大大降低，业余时间也大幅缩水，导致多家报社关门，最后大部分城市仅有一两家报社存活了下来。像《塔拉哈西民主报》这些存活下来的报社理论上应该有了与广告商讨价还价的资本。然而，大部分报社还是在获取利润方面碰了壁。同20世纪80年代的其他行业一样，这些报社逐渐意识到提升客户服务质量与持续改进是行业内唯一的发展出路。

然而这些改进需要付诸大范围的实际行动改变，如果不去消除报社内部长期遗留下来的职能区分，那么一切改变都只是纸上谈兵。

绩效挑战

《塔拉哈西民主报》总经理弗莱德·莫特比其他同行都要早地意识到挑战的来临。莫特从吉姆·巴登的手中接管了报社，此前在吉姆出任奈特里德公司首席执行官时期，实施的企业重建计划中确立的主旨便是"客户至上"，而莫特的席位又深受当地市场的影响。虽然往期销量平平，但《塔拉哈西民主报》在当时已成了塔拉哈西唯一一家报社。虽然成了"独霸一方"的报社，但莫特依旧认为如果报社要有突破性发展，就必须为客户提供市场上最优质的服务。

说起"一零"团队的故事，还得从最初莫特及其直接下属组成的团队说起。当时这个管理团队知道他们必须首先改变自己，否则就无法跨越生产与流动、广告之间的万丈壁垒建立起"顾客至上"的计划。他们也承认当时常常陷入"权力斗争与相互指责"。

莫特的小组利用每周一上午的例会时间开始"相互了解各自的强项与弱项、袒露心声、建立信任"。最重要的是，他们的互相了解是建立在可以共同工作的基础之上，比如早期他们商定了一份预算文件给整个团队，而非单独给各个职能领导。

随着时间的推移，领导层的行为发生了明显改变，后期加入"一零"团队的一位成员就注意到了高级管理层的"周一神会"给自己与周围人带来的改变:"我发现他们开会的过程十分轻松愉快,因此我经常好奇他们是为什么事感到如此高兴。"

等到领导团队终于变得足够强大和自信后,他们拥有了更大的抱负:建立以客户为中心的体制,打破报纸内部广泛存在的障碍。但是他们步了其他高管的后尘,起初直觉告诉他们要建立一个新的组织架构——广告客服部门,目的在于将广告销售代表从行政管理的负担中解放出来。正是这些负担,迫使广告销售代表不得不花费大量时间兼顾所有与广告相关的艺术家、生产工人、办公人员、财务人员和对账人员,而减少了与客户接触的时间。

但是新部门建立一年之际,莫特就对此感到灰心丧气、没了耐心,因为广告客服部、一系列客户调查以及为解决问题增添的额外资源不仅没起到任何作用,而且广告中存在的问题依旧没有解决,销售代表仍然抱怨与客户接触的时间过少。事实上,新成立的部门反而成了又一个组织障碍。

客户调查显示,绝大部分的广告刊登方觉得《塔拉哈西民主报》对他们的需求置之不理、毫无反馈,只会纠结于内部的烦琐程序与截止日期,对此报社内部人员也能作证。比如,有一次一则准备好的广告通过传真机传送过来后,看上去"像被老鼠乱踩过"般凌乱不堪,但这则广告依次通过了7名雇员的审查,若不是因为传真上的字实在无法识别阅读,说不定这则广告都已经印刷见报了!之后有人对此事件评论道:"没有硬性规定要求一个人的工作是确保内容正确无误,因此只要他们认为工作纯粹只是把东西打印出来或是贴上报,那他们就能睁一只眼闭一只眼地把错误的内容传给下一个人。"这次传真事件被形象地称为"那些年被老鼠踩过的传真",后来成了《塔拉哈西民主报》最根本的难题。

这也难怪莫特会被逼疯,彼时的他已黔驴技穷,他的一名直系下属即后来的精英团队领头人多丽丝·邓拉普告诉他:"越是想要达成一件事、迫切让它发生,结果越会背道而驰。你必须退一步,顺其自然。"

那时莫特了解到了摩托罗拉的相关品质项目及零赤字目标,他决定听取邓拉普的建议,建立一支特别团队,负责消除广告中的所有错误。现在回想起来,莫特承认当时他同下属一样,都在怀疑这些一线人员能否团结一致形成一支队伍。他任命亲信邓拉普为团队领头人,并称之为"一零"团队,取"将错误一次性清零"之意。

绩效成果

一年之后,莫特看到了希望。在"一零"团队的带领下,此前从未规范化的报纸广告情况有所好转,正确率直线上升并且保持在99%以上。相比此前每月高达一万美元因失误造成的利润损失,现在的损失大幅下降,几近为零。虽然《塔拉哈西民主报》的处境岌岌可危,但是广告销售代表对广告客服部的能力信心大增,并且希望用心对待每一单广告。调查也显示出广告投放方的满意度大幅回升,这些在莫特看来简直就是奇迹。

但"一零"团队产生的影响可不是这些数字可以衡量的,他们彻底重组了《塔拉哈西民主报》的广告销售、设计、生产和宣传环节。更重要的是，他们刺激并推动了客户至上和新工作方式需要的跨职能合作。事实上，这支几乎由一线工作者组成的团队整改了整个客服机构的机制。

共同目标与绩效目标的形成

"一零"团队从一开始就具备很多有利条件：莫特一开始就给团队设定了一个明确的绩效目标（所有错误清零），且为团队配置了多样化的人才（12名成员分别是报社各个部门中最优秀的员工），并且在第一次团队会议中莫特承诺自己会一直坚持跟进，"所有团队提出的解决方案都将被付诸实践"。除此之外，公司首席执行官巴登的"客户至上"计划也为特别小组提供了正能量。

然而成就"一零"这支高绩效团队的因素可不仅仅是周围积极的鼓励及宏大的公司理念，在这种情况下，团队成员的相互信任也在接受新挑战后的几个月中不断增强。起初，相比团队成员聚在一起解决广告刊登错误，他们更多是在掐架、相互指责。直至团队中的一位成员制造了"那些年被老鼠踩过的传真"事件，在回顾整件事情的前因后果时，团队才意识到每个人（而不是团队之外的任何人）都有失误。有一名成员回忆道："我们经历了非常激烈的讨论，甚至在会议上流泪了。"

这些情感上的反应激励了整个团队着手解决手头的事情，且越是接近解决方案，团队就越专注。"一零"团队决定仔细研究一下广告销售、设计、印刷和宣传的整个过程，在仔细钻研、反思、总结过后，团队发现了出现错误的常规模式——大部分错误由时间紧迫、沟通不畅和态度不佳导致的。

  团队相信有些失误可通过技术性和流程性解决方案来解决。比如为了缓解时间的紧迫，团队为广告销售代表配备了手机和移动传真机，如此一来他们随时随地都可以发送广告单，而不需要等到每天下午5点过后挤在一起发出。为了缓解沟通不畅并提升团队成员的主人翁荣誉感，"一零"团队要求《塔拉哈西民主报》为生产人员配备台式计算机和出版软件，并进行相应的培训，如此一来生产人员就可以有始有终地设计一则广告。但是"一零"团队也知道要想彻底消灭广告错误，就必须有人员自始至终在报纸出版过程中为客户争取利益、协调各个关卡。正如团队中的一名成员总结的：

  我们全心全意关注的只有客户，绝不会让员工个人事务或其他事情变成贯彻"客户至上"理念的绊脚石，我们之前已经对自己的目标和正在做的事情关注得够多了，因此我们向周围的人做出了担保承诺——一定帮助他们解决已经发现的问题，保证不受其他因素干扰。

个人承诺

  "一零"团队成员间的互相信任，不断推进着他们去扩张抱负。起初他们仅被要求担负错误清零的职责，但在此之后他们不断前进：打破报纸各职能间的壁垒，重设整个广告过程，定义客户服务全新的衡量标准，最后实现在整个《塔拉哈西民主报》推

广"客户至上"的主旨,对此其中一名成员这样评价:

> 我们还要做些什么才能让其他人也加入这股浪潮?我们可以完成自己的计划,给他们配备需要的硬件工具,我们可以做任何事情,就差钻到他们的脑子里把我们的这份激情传输给他们了。但无论如何,我们都必须让他们也兴奋起来。

这份激情引领"一零"团队一路火力全开,甚至完全无视官方给出的任务终止时间,不断地改善报社。尽管他们尊重并敬仰莫特和其他相关人员,但"一零"团队认为公司高管的"榆木脑袋"若没有他们的帮助,是无法完全理解团队的这些工作与提议的精妙之处的。莫特领悟到了团队做法的精髓:

> 这个团队开始攻克一些我从来没想过能解决的难题。他们仔细研究每一个能为客户提供优质服务与价值的突破点,有一股真正的力量在他们之间涌动,并且影响和带动了每个人。

拓展团队影响

有一名生产人员受"一零"团队的启发每天早上4点就开始工作,以缓解当天的时间压力,广告客服部也史无前例地开始规范和评估广告质量,广告销售代表也获得了更多的时间与客户交流沟通,一股新的气息涌入报社。一名"一零"团队成员回忆道:

当大楼里的人手里拿到一份报纸时，他们开始意识到这不仅仅是一份报纸，也可看作一张海报、一张广告宣传单等，报纸就是客户端。我觉得这种意识上的改变是整个工作中最艰难、最开阔眼界的一个关卡。人们手捧着报纸，用一种前所未有的方式悉心"照料"这份报纸。

转变发生后，客户的反馈也传达出了更多满意的信息。其中有一位餐馆经理，他以要求苛刻出名，曾多次要求更改广告方案，造成了许多不必要的时间成本。然而正因有了新的通信技术和计算机设备，文案设计师与广告销售代表一起当即沟通修改，不到半个小时就解决了广告中客户的不满意之处。餐馆经理对团队惊人的修改效率目瞪口呆，对此次服务表示非常满意。"从此他成了我们的忠实客户之一。"销售代表说。

直至今日，"一零"团队的精神仍活跃于《塔拉哈西民主报》内部。团队领头人邓拉普说："于我们而言，不知从何开始，也不知何时结束。每天我们都在经历之前学习过的事情。""一零"团队精神的扩展与延续实现了各方——客户、雇员、管理层甚至包括奈特里德公司的领导共赢。公司首席执行官巴登对这支团队赞叹不已，甚至答应出钱让奈特里德公司旗下其他报纸的管理者前往《塔拉哈西民主报》向"一零"团队学习取经。除了给外部带来的影响，"一零"团队的 12 名成员对彼此的信任、对报纸发展的笃定也对他们自己产生了巨大的影响，让他们拥有了一段难以忘怀的经历。

"一零"团队的故事告诉我们，团队成员间的互相信任与成员对团队目标的坚定结合在一起后，是如何不断拓展、加深团队的共同目标，进而成为一支高效能团队，取得巨大成就的。"一零"团队在他们信仰的基础上，从一个目标任务单纯的特别工作小组转变为一支从各方面无形中改变了整个《塔拉哈西民主报》的非官方领导团队。与之不同的是，我们接下来叙述的"达拉斯黑手党"从一开始就被设定为一支领导团队（从事灰色商业交易）。他们也拥有成员间的互相信任，但之后他们改变了商业交易的策略与中心，在他们的组织中建立起了一个可圈可点的良好职业道德体系，整个过程中他们都兴致勃勃且成果颇丰。

青年管理团队："达拉斯黑手党"

"达拉斯黑手党"的案例始于一系列战略性会议，这些会议的主要内容在几位"黑手党"成员的帮助下得以在此重现给读者。让我们来想象一下：5个年轻人围坐在达拉斯一幢办公大楼28层的一张小会议桌前，他们是新上任的一支顶级管理团队，负责环球有限公司西南部公司的财务运营。这几天来，5个人一直来来回回地会面，希望能商议出一个新策略。

成员鲍勃·瓦尔多态度强硬，插话道："投资银行家做的事决定了将来能成为什么样的投资银行家。如果我们还继续为表现平平的公司做平平无奇的投资，那么我们也将成为平庸的银行家。这就是你们想要的吗？"

团队官方指定的领头人麦克·坎菲尔德无奈地叹息道："鲍勃，普通的道路或许不是我们想要的，但我们不能放下现有客户的普通财务需求一走了之。退一步说，如果不接这类业务，我们就完成不了支出回报和风险资本回报指标。有心想成为大公司、领头公司的财务顾问是值得称赞的雄心壮志，但我们距离成为像巴斯家族的顾问、为他们的全球扩张计划制定金融战略还有一段路要走。"

吉姆·巴罗斯和约翰·罗根笑了起来，坎菲尔德注视着他们说道："我知道你们肯定觉得这很可笑，但我可是处在风口浪尖上，承担着巨大的风险。我们甚至没有足够的业务量让员工的工作饱和，你们还在夸夸其谈地说要成为新一代财务顾问，我更担心和关注的是今天。纽约的那些人认为我们还是群乳臭未干的黄毛小儿，如果我们只是为了转变形象而拒绝现在的业务，下周我们就会被扫地出局。他们关注的只是支出回报和风险资本回报。"

罗根反驳道："对整个纽约来说他们不知道的事情就不会对客户造成损害，他们就是典型的'鸵鸟心态'，对风险危害视而不见，掩耳盗铃。再者，如果在接下来的5年中我不得不干这类普通平庸的业务，那还不如下周被炒鱿鱼换掉。我认为我们要不就借此机会改头换面、提升品质，要不就各自转行吧。"

绩效挑战

罗根后来回忆起这段日子，当时团队成员非常坚定地"非改就离",团队因此发生了巨大变化。在"达拉斯黑手党"成立的4年里,这个团队将萧条的业务升级整改,延长了与现有活跃客户的合作关系,将其负责的部门提升为环球有限公司中赢利最多的部门。他们还大力加强了部门工作人员的专业性,以至其他地区的部门都以其为参照对象进行关键岗位填补。最终,他们的故事告诉我们,高效能团队最重要的一个特征便是享受工作。

坎菲尔德成为达拉斯团队的领导者曾备受争议,因为他此前没有相关的办公室管理经验。他本来只是来接替约翰·埃尔德斯的职位,埃尔德斯在得克萨斯建立了达拉斯团队,并且20多年来将团队运营得风生水起。那时,埃尔德斯和其他三名资深银行家将在一年内相继退休。环球有限公司总部的许多高管考虑到38岁的坎菲尔德和达拉斯管理团队中的其他年轻一代资历尚浅,又以自以为是的作风而臭名昭著,于是高管认为他们还没有能力承担起负责正在兴起的西南部金融市场的重任。然而从结果来看,正是高管的这种态度为"达拉斯黑手党"设置了障碍,同时又为其创造了重整契机。

环球有限公司总裁雷斯·沃尔特斯出乎人们意料地签署了坎菲尔德的委任状。一如我们读到的"达拉斯黑手党"组建之初的场景,坎菲尔德刚来到达拉斯就看到一支消极、士气低沉的队伍。对达拉斯团队原有的这些成员来说,前领头人埃尔德斯及其他资深员工的退休是个极佳的转型契机,虽然他们受埃尔德斯雇用并且十分尊敬、崇拜埃尔德斯,但他们始终认为这些平庸无奇的传统工作正逐渐与客户日益复杂的需求脱轨,同时自己的能力也无法充分施展。

坎菲尔德后来察觉出这个团队的抱负远大，以至当时很有可能不管坎菲尔德是否同意，他们都会自己组成一支团队，但这些团队成员也明白靠他们自己不知该如何实现他们的抱负。另一边坎菲尔德最初的目的也只是想增加赢利，为达到目的需要成员的帮助，他坦诚地说："我当时真的不知如何是好，但我一直相信我们可以一起想出办法、解决问题。"

设定绩效目标

"达拉斯黑手党"在早期的战略讨论会议上制定了一系列绩效目标，主要有以下三点：

- 将业务组合从标准化的普通债务融资、借贷与投资业务（量导向型业务）向收并购咨询与重组业务（质导向型与服务导向型业务）转变。

- 抵制无息借款业务单，即使接收有些业务是为了与几大主要公司领导保持长久的关系，即使这些领导负责评估达拉斯团队的最高层执行力与问题解决能力，也一视同仁。

- 组建一支富有才华的专业人员组成的团队，并确保该团队趋于平衡化的同时保持多样化。

除此之外，虽然坎菲尔德有财务方面的考虑，但团队仍只同意寻求"质的增长，而非单纯的规模或利润的增长"。他们还将制定战略的每个要素转换成具体的绩效目标，比如团队成员一直在审视和反思他们的业务组合内容是否恰当、对大客户的积极参与时间是否适中、工作人员的能力素质是否匹配等。

工作方式的形成

在"达拉斯黑手党"成立的第一年里，他们还形成了一整套特殊的价值观与工作方式，每个人都必须严格遵守。虽然他们很少直接与其他成员共同服务同一个客户，但他们会无私地分享各自的经历、见解、遇到的问题和失意之处。他们仍一起坚守着当初共同的雄心抱负，对于协商工作的质量、集结的临时交易小组和建立的客户关系仍严格要求，时刻把控质量。

不像一些团队对目标是否达标判定得那样轻而易举（比如工作周期缩短），"达拉斯黑手党"设定的目标虽然可以实现，但需要成员时刻密切地相互监督。有一名成员就此形容道："我们的团队中，若是有人想为自己因缺乏勇气而无法拒绝一个普通的债务融资业务单而辩解，是不会得到大家的认可的。实际上在我们团队中以正当理由回绝业务与接到合适的业务的成员享受着同等荣誉。"

这支团队极其重视成员提出的理念中的优点，完全不关心公司的层级制度。没有了埃尔德斯和其他资深银行家良好关系网络的安全庇佑，这支新兴团队自谋生路，全心全意地关注如何能找到合适的客户渠道、解决问题的能力和抓住每次机遇所需的创新力，这迫使他们比同样的年轻一辈承担更大的风险。要知道，和他们一样的年轻人可能还在日复一日、循规蹈矩地参加公司资深客户经理组织的商讨会议呢。

发展个人承诺

随着相互之间的信任、目标和业务板块的日益改善，这支团队营造了一个绩效驱动、寻求风险的工作氛围，每位成员都在共同学习并享受着工作过程。坎菲尔德回想起一段经历，它充分反映了这支团队的行事方式与价值观：高质量的工作产出、互相信任、愿意承担责任、给予有才华的人成长和失败的机会、互相支持、共同享受工作。当时的情况是这样的：鲍勃·瓦尔多刚刚结束了与德州仪器的首席财务官丹·凯利的最后一轮竞标谈判，出席谈判的还有一名鲍勃带去的颇有才华又很年轻的专业人员艾伦·达克特。

"事情进行得如何？"坎菲尔德问。

瓦尔多回答："我们谈成了，但你绝对想不到当时的情境。我此次带上艾伦，一是为了锻炼他，让他增长经验，二是因为他确实比我们中的任何一个人都要了解德州仪器的业务，但当时艾伦表现得过于迫切和热情了，我担心丹·凯利会抵触，所以我跟艾伦说由我来控制谈判局面，等我要求他评论时再发言。

"开头非常顺利，于是我开始让艾伦向丹·凯利陈述一下我们对该行业中资本需求的观点。当时丹的办公室里没有多余的座位了,所以艾伦只能在窗旁靠墙站着。他开始的时候还很正常,然而(我现在都不能相信)不一会儿他的双脚开始蹭着办公室光滑的地面滑动。后来我才了解到,他的鞋子是前一天晚上刚买的,新鞋底还很光滑。但是谈判的时候艾伦完全专注于谈话,以至根本没有发现自己在向前滑动,也没有发现自己蹭着墙往地上坐。当我和丹看到这神奇的一幕时都惊呆了,也只能静静地看着他沿着墙下滑坐到地上。不过幸好他没受伤。"

坎菲尔德不禁笑了起来:"你是说他直到稳稳地坐到地上都没意识到发生了什么?"

瓦尔多补充道:"还不止,在这之前他还一直在说着话!其实他已经稳稳当当地坐到地上了,嘴依然不停,即使我上前去扶他站起来也阻止不了他讲话,而我也只能做这些来挽救当时尴尬的局面了,我都能猜到丹当时在想什么。然而好消息是,丹对艾伦有关德州仪器的见解印象深刻且良好,当即就拍板与我们合作!我正在考虑要不要把艾伦的表现应用到我的其他谈判中去。"

和伯灵顿北方公司联运团队一样,"达拉斯黑手党"抛弃了环球有限公司的规章,遵从自己的规则与方式。比如,环球有限公司希望团队经理坎菲尔德接手负责壳牌石油公司的大单子,但达拉斯团队将此重任委派给了最年轻的成员吉姆·巴罗斯,因为他有相关行业的经验。虽然巴罗斯当时还不是完全责任人,但达拉斯团队仍然坚持要求坎菲尔德向他"汇报"壳牌公司订单的事宜。环球有限公司一直都认为是报告印刷错误，但是坎菲尔德澄清事实就是如此，并不存在任何印刷错误。

拓展团队的影响

与传统企业部门做法不同，"达拉斯黑手党"积极地将团队内的优秀人员调至环球有限公司的其他部门工作，他们认为这种调动有利于丰富成员的个人经验，尤其是大有潜力的年轻成员。同时他们也相信当这些外调人员带着最佳的实践方式、新潮的思想理念和新鲜的行为方式回到这个团队时，达拉斯团队也会受益。然而，环球有限公司的其他许多部门只会将内部淘汰的低效人员派遣出去。

有时，达拉斯团队自己的规则会遭到环球有限公司的否决。坎菲尔德接管工作室一年后，他认为团队成员应同工同酬，但公司高层一再拒绝。正是因为这些"否决"促使团队内部更加团结一致，更加关注以团队自己的标准衡量彼此的成长与成功。

"达拉斯黑手党"互相之间的信任与付出精神在整个团队中散播开来，是典型的高效能团队产生的拓展影响。其中一名非核心团队成员的专业人士说道："达拉斯团队中完全没有那种铜臭味的商业气息，有的是绝对无敌的高质量，就这一点的衡量标准而言，客户的评价并不是最终判决者，我们自己才是。于是慢慢地，我们的人愿意冒险尝试了，且信心倍增，因为他们知道自己不会因为做了自己认为正确的事情而受到责备。"

整个工作室在达拉斯这支高效能团队的带领下保持着"有多努力工作就多努力玩乐"的大团队氛围。从鲍勃·瓦尔多讲述的艾伦滑倒这一事情中,我们不难看出整个团队都在享受工作的乐趣——这也是我们常常能在真正的团队身上发现的亮点,高效能团队更是如此,诸如伯灵顿北方公司联运团队和"一零"团队,他们都提到了工作的乐趣。最重要的是,所有这些高效能团队的成员都将乐趣和幽默感与团队的绩效表现直接联系在一起。我们认为,这些乐趣与团队价值观一样,只有契合团队的目标与团队抱负,才能真正持久地存在。

我们在达拉斯团队的故事中不难发现,这种享受工作的氛围不仅在团队内部弥漫,也感染了团队之外的人员。团队前领头人约翰·埃尔德斯安排的日程社交活动反映出与他的年龄、社会地位和风格一致的礼节形式,员工也在尽情享受工作,但也只是出于一种责任感而参加。在"达拉斯黑手党"的影响下,员工的享受中多了自发性。就拿一年一度的公司触身式橄榄球比赛来说,大家每年都心照不宣地将最后的制胜触地得分留给毫无运动天赋的坎菲尔德,在比赛结束后的几个月里大家对他"轮番轰炸",吐槽他是如何"不正当地"得了分。

团队成员还拥有自己的红酒品牌"Chateau Desenex"(以纪念一种著名的足粉),红酒由从加利福尼亚州运至得克萨斯州的葡萄酿制而成。其中又有一个小插曲,令成员难以忘怀。当时坎菲尔德家车库里放着大塑料桶,里面装着正在发酵的葡萄,坎菲尔德负责监测发酵温度。然而,坎菲尔德对红酒知之甚少,对发酵更是一窍不通，他只知道同事们提醒过温度高于80华氏度（约26.7℃）的时候就要格外小心了。但是他的"发酵导师"忘了提醒他用温度计测量时必须伸到液体表层下一定的深度，这样才能获取正确的温度数值，因为液体表层是发酵最剧烈、温度最高的区域。

坎菲尔德睡觉前同妻子一起依次监测了那10桶110升的发酵罐，当然毫无疑问，他将温度计"精确地"放在了液体表层。坎菲尔德看到温度"爆表"，眼前浮现出同事们失落地望着酿坏的葡萄酒的一幕，于是立马开始了"拯救葡萄酒"行动：他跑上跑下地拿小冰块投到发酵罐里试图降温；他的妻子则联系所有可以联系上的人，喊着"温度上90度啦！而且还在上升！都快带冰块来救急"。不一会儿，坎菲尔德家门口停满了车，"冰块大军"纷纷前来支援。大约半个小时后，团队中的葡萄酒酿造专家蒂姆·克朗也到了，他目瞪口呆地望着眼前的"抢救现场"，随后举起手大声喊道："等等！大家先停下！大家停下想想，足足1 100升的发酵葡萄酒得用多少小冰块才能完全降温啊！你们都疯了吧！"

大家当即鸦雀无声。随即坎菲尔德的妻子开始大笑，大家纷纷瘫倒在地，也歇斯底里地笑了起来，想想自己这大半夜的抢救行动实在太蠢了。许多年后克朗回忆起来仍记忆犹新，他说："怪不得坎菲尔德需要一个团队了！"

小结

高效能团队得以从众多真正的团队中脱颖而出的秘诀是成员

间对彼此成长与成功坚不可摧的信任与承诺。有了这股格外强烈的信任与承诺的支持，高效能团队才能不断展现出团队基本特征基础上的延伸优点：更强的目标感、野心更大的绩效目标、更完整的工作方式、更充分的相互责任感、内部互换和互补的能力。相信在之前的例子中我们也能观察到并感受到这些特点带来的不同。

"一零"团队的绩效野心与目标感确实是随着团队内逐步加强的相互信任不断提升；伯灵顿北方公司联运团队中的每位成员都学习掌握了市场营销能力，为自己的运营经历添砖加瓦，这不仅增强了他们的能力互换性，而且使得他们对彼此的依靠更有信心；"达拉斯黑手党"团队中，成员的互相关心与共同目标激励着他们勇于向平庸业务说"不"，从而得以明确并提升相互责任感，立志成为自己理想中的投资银行家，所有人都不同程度地享受着这个过程。

并且，高效能团队做到了领导力共享。官方正式的团队领头人仍然存在，但他们在大部分情况下都是走个形式或是为了局外人的利益。在"达拉斯黑手党"、"一零"团队和伯灵顿北方公司联运团队中，这一点也是共通的，每个团队都有自己的官方领导人——坎菲尔德、邓拉普和格林伍德，但在每个团队成为高效能团队的过程中，只要团队有通过创新尝试来攻克障碍或寻求机遇的需要，领导力就会分配到恰当的成员个人手中。事实上，关于领导力共享的机制，达拉斯团队的坎菲尔德曾尝试说服环球有限公司将其规范化，但并没有成功。如同大部分想要理解高效能团队内部领导模式的局外人一样，环球有限公司的管理层觉得这项机制太匪夷所思了。

领导力共享是一种权力的赋予，但绝不仅限于此。团队成员通常感觉自己有了权力后必须实现团队的共同目标，于是成员不断地讨论团队的共同目标、操作方式，达成充分的理解共识之后才大胆地创新改变。在这之后，团队多半在创新行动之前或行动之后马上对团队领导者进行监督审视，那些最佳领导者当然也赞成这种监督方式。但高效能团队的成员监督审视的方式远不止于此，他们也会在创新行动之前或行动之后进行监督审视，但关键区别在于，他们不仅审视团队领导者，成员之间也互相监督审视。官方领头人的言辞评价可以起到作用，但团队审议通过的天平由整个团队把控。

高效能团队和其他许多真正团队产生的拓展团队影响力的区别也非常显著，关于这一点我们在伯灵顿北方公司联运团队的故事中已详细描述过。"一零"团队中拓展团队的影响力也显而易见，她们带动了报社其他部门的员工专注于客户服务。"达拉斯黑手党"就更不用说了，从他们对团队其他人的影响中便可知。

团队成员间强烈坚定的相互信任、共享的领导力和可换互通的能力赋予了高效能团队完全自给自足的能力。他们按照自己的规则前进，高层的否决对他们没有任何威胁，大型组织机构中其他人的敌视或冷漠、有限的资源、短缺的资金对他们来说更不是问题，即使如伯灵顿北方公司联运团队遇到的"极端寒冷天气"都阻挡不了他们前进的步伐。

这些高效能团队的收获超越了任何程度的合理标准，他们自己也乐此不疲。这些团队中极好的幽默感似乎也是他们与众不同之处，他们所做的每一件事都能与乐趣挂上钩。当然，有可能存在一些不那么幽默的高效能团队，但我们对此表示怀疑。我们需要重新审视幽默感这个因素，因为这是一个不可控因素，人们不可能被"调教"得幽默感十足。但从高效能团队的事例中，我们又发现乐趣同其他因素一样，似乎是团队相互信任与出色绩效的副产品，或者说是生成信任感与绩效的原料之一。

我们遇到的每一位高效能团队成员都觉得自己的团队独一无二，他们的经历好似参与了"远远超出自己能力的大事情"。不仅如此，每个高效能团队都给自己所在的大集体、拓展团队或周围人带去了积极的影响，改善了大集体的绩效职业标准。他们营造了活跃又专注的氛围，为新技能的增长和开放的变革提供了持久的成长环境。然而还是那句话，高效能团队非常稀有，无法通过人为创造产生。所以，管理者如果要想发现高效能团队并充分发挥他们的作用，那就必须先理解其中的奥秘。不仅如此，明智的领导者（不管是给予高效能团队高度赏识或更大的挑战，还是克服千难万阻）都会竭尽所能地让这些高效能团队及其象征意义、积极影响继续发光发热。

第二部分

如何成为团队

团队表现曲线（见图II-1）说明了集体的表现取决于该集体采取的基本运作方式，以及该集体对于这一运作方式的实现程度。与团队不同，工作小组的绩效表现取决于个人最佳能力的总和，他们不追求集体性付出取得的工作成果。如果人们选择团队而非工作小组的方式，那么他们必须承诺会承担相应的风险：冲突的出现、共同工作成果的好坏，以及建立共同目标、共同方法和相互承担责任所必需的集体行动。那些声称是团队却不承担以上风险的集体充其量是个伪团队。

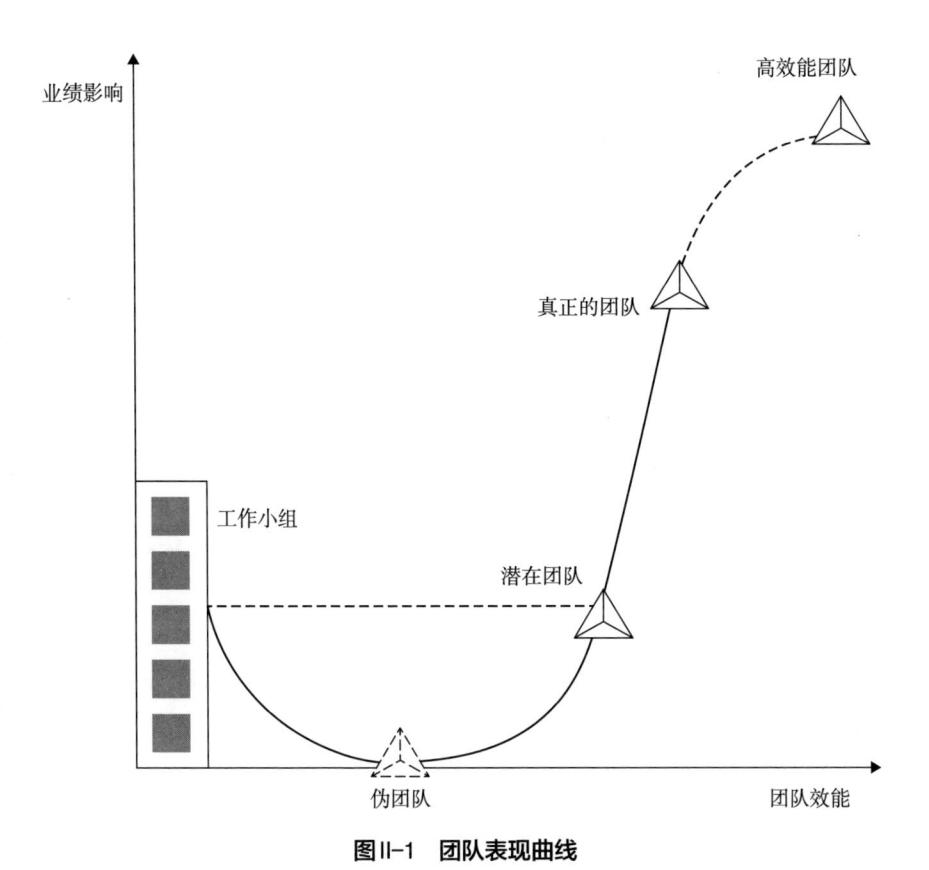

图II-1　团队表现曲线

潜在团队沿表现曲线向上攀升时不可避免地会遇到许多障碍，有些团队成功克服了，有些则受困停滞于此，而停滞的团队力所能做的最糟糕的事情就是抛弃本书第一部分中描述的团队基本原则。实际上，不管潜在团队或伪团队陷于困境多么深，只有团队绩效表现才能挽救他们，而非团队建设。

所有的团队都会解散，但解散不代表要牺牲绩效的持续性。业务推荐的传递、新成员的加入、老成员的离开，还有领导者的更替都应该被看作团队基本原则必然的更新变动，也正是这些变更促使大部分团队更深一层地挖掘自身的潜在绩效，与团队自身是否解散并无关联。

大部分团队领导者接任后必须开发相应的能力。成功的领导者往往抱有这样一种心态：他们没必要为每件事做决策，也不需要事无巨细地安排每一项工作，因为他们自己也意识到他们并非对每件事都了如指掌，也绝不可能脱离其他成员的帮助取得成功。团队的智慧就在于认识到"不管以前的你是独裁还是民主，只要现在真正坚信团队工作的目标和团队本身，你就能领导团队走向成功，使之成为高效能团队"。

5
团队表现曲线

员工在评论中提到的一些问题难以被忽略。很明显，人们不认为我们是个团结的团队，团队共事的结果可能并不如想象中那么好，但我没想到这会影响到公司中的其他人。我们该怎么做？

科兹莫产品股份有限公司的董事长和高层管理团队刚刚听完员工受访的录音片段，正随意地聊着。科兹莫不久之前启动了公司整改项目，旨在改变公司上下几千名员工的行为方式，并随机抽取了100多名员工进行录音采访，让他们对此次整改发表看法。

采访得到的看法、评论中有许多观点是预料之中的。首先，员工理解并知道，公司的战略目标与绩效表现在近5年大大下滑，科兹莫推出的产品不再像以前那般风靡市场、独占鳌头，公司销售力也大不如前。其次，就公司绩效的下滑，员工给出了各自的解释，其中包括产品选择多样化、质量问题频现、客户偏好改变、竞争者更强而有力，以及销售人员数量的变动。最后，员工对以上问题导致的结果也有自己的理解：整体市场水平提高后，科兹莫的销量、市场份额和利润都出现了大幅下降，严重到公司甚至受到了分析员与商业媒体的公开非难，导致公司员工的士气与自信大大受挫。所以，当时每个人都预感到大规模的整改势在必行。

高层管理者直接听到员工细数公司之前的挫败时，虽然被直戳痛点，但并不意外，正因如此公司才更需要马上整改以扭转局面。然而，接受采访的员工表示，公司现在进行的整改内容最好改一改。他们理解也认同公司的新愿景，也表达了对整改的迫切希望，并且随时准备投入公司关键职能与运营部门进行的各项战略整改工作。"但是，这次的整改内容必须有所不同！"录音中传出了员工坚定的看法。

更令董事长与其他高层管理者吃惊的是，录音采访中不断出现对他们的"控诉"："你们根本就是在各行其道，这哪称得上是团队！如果你们不齐心协力的话，那么什么都改变不了。"听完此番言论，高管意识到科兹莫的问题已经不仅仅是最高层管理人员的问题了，并且他们也清楚地明白高层人员的努力将起到至关重要的作用。

关键决策

科兹莫领导层面临一项重要决策：他们应该以工作小组的角色继续提高效率，还是尝试转型发展为一个团队？虽然在描述这个集体的时候用了"团队"一词，但从员工的评论中不难看出，他们认为这与领导者的目标导向并不一致。然而明确一个集体的工作方向与职责角色并不需要形成团队。事实上，在许多情况下，尤其是多业务公司的高层中，结构分块明确的工作小组更高效。但是在大部分情况下，工作小组和团队之间的抉择需求并不明确，也很难对此做出决断。

工作小组与团队的区别首先可以从绩效着手分析。工作小组的集体绩效主要依靠每位成员个体做出的贡献，而团队的集体绩效更多地取决于个体成员贡献总和的增值部分。选择工作小组还是团队的工作方式主要取决于个体成就的总和能否达成集体的绩效目标，或是否需要集体性成果产出、能力和相互责任感。①

工作小组在大型组织机构中的普及度和效率都非常高。在层级结构分明的机构中，个人的责任感最为关键，所以工作小组在这种机构中也能繁荣发展起来。工作小组最理想的状态便是成员一起分享信息、观点与洞察角度，进而做出决策帮助改善每个个体的工作，提升每个个体的绩效标准。但要注意的是，这个过程

---

① 这里之所以用"集体性成果产出"，是为了强调所有团队都需要产出一些成员个体贡献总和之外的附加绩效值，这就要求每个成员必须真正投入工作，具备一种基本意识，即挽起袖子、齐心协力、大干一场。

中的核心内容自始至终都是个体绩效目标与个体责任感。

一个明确的目标和对绩效评估方式的共识，对工作小组与团队一样都十分有益。我们后面将能看出科兹莫公司高层管理人员在某种程度上来说是失败的，因为他们从未明确过他们一致的目标，甚至连成为一个高效工作小组的共识都没有达成。与团队不同的是，工作小组仅是利用其目标来描述成员个体的角色分工、任务及职责，这些角色分工往往与正式的机构岗位是一致的。为了完成任务，工作小组中的成员（尤其是高级别岗位的成员）会将实际工作委派给小组之外的其他人。工作小组关注的是成员个体的收获与结果，所以越是高效的工作小组，该组成员越会为了达到个人绩效指标激烈地竞争。当然，他们也会互相提点建议、分享见解，一旦其中有人退缩，他们也会非常上心。但是，工作小组的成员除了对自己的结果产出负责，对其他人的事情概不关心；他们更不会费心思开发增值绩效，也不关心需要两个或者两个以上团队成员协同完成工作产生的额外贡献。

团队与工作小组就大不相同了。团队不仅需要对自己负责，更需要个体间彼此负责。团队依靠的不仅仅是集体讨论、辩论和决策，也不仅仅是分享信息与最佳实践的观点，更不仅仅是互相加强绩效标准。没有通过团队成员共同实际的努力与贡献收获的具体团队成果产出，那么承诺的增值性或放大化绩效影响便无法实现。

选择团队而非工作小组的方式等同于获得了更高绩效的承诺，但这也产生了更高的风险。因为人们根深蒂固的个人主义价值观，以及与生俱来的对他人表现与自身命运捆绑在一起的抵触心理，使得选择团队的方式需要在信任上取得巨大的跨越。强烈的个人主义者（有许多人都是如此，尤其是最高层人员）若是无法承担共事者的责任，也不愿让共事者为他承担责任，就无法真正为团队绩效做出贡献。然而他们潜意识里又认为"谋事者，求人不如求己"，这又与"依靠他人完成生命中的重要任务"的理念相悖。

"虚假的"信任跨越也是无济于事的，反而需要付出很大的代价。当团队方式失败时，成员会因个人目标变得四分五裂，产出成果没有任何重要增值，付出的代价远远超过收获的成果，个体会因为占用了他们的时间与主要精力而感到愤愤不平。

工作小组的方式带来的风险就很小了。高效的工作小组只需用一点点时间来确立小组目标和方法，因为领导者在组建之初就已基本有方向了，会议也会按照安排妥当的议程进行，小组成员的时间利用率也相当高，而且决策在具体个人任务与职责进行的过程中就已经被一一执行完成。因此，大部分情况下如果个体优秀地完成自己的工作就能满足集体的绩效目标，那么工作小组的方式相比于难以把握的团队方式而言，不失为一种更好的选择——氛围更舒心、风险更小、受干扰性小。事实上，如果对团队方式产生的高绩效没有苛求，那么比起一味地挣扎着组成团队，用心提升工作小组的效率则更有价值。

团队表现曲线

为了帮助大家理解诸如科兹莫产品公司高层管理人员遇到的

选择及其中的风险与绩效潜力，我们用一种简单的框架结构来说明问题，即"团队表现曲线"（见图II-1）。曲线上有5个点，每个点的设定都采用了第3章中描述的团队定义作为基本参照。在这里为了避免混淆，我们称"团队"为"真正的团队"。

• **工作小组**。这一类集体不需要特别的增值绩效，也不存在需要向团队转型的契机。小组成员间的互动仅是为了分享信息、最佳实践做法、意见，或是为了帮助自己在职责范围内有良好表现进行决策。除此之外，工作小组内没有任何真实或真心期望达到的"小集体"共同性目标、增值性绩效目标或共同成果产出，因此根本不需要团队的方式。

• **伪团队**。这一类集体可能需要增值绩效或转型契机，但他们并不着力于且不是真正尝试达成集体性绩效。虽然这一类集体美其名曰"团队"，但是他们对形成团队的共同目标或绩效目标并不感兴趣。就绩效影响力而言，伪团队是所有集体类型中最弱的类型，并且在大多数情况下，伪团队对公司绩效做出的贡献甚至不及工作小组，因为伪团队成员间的互动只会互相诋毁各自的个人绩效，无法产生任何集体性的好处，伪团队成员个人绩效的总和甚至达不到本来成员应有的潜力总和。

• **潜在团队**。这一类集体虽不需要特别的增值绩效，但他们在切实尝试提升自身的绩效影响。但是最基本的一点是，他们需要明确集体目标方向、分段目标或成果产出，需要进一步夯实共同的工作方式，其中成员间的集体性互相责任感尚未建立。潜在团队在大组织机构中非常常见。从团队表现曲线我们可以看到，当团队的方式开始起作用时，团队的绩效影响就会变大。我们认为曲线上最陡的一段绩效增长出现在潜在团队与真正的团队之间，虽然过渡艰难，但任何可以"攀上陡坡"的努力都值得一试。

- **真正的团队**。这一类集体往往人数很少，成员的能力互补互助，他们一致坚信共同的目标方向、分段目标和工作方式，并且为此建立了相互的责任感。真正的团队是绩效产生的最基本单位，对它的描述与定义我们在第3章已经做过具体说明。

- **高效能团队**。这一类集体满足所有真正的团队的条件，除此之外，高效能团队成员相互之间还坚持达成其他成员的个人成长与成功，这份坚持往往是团队之外的。高效能团队的表现明显超出了其他团队，也超出了所有成员的预期值。高效能团队为所有真正的团队与潜在团队设定了一个强有力的并可能达成的目标，也为那些团队做出了绝佳的示范。详细的描述我们在第4章也已涉及。

图II-1中的曲线说明了与这5个点有关的一些关系点以及如何选择。首先，图II-1说明了工作小组拥有许多潜在的绩效成果，并且说明了在许多情况下采用工作小组的方式不失为一种明智的选择。其次，图II-1还表明对大部分集体而言，最大幅度的绩效增长出现在潜在团队向真正的团队过渡期间，并且真正的团队可能产生的绩效影响比工作小组高出许多。真正的团队与高效能团队之间的这段虚线指的是高效能对成员互相之间额外的个人信念做出的要求。最后，连接工作小组与潜在团队的这段虚线表示这两者之间需要的信念上的跨越，这段虚线之下则是伪团队表现出的可能存在的风险与损失。所有人都希望不惜一切代价避开伪团队，因为伪团队的绩效影响是所有"团队"中最低的，而且要摆脱伪团队状态非常困难，关于这一点我们在科兹莫公司故事的最后总结部分具体说明。

科兹莫高层管理人员必然有理由和潜力组成员工期望的团队。首先，科兹莫高层管理人员面临的绩效挑战要求他们必须成为一个团队：工作上各种负面力量、对这些负面力量没有明确的解决方案、等级制度下无法达成绩效期望值、迫切需要领导者以团队的方式重整旗鼓。其次，这些高管本就是一小群拥有恰当能力的组合群体，所以鉴于科兹莫公司面临的挑战，我们相信他们可以确立共同的目标、分段性绩效目标以及工作方式，并且找到作为一个团队相互负责的方法。最后，团队的增值绩效承诺也是这个团队所迫切需要的要素。

然而，科兹莫的高管在听到那些董事长认为"难以忽视"的录音之前，甚至连个合格的工作小组都算不上。更确切地说，他们是个伪团队：虽然号称自己为一个团队，却从未认真努力地明确团队目标方向、达成分段性绩效目标或确立他们的团队工作方式。对他们来说，政治性考虑永远多于绩效考量。他们甚至拒绝以工作小组的方式改进工作的机会，不愿意提升个人绩效标准，不愿意明确并协调成员个人的活动，不愿意确保个人成果与公司必要的绩效成果相一致。

员工给予的反馈刺激了科兹莫高管，他们想要摆脱伪团队状态，向潜在团队过渡，最终成为一个真正的团队。高管确信如果他们有任何机会领导科兹莫度过转型期，就一定会把成为一个团队作为工作的重中之重。但是这些集体往往有个通病，那就是他们在考虑团队表现曲线时，几乎会自动忽略成为一个细致谨慎的工作小组这一选项。即使遇到了成为团队的契机，他们也只是表达出迅速转型成为团队的愿望，而不是以实际行动应对具体的绩效挑战。

科兹莫高管开会的大部分内容都围绕着团队建设的直接需求，他们努力尝试提出并尽力解决许多严峻的问题，这些问题对于科兹莫内部大范围变革十分关键，包括：

> 变革的愿景过于抽象，我们必须说清楚这个愿景对员工和客户们意味着什么。
>
> 在这里每件事都成了头等大事。我们必须想办法把事情分出个先后，否则我们创造出的体制将严重超负荷。
>
> 控股公司的领导人员根本不了解我们的问题。我们需要说服、拉拢他们，同意我们想要进行的变革计划。
>
> 我们的员工无法真正理解我们期望他们做什么，所以我们要具体地与他们交流我们想要他们改变什么、怎么改变，然后督促他们致力于实现这些改变。
>
> 我们互相之间还是不够信任。我们需要继续这样的会议，甚至可以进行一次特别的交流会来继续讨论这个问题。

在员工给出反馈后的几个月里，诸如此类的讨论会议开了又开。这个集体中倒是萌生出了对变革公司愿景和目标方向更加坚定的信念，然而大家对这个集体本身没有任何想法。这些高管还对如何制定公司重点事项有了进一步的理解，产生了试图与员工更明确地交流的想法，建立起了集体人员间更加牢固的信任基础。相比之前，他们能够更加同心协力地工作，并且在一段时间内，他们作为管理小组的效率确实得到了提高。

但遗憾的是，这个小组依旧没有共同确定作为一个团队应有的具体的绩效目标，而这些目标的确立是完全必要的。比如，科兹莫的员工与管理人员都知晓该公司每年推出的产品质量参差不齐，高层管理团队本可以形成一个临时团队，来解决这一问题：将新品数量削减50%，同时设计一个能达到既有质量标准的前提下使产品及时上市的流程。再如，充分理解并考虑到员工数量的改变对销售力造成的巨大影响，高管本可以将自己定位成一个团队，打造并领导创新，从而加强传统的"兼职"销售队伍对客户关系维系的能力。

科兹莫的高管当时只要清楚地设定分段目标，就能以团队的方式操作一些具体的事宜，即推进他们扭转公司局势所需要做的一些具体事项。有了这些具体的成就作为基础，他们就拥有了从潜在团队转型为真正的团队的机会。然而科兹莫的高管没有建立起统一的绩效目标，他们希望以团队的方式实现其伟大抱负，却无从下手、不得要领。高管确实详细地商讨了公司现状的紧急程度，且表现出了急切想要改变现状的决心，但他们从未将他们的期望转化成具体的团队目标与成果产出，最终导致科兹莫的团队建设项目沦为纸上谈兵、不了了之。就是在这种情况下，这些高管非但没有正面解决建立团队需要的绩效目标问题，反而令士气低沉，让团队又一次倒退回了伪团队的低绩效模式。

科兹莫在启动变革项目后的三年中，仍未能在公司开发出构建强大竞争力所需要的一些关键的多样化能力、价值观和行动。三年内，公司持续遭受财务重挫，经历了几次重大的收购之战，主要业务剥离、扰动军心的高层管理变动及开支的强行缩减屡次发生，所有的这些负面结果让整个公司的员工（包括高管）一蹶不振、陷入困境。

科兹莫公司员工的警告是对的：高管成为一个团队的绩效潜力巨大，但最终失败所导致的后果也是毁灭性的。更加微妙的是，高管团队有意识地选择工作小组或团队的方式失败了，也无法继续以苛刻的标准监管工作绩效，导致该团队及其员工、客户和股东根本无法达到他们预期的绩效成果。

其实大部分团队都属于科兹莫高管这样的伪团队，他们存在于许多大型组织结构的各个部门、各个层级。这类集体有许多行为特征，包括集体目标不明确、没有凝聚力、个人敌意或野心不受控制、低估团队方式产生的利益，还有消极规避而积极参与的层级规矩。这样产生的结果往往是一样的：团队没有认真努力寻找一条共同前进的道路。

伪团队就是个伪命题。它对外宣称自己是一个团队，然而成员私下却不以为然。这个伪团队所在的大组织中的人们则认为他们在自欺欺人，那些宣称的团队标签不过是虚伪的表象。就拿科兹莫高管集体来说，在听到员工在录音中提出抗议之前，他们一向将自己标榜为一个团队。

通常情况下，成员对伪团队工作的失败表示惋惜，他们的说辞也相当讽刺。伪团队中每个人都能找到其他人身上的错误，尤其是领导的。每次成员提出的补救方法无非就是"如果团队中其他人能按照我认为正确的团队方式工作，我们就一定可以以团队的方式表现得更好"。

工作小组与潜在团队的区别

科姆特移动数据的9名区域总经理组成的小组，很好地展示了工作小组与潜在团队之间的区别。科姆特移动数据是一家成熟的大型通信公司科姆特的一个部门。20世纪80年代，移动电话大规模占领市场，为了抓住机遇，科姆特创建了移动数据部门。该部门快速通过独资子公司进入了4个关键市场，通过与尚未发展成熟的移动数据公司成立合资公司进入了其他5个市场。科姆特移动数据业务的复杂性在于其合资伙伴中有几个已经进入了市场，并且与科姆特子公司形成竞争关系。

科姆特移动数据部门作为一家大型成熟公司的一部分，运作起来有利有弊，利在于其可以利用大公司既有的市场影响力、品牌号召力和许多重要的组织、技术与经济上的资源，弊则是科姆特被公司仍处于起步期的电话业务困住了手脚。相比科姆特，其竞争对手可以"快、准、狠"地采取市场行动，因为他们既不受政府制约，也不被困扰大部分大型机构的官僚主义限制拖累。

9名总经理都向卡梅伦·戴利报告工作。戴利是一名经验丰富的主管，在组建团队所需的人力资源管理能力与定向培训方面很有经验。他给9名总经理设定的头等要事便是成为一个团队：让他们坚信如果他们是一个团队，他们就应该利用多种能力与各自的见解承担部门中更棘手的问题。但是，戴利与9位总经理心中设想的团队形象是一个交流顺畅、相处融洽和共享的小组，这当中并不包括为共同目标而协同开展实际工作。

但是，即使他们设定了专注于绩效之外的工作，团队方式对他们而言可能也并不是一种实际高产的方式。实际情况下，出于一系列原因，9名总经理的小组代表的是典型的工作小组，而非潜在团队。首先，科姆特在几个市场上的合资伙伴在其他市场与科姆特是竞争对手，这就导致团队内部需要的相互信任更难建立。科姆特最大的市场——纽约区的总经理说："我是不会花费时间、精力或其他资源来帮助芝加哥区进行运作与创新的，因为到时候他们的合伙人会用这个创新点在纽约区反咬我一口！"

其次，9个市场各自都有自己的竞争环境，具有独立的见解与不同的职责。克利夫兰区的总经理戴夫·马尔斯说："当芝加哥区总经理提出一些想法时，我会设想这个想法对克利夫兰区会产生什么影响，因为我不太相信他会花时间考虑对我们区的影响。这不是他的工作，他的职责就只是考虑芝加哥区而已。"虽然这些总经理都明白信息共享的好处，也知道这是避免出现类似纽约区-芝加哥区之间直接冲突的最佳措施，但是他们没有能力或动力产出即时的共同成果。这个小组中，成员一致认为要把最宝贵的资源用于解决自己区域市场的问题。

最后，相比其他地区，纽约区市场规模非常大，导致小组在实际操作时根本不可能达成共同的目标、分段性绩效目标和工作方法。纽约区设定的目标与其他地区的相比显得格格不入，但不同地区的总经理都认为无视纽约区是不现实的，各个地区之间基本不存在共同的利益点。

我们在辨识工作小组和潜在团队的时候，并不是在评判"好"或"坏"，而是在论证一种可选择的工作方式及其在权衡取舍时的有意识选择。所以这里并不是说科姆特的9位总经理当主管不够格，只是因为他们身处的环境就排除了团队选项。显而易见地，比如，他们可以通过采取协同工作的价值观、共享最佳实践行动来帮助其他区域经理、客户、员工及整个公司。但是，我们之前就已经论证过，协同工作与共享并不等于团队。

理论上，所有的集体都有潜力发现集体性的团队目标和工作方式以满足绩效需要，并且科姆特的总经理也都可以做到这一点。但是实际操作中，诸如卡梅伦·戴利和科姆特的总经理一定会问是否有共同绩效目标或集体性成果产出要求他们必须做到互相关心、积极平等地参与、额外地努力和共同分担。当实际情况给出的答案是否定时，他们就会质疑或联想到这样的工作团队转型成为一个团队只会造成更多的困扰和低产能的活动，同时这也会阻止成员以工作小组的形式继续提升绩效。

快速反应团队：攀升为高效能团队

麦肯锡公司的快速反应团队为我们提供了由潜力团队沿团队表现曲线攀升至高效能团队的案例。首先我们要注意的是，快速反应团队在麦肯锡并不多见，因为它不是因客户项目组建的团队。然而，它起到了支持性的作用，同时它面对的挑战与其他许多公司中潜在团队遇到的问题非常相似。

快速反应团队由麦肯锡的组织实践部门演变而来，同麦肯锡的其他实践与行业小组一样，它面临着20世纪90年代末的困境：如何在一家不断成长的全球专业公司中实现有效的知识与经验共享。早年间，咨询人员可以依据客户的行动，加上口口相传，凭借自身的经验知识找出适合客户的最佳思维与实践。但是到了1989年，麦肯锡的2 000多名专业人士已经遍布世界各地的50多个分部，这致使他们不可能再依靠非正式的个人网络来分享知识。

组织实践部门尤其受到这个问题的困扰，因为不管在哪个行业，重要客户关系都必须具备与客户组织相关的知识与经验。麦肯锡的一位合作伙伴如是总结："我们的工作中仅有20%是作为'组织'项目开始的，然而这些工作的70%是以'组织'项目结束的。"考虑到这一点，实践部门的领导者在1989年9月聚集在一起，决定探讨出一个更高效的方法来分享和管理公司日益积累起来的知识资源。经过多番讨论，他们最终形成了一个雄心勃勃的原景：在收到客户要求后24小时内，为其提供相关资料与有经验咨询人员的对接，为所有的需求做出最佳时效性思维与实践。

潜力团队的发起

实践部门的领导者随即开始招募志愿者，以实现快速反应的抱负。最后有6个人加入进来，他们分别是来自旧金山分部的"实践资源库"詹妮弗·福特尼克、组织专家乔·麦尔斯，来自亚特兰大的实践专家林恩·海利格及其合伙人埃德·迈克尔斯，来自芝加哥的资深管理人员保罗·戴维，以及来自纽约的合伙人道格·史密斯。

这6个人在组建团队之初就成了一个潜在团队，因为他们有潜力且期望形成集体性的共同目标、分段性绩效目标和工作方式，进而可以相互承担起责任。但是，在这6个人初次碰面的几周之后，局面就发生了变化。乔·麦尔斯决定离开麦肯锡从事其他工作，保罗·戴维因为集体会议与客户日程有冲突，无法参加集体会议，其他4个人参加了会议。经过一番激烈的讨论，他们做出了一种更实际的反应承诺：就客户需求给出"最快的"应答反馈，代替现实操作中几乎不可能实现的"24小时周转期应答机制"。他们首次采用了新的服务热线电话"快速反应联网"，并且达成了一个更加具体的近期绩效目标：1990年7月1日前设计并启动快速反应体系。这项提议的实现过程实际上非常磨人，因为他们只能利用自己的业余时间来完成这项计划。

达成目标的路上还有两个主要的设计挑战：其一，快速反应体系需要新的计算机系统，用来管理咨询人员的案例与经验文档库，而且这个系统必须满足林恩和詹妮弗对计算机简便操作的要求，因为服务热线是由她们接听的；其二，为了向客户提供除了相关资料以外的专家对接联系，此小组还必须保证麦肯锡已然忙碌的专业人士能快速给客户回电。第二点相当有难度，就好比让处在热血青年时期的少年在观看美国超级碗橄榄球赛直播时接听电话，通常来说他们是根本不会理睬的。

和所有潜在团队一样，成员还面临着一系列更艰巨的挑战。比如，此前刚从总咨询师转职为实践专家的林恩认为快速反应团队给她提升自己的工作提供了前所未有的机会，但她也心有顾虑，因为7月的项目启动目标的时间与她的预产期重合了。

与此同时，詹妮弗也对工作中发生的改变十分担忧。近十年来，她一直依靠自己丰富的实践知识与卓越的服务导向为客户提供咨询，并且获得了一致好评。詹妮弗关心的似乎一直都是即将启用的计算机系统，因为她之前从来没用过计算机，她也承认对计算机没什么好感。然而林恩、道格和埃德却认为詹妮弗对使用计算机的担忧，说明了她对未知变化的不安与恐惧。

此外，核心团队的领导力也尚不明确。埃德虽然给予了很多的支援，但是他承担的其他满足客户需求的工作决定了他只能作为小组的决策咨询人和资深支持者。于是快速反应项目的监督管理工作就落到了道格和保罗的身上，然而保罗也肩负着许多满足客户需求的工作，他的处境相当为难。不出所料，这些问题在小组内引起了不安与恐慌。

虽然如此，小组的会议讨论、决策和明确的下一步还是帮助了这个集体沿团队表现曲线不断攀升，但此时的他们还只是潜在团队，尚未达到真正的团队标准。快速反应小组达成了共同的总目标与分段性小目标，林恩、詹妮弗和道格都做好了大干一场的准备。此外，那些棘手的问题也被成员明确地提出并认真地讨论了一番。

潜在团队成为"真正的团队"

快速反应小组开创和明确了集体的工作方式后，在接下来的几个月中开始着手解决那些不确定因素。道格和林恩经协定首先着手获得各咨询人员的承诺，以便建立起快速反应网络。同时，林恩和詹妮弗再加上保罗则准备专攻计算机系统，其中詹妮弗主要负责与实际操作计算机化工作相对的数据库分类结构架设工作。之后，保罗仍然不断缺席集体会议，他自己和其他人都意识到他并不能进行需要全体成员共同完成的工作，无法为团队做出任何贡献，这让团队氛围变得非常尴尬。于是此时整个团队默契地达成了共识，愿意让保罗自行退出团队，并且也没有对他的退出大做文章。随后林恩和詹妮弗邀请亚特兰大区分部的计算机专家斯科特·埃赫曼和一家计算机系统设计外包公司加入了团队，以新的面貌共同致力于快速反应团队的计算机系统建设工作。

到次年春季，林恩、詹妮弗、道格和斯科特已经拥有互补的能力、一致的目标与工作方式以及共同分担责任的意识，这些都是促使他们成为真正的团队的特征。他们非常笃定所架构出的计算机支持系统一定能满足7月启动项目的需求，而当时面临的最大挑战就是如何在4月的全球组织实践咨询人员大会上，获得大家对快速反应网络系统的积极响应与支持。

咨询人员的支持对快速反应网络的设计建立至关重要。理论上讲，寻求组织问题的最佳即时思维与实践的需求者打电话给快速反应团队，由林恩或詹妮弗接听并帮助他们找到最匹配的相关资料和最合适的解决专家。如果林恩或詹妮弗觉得需求者的问题超出了她们的解决能力范围，可以将他转接给一名"随时待命的咨询人员"，这名咨询人员必须是组织实践小组的成员，他必须能对需求者的问题做出最快速的反应，如果可能的话，当天就必须给出答复。

为需求者找出匹配资料与问题解决专家的名字是轻而易举的事情，但要专家和随时待命的咨询人员真正做到后续电话跟进或回访则困难重重。其中，获取这些人员的支持承诺也不存在问题，而咨询人员应接不暇和多时区的后勤管理及其他问题是主要的困难所在，与之并存的问题还有快速反应团队成立时间较短，导致其给出的承诺与工作方式不令人信服。而至此最大的困难就在于如何说服有经验的咨询人员在已经超负荷的首要工作表上，再添加一项"待完成"的工作。

快速反应团队深知他们必须充分利用 4 月的大会，为他们的团队累积咨询人员的理解、激情与支持。团队成员决定实行软硬兼施的销售战略，只要有机会，他们就会分发宣传性的小礼品（比如马克杯、贴纸或 T 恤），上面印有快速反应团队的标识和电话号码。大会进行到第二天，60 多名参会人员已经开始乐于接受这些"插播的小广告"，并且产生了兴趣。

在大会的最后一晚，快速反应团队做出了最后一搏。林恩、道格和詹妮弗要求每个人都穿上快速反应团队的T恤参加晚宴；到晚上10点时，人们手里拿着红酒，正准备享受这晚宴，林恩和道格面对着台下身穿黑色和银色衣服的观众开始了他们的宣讲。快速反应团队阐述了他们工作网络的设计理念，强调了专家与随时待命的咨询人员在其中的重要角色，并且自嘲就在他们一名成员临盆之际居然决定正式启动一个新系统，这是多么荒唐。宣讲收获了观众的欢笑与掌声，道格乘胜追击，随机要求一名观众起立、闭眼，让这位观众尝试着回忆出这两天不断听到、看到的快速反应团队的电话号码。隔天一大早，所有的参会人员都同意签署成为快速反应系统中的专家或随时待命的咨询人员。至此，7月启动项目中最重要的一块拼图也到位了。

快速反应团队随即将注意力放到了另外两件棘手的事情上：林恩产假期间的空缺如何填补以及詹妮弗对计算机的焦虑如何消除。幸运的是，此时又有一位新成员加入：南希·陶本斯拉格，她此前是纽约区的工作人员、兼职组织咨询人员，在参加过4月的大会后深受鼓舞，自愿在林恩产假期间前来支援。然而南希很快就意识到她远远低估了将面临的工作量。6月上旬，她同詹妮弗和林恩前往亚特兰大接受新计算机系统的培训，三人都发现计算机系统还需要许多调试工作。随着林恩的临盆和快速反应系统的正式启动逼近，南希和詹妮弗必须在最短时间内学会如何协作，才能完成此前承诺的计算机系统任务。

在这个阶段，团队内已经发展出成员互相之间真正的好感与责任感。尤其是林恩与南希，她们决心帮助詹妮弗克服恐惧焦虑；

工作中她们也十分乐意与詹妮弗共事，并且非常尊重她在组织方面的知识与经验。而詹妮弗也深知林恩休产假时，这个项目的成功与否大部分取决于她的工作是否安排到位，她也明白林恩产假结束复职后希望大部分工作都是快速反应项目，她也不想让林恩失望。

南希承担起了计算机的调试工作，并且几乎每天都花大量时间与詹妮弗电话沟通，帮助詹妮弗进行数据输入工作和熟悉计算机系统。林恩休产假之前带头对客户的需求做出回复；产假后她又从家庭琐事中抽身，只要有时间便投入需求反应工作中。最后，道格答应成为随时待命的咨询人员的最终把关者，以确保所有需求都能获得及时的回复。而整个团队考虑到需要减轻道格的工作压力，同意推迟快速反应系统的推广活动，等到计算机问题全部解决、林恩复职后再开始大力宣传。他们希望客户口耳相传的推广方式能刺激产生更多的要求，保持服务的活跃度，而非将快速反应系统扼杀在摇篮里。

七八月的大部分时间里，虽然有南希和林恩的帮助，詹妮弗还是一直以她以往的方式工作。直到夏季末，詹妮弗接到了一个极其复杂的项目，并决心自己尝试着用计算机系统解决问题。詹妮弗惊喜地发现，计算机系统不仅能给出所有预期的答案，而且能产出一些她没有想到的点子。詹妮弗立即给林恩和南希打了电话，表达了她的喜悦和兴奋之情，也对她们一直以来对自己的帮助与鼓励表示感谢。最终，她也宣布自己已经彻底地改变且适应了！

在林恩11月重回岗位后，三位女士立即形成了快速反应系统的密切合作方式，这也是她们从未预想到的意外收获，她们对此也非常兴奋与满足。她们十分享受向需求者提供最佳反应回复的过程，每天也在工作中互相学习，交流和分享各自的经历与挑战。团队中形成了一种强烈的信念，在每个人的成功与快速反应系统的成功之间画上了等号。南希说："我们真的相信'你好，我就好'的工作方式。"

高效团队浮出水面

1990年年底，团队的信念承诺远远超出了他们的共同目标和工作方式，包含了对成员互相的成长与成功的深深关切。计算机系统调试完毕，随时待命的咨询人员与专家的跟进工作到位，三位女士也都掌握了工作中需要的资料数据、咨询方案及计算机能力。此时团队同意将该团队及快速反应系统投入正式测试，即在公司中进行一次广泛的市场拓展活动。1991年1月，快速反应团队向全球各地的咨询人员分发了广告传单、电话贴纸和马克杯，筹划了一本公司内部杂志用于刊登他们的专栏文章，还请全球各办事处的组织实践咨询人员在其部门内尽可能多地谈及快速反应系统。一切就绪后，成员便坐等电话，看是否会有人来电响应。

电话响了！宣传完毕后的那个月度的需求是之前的3倍，并且这些需求均来自全球各地的办事处和各个级别的专业人士。1991年年底，快速反应团队接手了上千份请求，协助了全球各地近1/4的咨询人员与客户。有些用户起初对能否及时收到咨询人员与专家的帮助心存疑虑，然而他们很快就发现快速反应的承诺是相当可靠的。系统收到了各方积极的评价，有感谢团队给出快速答复的，也有赞扬快速反应系统有效地改善了客户体验、满足了客户需求的，更有收到许多自发的感谢信。此外，其他实践部门也注意到了快速反应系统的成长壮大，有几个部门还联系了快速反应团队并想来取经学习。

有一个有趣且对团队而言十分鲜见的情况，因为会面的成本巨大，成员所处地理位置也难以协调，这个团队几乎无法聚集会面。但是帮助麦肯锡全球各处的专业人员——这项不可预测、忙碌艰巨的任务，通过每天的电话与传真将各个成员紧密地联系在一起。事实上，越是难以处理的任务与问题，他们越是更有兴趣地研究如何才能提供最佳反应。

团队工作的质量和成员间的承诺在这一整年间不断累积提升，直到1991年年底他们对彼此及客户做出承诺：对待每份需求都像对待未来真正的客户一样周全。麦肯锡公司也因这一反应系统的高效性与及时性大为受益。对局外人来说，这种内部无微不至的重要感似乎略显牵强或夸张，但对于高效的快速反应团队成员而言，这种互相之间牢固的承诺与共同使命感促成了他们攀升至团队表现曲线的上部。

小结

"为了完成重要的绩效目标，我们需要付出什么？"

当成员被委派组成一个集体共同工作时，这个问题对他们来说无疑是最关键的。问题的答案取决于小组当下面临的绩效挑战的特性。比如，如果我们是科姆特总经理团队的一员，我们会问自己："要想在北美9个不同市场建立起我们的移动数据业务，我们需要付出什么？"回答是："这需要我们在每个市场将自己的工作做到最好，包括分享最佳实践方法、见解和其他相关的信息等。"用本章中提出的专业术语来说就是成为一个高效的工作小组。而如果我们是第4章中"一零"团队的一员，我们则会问自己："要想消除报纸上所有的广告错误，我们需要付出什么？"回答是："这需要我们以团队的方式协作，在个人贡献的基础上产出集体性的成果。同时也可能需要我们在整个报社中提升客服价值。"简而言之，"我们需要成为一个团队"。

假使人们选择了团队方式，那么如何评估他们处于团队表现曲线的哪个位置呢？我们总结了两套不同的表征，也叫"重要信号"，可以帮助他们评估自己的水平。第一套表征信号与团队定义中的因素——团队基本要素有关。大部分集体可以通过询问自己一系列有关"人数多少、互补能力、共同目标、绩效目标、工作方法和相互责任感"的问题（详见第3章结尾部分），进而探究他们的运作方式是工作小组、伪团队、潜在团队还是真正的团队。

除了第一套表征信号，我们还观察总结了第二套方法，即"5个重要信号"，来帮助评估集体的表现。

1.主题与身份。各个团队不可避免地会收集一系列最能传递他们基本目标与集体身份的主题。比如，州际高速公路系统的版图代表了伯灵顿北方公司联运团队的承诺：建立一个完全不同的联运方式，其能与卡车联合运作而非打压反对。第3章中的柯达斑马团队采用了一系列黑白色标识、团队服装及队歌，用于交流他们提升黑白胶卷绩效与地位的雄心抱负。第3章中的花园州砖面与外墙公司的飞镖盘甚至成了该公司的主题标志，被冠上了代表团队工作方式的特殊含义。

这些主题的关键作用在于它们包含了丰富的团队个性化意义。团队主题就像一种特殊的语言或代码，能反映出简单便捷的方法，让成员交流团队中重要的事物。但是这类关键性、具有深刻共识性含义的物品并不能被刻意制造出来，仅仅靠T恤和马克杯无法造就团队。但是一个具有深刻含义的标志背后一定有团队的存在。

2. 激情与能力水平。团队成员工作都非常努力，且干劲儿十足，工作之余的娱乐也是如此。没有人硬性要求他们加班，他们只是自发性地完成工作。没有人提醒他们替他人干活，他们只是完成团队该做的事情。在局外人看来，团队内部的激情与能力水平是确定无疑且十分诱人的一个特征，只要走进一个团队的办公室，你马上就能感受到不一样的氛围。比如伯灵顿北方公司联运团队，虽然他们在外界饱受争议，但仍有许多铁路行业其他部门的人员秘密地加入他们的组织。但是，团队的这种激情是无法由上级操控施加的，而必须是从成员的互动中自然而然散发出来的。

3. 大事件推动的历史发展。随着团队的演化，它们的故事往往是通过一系列刺激性大事件推动的。这些事件通常在计划之外，有时甚至是"失败的经历"，但它们驱动着团队绩效的发展。花园州公司的一线员工专业运动方案，伯灵顿北方公司两处难度最大的联运中心的批准,"一零"团队对"那些年被老鼠踩过的传真"广告的反应,环球公司对"达拉斯黑手党"费用提案的否决,以及快速反应团队的晚宴营销策略,每一件事情都在推动团队的运作及发展。

4.个人承诺。联运团队、"一零"团队、"达拉斯黑手党"及快速反应团队的故事都详细地阐述了这一信号,即成员对其他成员的成长与成功都有强烈的个人承诺,这也是高效能团队能鹤立鸡群的原因。这种承诺总能充实和丰富团队的共同目标意识,大大拓展团队绩效成果,并且使得成员间协同工作的方式更加强大。但是需要再次说明,这种重要信号的存在与否不能被人为操控——人们不可能被要求互相关心。

5.绩效成果。绩效既是团队的成因也是团队产生的结果。真正的团队的绩效总是比同等环境挑战下个体作战组成的集体的绩效高出许多,而高效能团队的绩效成果又总能超出集体对它的合理性预期,包括团队成员自己预估的绩效成果。事实上,如果没有了具体有形的绩效成果,其他一切都是没有意义的。像科兹莫高管组成的这一类集体,由于他们没能专注于具体的绩效目标和集体性成果产出,也就注定无法成为团队。所以如果你想判断一个集体是否为真正的团队,首先要评估的便是这个集体绩效成果的好坏。

总的来说,我们提出了两套判断一个集体是否为真正的团队的重要信号标志。第一套信号包括团队定义中包含的元素,即团队基本要素。当一个集体发现他们缺少某一项要素或没有正确落实某一项要素,他们可以并且应该直面问题,直到将问题解决,步入正轨。第二套重要信号（主题与身份、激情与能力水平、大事件推动的历史发展、个人承诺及绩效成果）涵盖了每一个团队的特征表现。然而除了绩效成果，一个集体通常不能直接针对某一特征而对其进行强化以推动集体发展。团队主题的丰富内涵与团队标志的创造之间也不是等号关系，高效能团队中的激情或能力水平以及成员个人所能做出的承诺也无法通过命令或决策来操控产生。

最重要的是，如果通过任何一套重要信号评估后发现这一集体并不是团队，或许可以尝试转变团队方式，以工作小组的方式提升绩效。团队曲线上部的潜在绩效增长或许不值得一个集体冒巨大的风险，不过这个集体也有可能还没有做好从工作小组跨越至团队的充分准备。慎重权衡其中的利弊关系可以防止因鲁莽和草率决策而造成适得其反的结果。任何情况下都必须严格仔细考虑工作小组和团队两种选择，然后谨慎地决定选择其中一种方式工作。

但是，假设一个集体既不像科姆特移动数据团队一样不在乎团队方式，也不像科兹莫产品高管一样以伪团队的形式工作，而是愿意尝试以团队方式开创绩效，那么他们应该分段式对照这两套重要信号特征，确保他们的进程在团队表现曲线的正轨上。每次对集体的表现进行审视时，他们有可能产生新的见解，重新思考他们自身与团队绩效机遇之间的阻隔和障碍，同时也能加深他们对团队共同目标、分段式目标及工作方式的信念，以新的姿态继续共同前进。

6
沿曲线攀升

由个人绩效至团队绩效

潜在团队如何才能沿团队表现曲线攀升？恐怕没有一个十全十美的答案。我们曾研究、了解或参与过的诸多团队，他们在追求更高绩效时，都各自有着独一无二的举措、经历与决策。不过，我们从中仍发现了一个暗含的模式：真正的团队只有当所有成员都愿承担解决冲突、信任他人、相互依赖与努力工作的风险时，才得以建立。

这些风险中，最难对付的便是建立相互信任与相互依靠，这是从个人责任转向共同责任的必要因素。真正的团队中的成员必须相互信任、依赖，不是说完全或永远信任、依赖，但至少在团队愿景、绩效目标与工作方式等方面保持这种状态。因为这种相互信任和依靠的建立并非轻而易举，所以我们必须反复地争取和证明才能达到改变行为模式的效果。我们的天性本能、家庭熏陶、学校教育以及工作经验都强调个人责任最为重要，衡量标准则是我们自己的标准和我们所负责的对象给出的评价。我们更习惯各司其职，由上司评定我们的工作效能，而不是所有人一起平等协同工作，作为一个整体接受评定。

因此，团队绩效不仅要求成员调整态度，而且需要调整日常行为。此外，调整不能只限于口头说说，必须付诸实践。例如，"达拉斯黑手党"（参见第4章）事例中，团队中每个人都能看似轻易地拒绝平淡无奇的投行交易单。实际上，这种行为涉及的风险更大，因为每个人都得相信别人会支持这一决定并共同分担所有相关的财务负担。团队成员深知自己需要依靠其他成员并且其他成员也依靠着自己寻找、谈判并达成团队需要的更具开创性的交易。如同其他潜在团队，"达拉斯黑手党"只有通过采取一系列的风险行为来建立起共同责任感，并以此向彼此证明相互依赖完全行之有效。

冲突同信任与相互依赖一样，也是潜在团队成长为真正的团队的过程中必不可少的要素。没有哪一群体可以不经历重大冲突就将自己特有的经历、视角、价值与期望完全倾注于共同的团队愿景、绩效目标与工作方式。

潜在团队中最容易出现的冲突就是职能型分歧。例如，"一零"团队主要负责消除报纸广告刊登中的错误，他们的团队涵盖了从销售、生产到艺术、会计与客户服务的多部门人员。团队内的争端多起于部门之间的相互指责和抵赖，虽然不愉快，但风险并不大。对"一零"团队来说，更具风险性和决定性的事件是个人不顾自我暴露时承受他人失望的目光，挺身而出承认自己的错误。此时，桌上的牌都已摊明，团队在积极地解决建设性冲突后，继续推进工作的完成。

　　冲突还可能源自人们不同的性格、态度与期望，这些期望和人们本身一样多变和普遍。人们在面对潜在团队机遇时不乏忧虑，其中包括"为什么这次就会不同"、"这当中真正的议程是什么"、"这对我有什么意义"、"怎样才能让这个人明白他真的需要改变做事的方式了"，以及"这样能持续多久"。

　　真正的团队可以试着通过坦率、开放的沟通消除这些忧虑，但说来容易做来难，大多数人（尤其是在大公司工作的人）向来谨言慎行，通常在安全范围内行动。套路式的回答旨在给上级留下良好印象，显示出尊重，并且要在下级面前隐藏自身弱点、坚定立场以示忠诚以及提出华而不实的见解却不主张大胆的构想。这些行为都难以化解建设性的冲突，且让风险加大。然而，必须有人提出冲突，并且越来越多的人加入，给予建设性的评论时，那些个人分歧和担忧才能得到应有的讨论并被塑造融入统一的目标之中。只有这样，潜在团队才有机会继续走下去。但我们同时要明白这类冲突是高风险的，它们可能导致成员相互怨恨、感情受伤、误解或沮丧失望。

　　不是所有的潜在团队都能成长为真正的团队。处理信任、相互依赖与冲突等相关问题需要付出极大的精力，但可能毫无收效，而这本身又会造成一大风险。个人分歧、个体劣势的威胁、摧毁而非建立相互信任与依赖的行动、无益的冲突、行业中一贯存在的商业惰性，这些因素都会阻碍团队绩效，甚至会导致团队发展成绩效日益低下的伪团队。一旦伪团队出现，那么对所有在团队中投入大量辛苦劳动的人都会造成大量时间的损失和精神上的失望。

潜在团队的挑战

本章主要讲述的是安然公司中一个名为"钢铁协议"特别小组的潜在团队，我们将描述它是如何承担在团队表现曲线攀升过程中的必要风险的。安然是一家天然气公司，业务范围包括铺设、安装输油管道，将油从储存地输送至每一位客户。"钢铁协议"特别小组从客户服务与公司利润两方面入手，寻求提高安装过程的效能。实际上这一过程的第一步是客户与安然公司订立为其铺设管道的"协议"。接着就是"钢铁"挑战：公司需要根据合同、客户的预期效果和安然自身的运营与财务要求，铺设天然气传输管道。由于面临安然公司并购后发展的重大挑战与新愿景的严苛要求，"钢铁协议"特别小组最重要的绩效挑战便是找到并提出进程改善的方法，即试图大幅提升客户服务的质量。这就需要潜在团队努力让安然公司全员一同参与"钢铁协议"特别小组的新方法推进活动，然而安然公司是一个基于个体责任和不同职能建立起来的组织，要说服所有人并非易事。

绩效挑战

1990年8月，安然公司"钢铁协议"特别小组齐聚于休斯敦一家酒店的会议室，商讨如何完成任务。就在两个月前，他们被要求找出并清除困扰天然气管道工程的低效点，从与客户签订合同起到管道安装完成、成功输气为止予以彻底排查。然而，此时他们对此仍然一筹莫展。

安然首席执行官罗恩·伯恩斯发起了"20世纪90年代项目"，"钢铁协议"特别小组便是其首批倡议计划之一。这个项目旨在将安然转变成为"最可靠、最具创新精神的清洁能源供应商"。特别小组成员明白，要实现这一振奋人心的愿景，安然面对的挑战不止一两个。经历了20世纪80年代中期一系列收并购后，安然已经成为全美最大的天然气公司。由此形成的管道集团由伯恩斯领导，下设5家独立分公司，每家公司都有自己的经营方式，或保守谨慎，或野心满满。到1990年，这5家公司仍然像各自为营的兄弟姊妹，而不是一个一体的大家庭，他们各自致力于为客户提供可靠、环境安全、具有创新精神的服务。

如果说伯恩斯领导下的这5家公司有什么达成一致的观点，那就是它们对安然公司有着同样的不满。在进行了一系列收并购后，安然又成立了第六家独立分公司，但并不听命于伯恩斯。这个单独的组织掌控了运营、工程建造、工程管理与技术支持等流程，而所有这些资源都是伯恩斯手下的5家分公司赖以生存发展的。安然公司成立运营公司的目的是提高共享资源的效率，但没想到随之而来的还有剑拔弩张与钩心斗角。伯恩斯手下的5家公司已被降为只负责市场营销与监察管理，被剥夺了这么多重要职能后，累积已久的不满终于爆发了，他们认为运营公司拥有的权力过多，并且常常无法做到最好地维护客户的利益。

伯恩斯的5家市场营销分公司与运营公司之间越发激烈的纷争也让安然公司的员工灰心丧气，到了20世纪80年代末，有些人已离开公司，更多的人也在纠结是否要离职。对于员工纷纷离开，他们有这样几种解释：他们不想搬到休斯敦的新总部；认为自己所在管道公司的CEO（首席执行官）应该领导这个集团；运营公司权力过大；他们不理解安然的整体发展方向与目标；或者他们就是不喜欢待在安然了。所有这一切导致员工的不满情绪愈演愈烈，最终安然总裁肯尼斯·雷召集罗恩·伯恩斯与其他高层管理人员在公司之外召开了两天特别会议，以解决公司上下的不满情绪。

这些高层商讨会议上涌现了一些重要的见解。安然公司很好地说服了股东与金融机构相信安然规模拓展后拥有极大的优势，也让大部分客户坚信这些优势能为他们带来许多益处。但是管理高层一致认为，他们公司未能在安然公司庞大的员工群体中树立信心，让他们相信为美国最大的天然气公司工作仍然是十分不错的，并且前途光明。

为了挽回这种局面，高层管理者发起了一个名为"愿景与价值"的项目。其愿景是将安然打造成为"首个天然气巨头"与"全球最可靠、最环保、最具创新精神的清洁能源供应商"；这些价值观旨在将员工的不满情绪转化为以客户为主导的员工参与方式，将"您的满意成就安然""沟通——事实并不可怕"以及"更优质、更简单、更快速"包含在内。

明确团队基本要素

会议结束后，伯恩斯决心要达成愿景和价值的"双实现"，要解决的头号敌人就是地盘割据。为了"清除一切层级、组织障碍"，伯恩斯要求其中一家分公司的总裁斯坦·霍顿与运营公司的工程建筑副总裁詹姆斯·普伦蒂斯共同建立一个"钢铁协议"特别小组。为此，伯恩斯与普伦蒂斯还需要取得运营公司总裁的批准。霍顿与普伦蒂斯还全盘询问了建筑安装、工程管理、市场营销、会计事务、审计部门与财务部门，为的就是弄清楚如何以利润最大化的方式达成管道协议以及如何完成管道安装。霍顿认为挑选小组成员的标准只需要：愿意大声说出自己的想法，跨部门、跨组织通力协作，更好地服务客户。为此，伯恩斯、霍顿与普伦蒂斯下了不少功夫，因为安然公司一贯倡导部门组织界限分明，偏向个人责任制，即使经历了兼并收购，新安然内部仍然存在各自为营的身份认同问题。

霍顿与普伦蒂斯任命运营公司的一位经理威廉·贾纳切克来领导这个特别小组。上任后，贾纳切克随即将小组一分为二，一部分负责关注项目的财务状况，另一部分负责调查反应力与周转状况。但初期的几次会议显示，两个小组都难以真正着手完成自己的任务。有人对意见有所保留，生怕引起冲突。那些发言的人也只是重复了一遍大家已经了解的情况，无非还是负责市场的公司责怪运营公司安装低效，运营公司责怪市场公司只会签烂协议。人们找各种借口进出会议室去处理其他事务。

这种互相推卸责任、埋怨的情况持续了6周，贾纳切克倍感挫折。小组成员好像都太过拘谨、事不关己，也太容易跑偏分心。尽管当初分配给两个小组的任务截然不同，但一旦出现问题，两个小组体现不出任何区别。于是，贾纳切克决定采取特殊手段，邀两个小组下次到一家酒店中进行会议。结果，这一简单的举措竟令"钢铁协议"特别小组顺利起步。

正如其他潜在团队，离开公司环境使得"钢铁协议"特别小组氛围更加轻松，讨论时更加坦诚、开放，同时促进了相互了解。两个小组发现各自谈论的是同样的问题时，他们之间迸发了思维的火花，开始建设性地讨论他们共同面临的绩效挑战。同时，这也提醒了他们都各自肩负着重要的任务，需要他们集中精力并着手解决，这样才不会辜负管理层的期望。

特别小组成员看待事情的方式也发生了转变。贾纳切克自己也认为通过这次会议，他对自身在公司的运营工作以及在特别小组的领导工作都有了新的认识：

我从未真正认识到，公司的运营者从技术服务到建筑安装、工程管理等都应该服务于管道公司的市场人员，其中也包括我自己。当我认识到这一点时，我知道我得通过某种方式让特别小组成员也认清这一点。那时，我开始成为小组的引导者，引导全体成员。

承担必要的风险

在强调个人责任的公司里，像贾纳切克一样的管理者的本能举措是明确、切分、分配任务至个人，而不是让一个小组去树立用于集体能力优化的共同目标、系列小目标与工作方式。后者的风险更大，因为正如贾纳切克所知，他的上级仍然要求他单独对工作负责。尽管如此，贾纳切克开始放松控制，让小组内逐渐形成共同责任。据其他小组成员说，贾纳切克会鼓励讨论自由发展，但禁止用手指人，"对事不对人"成了团队内的公共准则。同时，当他人可提供特别能力或新的见解时，贾纳切克也会自动退后让他人尽情发挥。

酒店会议后，特别小组决定继续承担另一项风险。特别小组假设尚未发现"钢铁协议"问题出在何处，请求安然公司审计部门详细分析一个失控项目。这个项目被称为"台面"，原先预计花费24万美元，5个月不到即可完工，结果花费了120万美元，且耗时10个月。

特别小组聚到一起讨论"台面"项目时，审计员将报告贴在会议室的墙壁上，绕了三圈才将这个项目的追踪材料完整地展示出来。小组一整天都在分析该项目，不放过任何细节。看着公司各个职能部门（并非只是经营操作或只是市场营销）出现了这几面墙的项目失误，且个个无可狡辩，小组成员再一次刷新了自己对工作的认识。"我们发现从协议制定的那一刻起，项目的潜在问题多得用我们所有手指脚趾都数不完。"一位来自运营公司的小组成员回忆道。一个营销人员承认："在看到'台面'项目之前，我以为我为项目做的每一处改动都是有根据的,而工程管理人员做的每一个改动都是不必要的。一旦摆脱了最初的固执,一切就都解释得通了。"

随着新信息的补充,特别小组决定继续挑战自己。小组发现安然在关键指标上的评估表现与其他管道公司相距甚远。比如铺设管道时,安然比其他劲敌花的时间更长、资金更多。小组认识到,安然急需做得更好,公司为了生存下去也得做得更好。这些绩效问题越来越清晰,小组也越来越重视,越来越投入。

特别小组在建立相互信任与相互依赖时,也承担了行动方面的风险。早些时候,特别小组认为运营公司对预算的掌控极大地阻碍了跨部门的协调,难以缩短"钢铁协议"过程的时间、降低成本、提高质量。于是所有人一致同意市场营销公司应该享有更多的预算自由,因为他们更了解客户需求。因此,特别小组让自己的三个成员(包括贾纳切克)与运营公司总裁接洽,讨论下放一部分预算资金权力的可能性。然而,能够掌控预算意味着在安然这样以个人责任为准则的公司里掌握权力,要求某人放弃一部分权力就如同让某人自降其职一样。这种要求对贾纳切克来说风险尤其大,因为他不在特别小组的时间里都需要直接对运营公司的总裁负责。

最后运营公司拒绝了这项请求。尽管如此,大家对前去谈判的贾纳切克与另外两位同事的信任大大增强,整个小组内相互之间的信任也得以加深。因为就像贾纳切克所言:"大家都看见了我们努力去解决最重要的问题。"

建立承诺

此后，除了几个掉队的之外，特别小组中的成员都积极努力提升交易与建筑安装过程的质量，那些掉队的人员也没有阻碍整个团队的发展，因为其他成员基本忽视了掉队者的存在。决心坚定的人重新规划真正的团队时会避开意志不坚定的人，事实上，这是最不会破坏团队组建的方式。

建立起统一愿景与工作方法后，团队又分为几个小组负责提出建议以供全体讨论。有一个小组就发现安然为做出准确的项目评估投入了过多的财务与工程管理人才。通过取消某些项目的步骤，评估准确性可能会下降，但安然在缩短项目时间的情况下依然能够达到公司整体财务目标。有的小组建议使用稍薄的管道，有的小组建议减少现有库存，还有的小组建议放宽购买限制。好的建议通常都会对个别人甚至多人造成威胁：工程师与财务分析师担心取消这些项目步骤会减少自己的工作机会，操作人员担心稍薄的管道会使一线工作人员紧张不安，管道公司的人担心减少现有库存会降低计划完成的灵活性。

但这些担忧并没有分裂团队，成员都努力克服个人偏见、化解风险、消除忧虑。此时，团队内已建立起良好的共同责任感，大家都集中关注团队目标，为安然的客户以及整个安然公司提供更好的服务。事实上，在这些建议最终确定前，特别小组成员会拿着新想法询问公司里的同事，并提前试验一下。有一个建筑小队就采用了使用稍薄管道的建议，节省了超过50万美元的项目资金。

到 12 月份特别小组的建议任务截止时，团队的统一目标从为改进"钢铁协议"过程建言献策向更远发展。这个团队相信这是伯恩斯改变安然必不可少的一部分，他们自主编写并制作了一个录像带以呈现团队建议，并颇有雄心地计划在全公司内以小组形式播放录像带，一对一地解答问题。团队还设立了一个执行小组建立计分卡制度用来评估能在多大程度上有效实施团队的建议。

特别小组的发起人伯恩斯、霍顿以及普伦蒂斯从始至终一直积极给予支持和帮助。这三位定期出现在团队会议中，抓住每一个机会为团队活动吸引外界的正面关注，这些都有助于特别小组成员勇敢承担风险，完成团队任务。然而建议制定完后，伯恩斯决定让各市场营销公司的总裁负责执行建议的实施，并将各总裁组成新的"钢铁协议"委员会，特别小组下的执行小组随之解散。

"钢铁协议"团队很多成员因此倍感挫折，经历了团队的共同责任，见识了团队的力量与憧憬后，他们认为一个大好机会就此错过。他们认为如果没有风险的话，恢复执行工作的个人问责制为时过早。与 6 个月前团队刚聚在一起时不同，现在他们之所以感到挫败是因为他们有强烈的愿望，想要将这些建议付诸实践，而不是出于对个人地盘的担忧或狭隘的偏见。

"钢铁协议"特别小组立即着手实施改变，通过真正缩短施工时间、降低成本、提升客户服务与客户满意度，决心为安然节省数百万美元的资金。这个团队还成为伯恩斯改变计划的模板，鼓舞公司上下积极改变。作为团队，他们所取得的成就比原本层级结构中个人单独可能取得的成就更大。

打造团队绩效的方法

关于打造团队绩效，没有"包教包会"的简单教程。"钢铁协议"特别小组刚开始时以潜在团队的形式出现，如果没有关键事件、新思维与理智选择的洗礼，就可能会一直原地踏步，甚至退为工作小组模式。如同其他团队故事，"钢铁协议"特别小组向我们展示了潜在团队与真正的团队间的区别，这种区别可能非常微妙，就像团队是否注重关键决定性事件或是否长期忽略绩效问题一样重要。

结合"钢铁协议"特别小组等实例，我们发现了一系列工作方法来帮助团队承担沿团队表现曲线攀升时的风险。

1. 辨明头等大事与方向。 团队所有成员都必须相信团队拥有值得为之努力的头等大事，他们还需要知道期望达成的目标是什么。理论基础越重要越有意义，真正的团队越有可能建立起来。最好的团队章程应该足够清晰，绩效标准一目了然，同时也足够灵活，允许团队形成自己的目标、目的与方式方法。然而，说总是比做来得轻松。

领导安然管道公司的罗恩·伯恩斯清楚地表明，特别小组的工作与公司的整体改革计划同为头等大事，他也用自己的实际行动证明了这一点。例如，他1/3的个人时间都用于努力"扫除一切障碍"，他为特别小组选定了两位重要管理者——霍顿和普伦蒂斯，负责领导监管特别小组的工作。这两位加上伯恩斯对团队倾注了大量时间，一直公开地积极支持着团队的工作。因此，三人对"钢铁协议"的头等大事、方向与信誉建立有很大帮助。贾纳切克评价伯恩斯"总是卖力地激励和鼓舞着大家，期盼事情有所改变"。

2. 依据能力与潜力挑选队员，而非个人性格。团队必须拥有工作所必需的互补性能力，其中主要分为三类：技术性与职能性能力、问题解决能力以及人际交往能力。团队起步后，潜在团队最关键的就是要把握平衡，找到已拥有所需能力的成员与仍在获得能力阶段的成员之间的平衡点。

有太多的团队领导者过于强调对成员的挑选，认为"开始时招不到正确的人"就不可能建立起有效率的团队。但除去一些高级职能性或技术性能力，大多数人在进入团队之后都可逐渐掌握所需的能力。人人都有能力获得进步，需要的只是在绩效上的挑战。所以，与其只关注被挑选者是否已经拥有所需的能力，我们更中肯的建议是考虑包括领导者在内的团队是否会投入时间与精力帮助成员成长。如果答案是否定的，那么就算招到合适的人，组成并维持团队也毫无意义。

挑选成员不仅仅是特别小组或特别项目团队的任务，正在工作的小组，不论是负责运行的管理者还是负责制作执行的人员，都必须对团队即将吸纳的人进行评估。经常有人认为只要保持现有的工作岗位，自然就能成为团队的一员。但事实是，当小组仍处于潜在团队阶段时，人们必须仔细评估能力与潜力。花园州砖面团队（见第3章）正是如此，主管人员组建团队时，对选定的未来队员拥有的能力与潜力重新进行了一番审视。

团队成员选定后，队员的培训问题随之产生。正式培训虽不是最佳方式或唯一方式，但还是对建立团队能力有帮助的。想要培训获得最佳效果，需要选择"合适的时机"，并依据团队的具体绩效需求做出调整。通用电气就为一线员工提供了早期的培训，内容包括培养问题解决能力、决策能力、人际交往能力和合作能力等。同样，摩托罗拉鼓励所有想要参加培训的员工积极联系专家以第一时间得到帮助。通过这种方式，摩托罗拉努力确保培训的时机与内容能够完全满足个人或团队的具体绩效挑战需求。

霍顿与普伦蒂斯为"钢铁协议"特别小组从安然各部门招选人马，就是为了确保团队拥有达成计划所需的各项技术性或职能性能力。二人也挑选了敢于直抒胸臆的人员进组，因为他们潜意识里认为这样对人际交往能力有帮助。虽然特别小组未启动任何正式的培训项目，但他们及时利用外部专业知识，提高了问题解决的能力与决策的质量。

3. 特别关注初次会议与行动。 第一印象的作用不容小觑。在潜在团队的初次会议上，每个人都警惕地关注着他人传递出的信号，以确认、暂缓或消除进入团队的设想与担忧。他们对权威——建立、监督团队或对团队有影响的领导者与主管的关注尤甚。此外，这些领导者怎么做总是比他们怎么说更重要。

"钢铁协议"特别小组的发起人伯恩斯、霍顿与普伦蒂斯从一开始就对团队投入大量时间，显示出了自己对工作的严肃态度。弗莱德·莫特也是如此，他让"一零"团队坚信自己立志要完成团队的所有提议（"不管提出的是什么建议"）时，因此在选派最佳人选完成任务时都一以贯之。在下文描述的希悦尔公司的故事中，一位工厂经理通过在工作日举办一系列行业运营经济学的教育讲座，打造了世界一流的制造业团队。正如公司一位员工所说："我很快就发现他是真的关心和在意员工，他是个诚实的人。"

从"钢铁协议"团队的经验看，在工作场所之外进行的会议有助于建立更轻松、更自然的交往互动，帮助团队顺利起步。其中一个很明显的优势就是为成员提供了额外的时间，让他们在一个压力较小的环境中展开互动交流。当然，也不乏有一些绩效成绩出色的团队从未离开过工作场所办公。

初次会议与行动并不必须只限于单个事件；在"钢铁协议"特别小组中，初次会议可指项目早期的一系列聚会。另外，对潜在管理团队或员工团队等发展中小组来说，初次会议通常并不是成员作为一个团队第一次见面。在更多情况下，这种初次会议发生在新的领导者到来、新项目或新计划的推出或新绩效目标建立之时或之后。例如，科兹莫公司主管（见第5章）在听了公司员工针对所面临问题的录音评论后，召开了第一次会议，事实上他们多年来一直一起开会。有太多的潜在团队未能将这种会议视为初次会议，而是让既有的习惯与运营风格继续主导，包括过度重视个人责任而非共同责任，因此失去了以一种完全不同的方式应对绩效挑战的机会。

比起纠结环境如何设定，更重要的是领导者如何做。以贾纳切克为例，他在工作场所之外的会议比之前在公司总部的会议更有效率。通过把下分的小组联合在一起，他表现出了灵活性和承认错误的意愿，通过与他人一同畅言，他愿意倾听，同时也愿意表达。作为运作执行公司的经理，他必须学习像对待客户一样对待市场营销公司，这显示出了他消除个人偏见与改变习惯的勇气。贾纳切克成功的关键在于他的种种行动所反映出的良好态度、灵活性与专注力，使得团队能在足够开放的环境中讨论如何解决个人担忧，同时也为团队的行为规范定下基调。

无论是什么触发了初次会议，团队领导者都必须注意到他在会上的一举一动可能产生的影响。我们认识的一位新任团队领导者从公司的另一分部调至现在的小组，在一个特别晚宴上他被介绍给这个潜在团队。私下里很少有人跟他有交情，但他既努力工作又彻底放松的名声早已广为流传。小组精心准备了欢迎仪式，在度过了一个愉快的夜晚后，小组请他讲几句。他并没有趁这个机会与大家沟通关键的主题或方向，只说了"十分高兴加入这个小组"，结果时不再来，机会就这么错过了。

4. **制定清晰的行为规范**。所有真正的团队都会建立行为规范以帮助达成绩效目标。早期需制定的规范中最重要的包括关于出席（"不可中途出去接电话"）、讨论（"没有批评不得的制度"）、机密（"出了会议室，除去同意发布的消息外一切不可泄露"）、分析方法（"事实没那么可怕"）、以最终成果为导向（"每人有自己要完成的任务"）、有建设性的争论（"不可用手指人"）以及最为关键的——积极投入（"每个人都需要干实事"）。

这些规范鼓励关注、开放、积极投身与相互信任——一指向绩效效率。以"钢铁协议"特别小组为例，他们有效地采取

143

了"对事不对人"的规范,从而有助于形成有益的冲突。这些规范不必写下来,有的自然渗透进团队环境,不言自明。将出现在第 7 章的纽约市合作组织发起小组,严格规定"禁止管理者派下属代替自己参加会议"。团队从未正式地颁布规定,但也从未有人违反。

规范必须要执行。不论团队的发展如何,这些规范是对团队自身信誉的考验。举个例子,如果每个人都同意把团队会议作为头等大事,但结果没有一个人出席的话,那么这个团队可能连最简单的细节都无法掌控,更不用说应对绩效挑战了。我们熟悉的一个团队规定会议所谈论的内容完全保密,以保证大家畅所欲言。早些时候,一位会议成员违反了这项规定,泄露了内容,其余成员知道团队领导者婉转坚定地斥责了此人后,团队讨论变得更加开放、自由,最终创造力非凡。

5. 设定并利用好能够立即见效的绩效导向型任务与目标。大多数团队因追踪绩效导向的关键事件取得进步,使团队团结一致。潜在团队可以立即建立几个有挑战但可达成的目标,着手迎接这些关键事件。潜在一线员工团队,如摩托罗拉、希悦尔与通用电气中的团队故事,为周期用时、即时运输、拒绝率或错误率、机器安装设置等,设定了数据上可测量的绩效目标。其他团队的目标虽未设定为数据上可控,但仍能评估。例如,"达拉斯黑手党"就是依靠非数据性标准,评估自己在将平庸无奇的银行投资替换为更具创新性的财务投资中的表现。

不论在质量与数量上是否可测可控,绩效目标都必须包含一个清晰的"大胆"元素。几年前，一家行业领先的金融服务公司分析了自己在全球范围内取得过的大成功，试图找出隐藏其中的共性，然后发现在每次大成功中，小组的领导团队都建立了具体的绩效目标，在外人看来这些目标"不说是疯狂，也是完全不可能的"。此外，在追求目标的过程中，这些领导小组大多发展为一个团队。

值得注意的是，这种延伸目标的事件最终产出的结果并不一定是成功的。安然运营公司总裁拒绝下放预算控制权的要求后，"钢铁协议"特别小组反而更受激励。"达拉斯黑手党"同工同酬的提议被全球总部拒绝后，也产生了相同的效果。一个智慧的团队能够认识到绩效导向事件的价值，不论最终结果如何，都会好好利用这些事件。

6. 经常用新事实、新信息为团队创造挑战。新信息使得潜在团队需要重新定义，并扩充和丰富自己对绩效挑战的理解，从而促成团队建立统一愿景，设定更为清晰的目标以及提升统一工作方法。"钢铁协议"特别小组发现了"台面"项目中出现的种种失误后，积极调整状态，以一个整体团队的形式去学习、关注事物。

相反，潜在团队一旦以为所需信息都存在于成员的集体经验、知识中时，反而容易出差错。就此而言，像"钢铁协议"这样的特别小组运用起团队方法来，比员工或管理者在自己日常进行的工作中应用得更加得心应手。毕竟，特别小组与特别项目组通常将经常开发新信息明确纳入自己团队计划的一部分。另外，有着长期任务的团队很容易养成将新信息、新视角拒之门外的习惯。

事实上，新的事实往往会使这些团队采取行动，正如我们看到的科兹莫公司员工针对公司主管的录音评论所产生的影响一样。

7.大量的时间应共同度过。 常识告诉我们，团队必须共同度过大部分时间，尤其是在起步阶段。但这一点对于潜在团队常常做不到。共同度过的时间中必须包含计划的和非计划的。创意十足的个人见解与个人对团队的情感纽带都要求即兴、不刻意的交流互动，就像分析电子表格、采访公司客户、竞争对手或同事不断讨论话题一样。让我们有些惊讶的是，这些共度的时光并不一定需要双方面对面交谈，就像第 5 章中的快速反应团队那样，越来越多的团队开始运用电子通信设备将大家联结在一起。

公司主管与经理人总是因工作忙碌而将共度的时光压缩至最少。实际上，就算是在场，他们也会刻意减少与他人的互动。会议时间被设定为最短，以防耽搁其他任务。日程安排需要严格遵守，小组成员必须步步紧跟。而为了执行严格的日程安排，团队的愿景期许讨论经常被略去。开会时，如"钢铁协议"特别小组早期一样，总是有人找借口离会去接电话，或者根本不来。凡此种种导致了这样的结果：潜在团队从未给予自己时间来学习如何成为一个真正的团队。偶尔的开放式会议或三天在外的会议都是打破上述模式的最佳方式，因为它为大家提供了随意交流、解决问题的自由时间。仅仅离开工作场合是不够的，如果会议结束后，潜在团队又开始追赶日程、相互间互动寥寥，那么一切都是白费力气。

我们碰到的一个公司主管团队利用了一系列工作场所之外的活

动使团队顺利起步，不久后团队就有了振奋人心的集体愿景、具体一致的绩效目标、注重互补能力的统一工作方法，甚至还为相互尊重与信任打好了牢靠的基础。但颇为遗憾的是，他们以为可以将会议时间缩短至最少，以拥有更多的时间确保任务顺利进行。但这其实很不明智，共度的时光一减少，团队对集体愿景与目标的重视度与清晰度都会不断削弱，起初建立的互尊互信也会因此受损。半年未过，团队成员开始对集体愿景产生完全不同、相互冲突的解读。可惜他们此时一起从分歧中学习的欲望已然不再，一个起初潜力巨大的团队最终沦为一个需要彻底改革的伪团队。

与之相反，成功的团队总会找到方法让大家多共度一些时光，尤其是在事情出现差错时。伯灵顿北方公司联运团队每天清晨都有例会，日常交流不断，夜晚同样如此。必要的时候，周日下午他们都会见面。快速反应团队的各成员虽相隔千里，但每日电话联络都达到数小时。"钢铁协议"特别小组的成员在一起的时间多到让他们觉得小组的任务简直成了自己的第二份工作。有趣的是，正如那些成功的特别小组与特别项目组所展现的那样，这第二份工作与投入其中的日子最终带来的成就感会比他们原本的工作所能带来的更大。

8.利用积极正面的反馈、认可与回报的力量。积极的鼓励在团队情境中同样有效。奖励员工"一朵小花"有助于新行为方式的建立，而这对团队绩效尤为重要。比如，留意到一位羞涩的成员主动发声、积极投入，那么团队就应给予正面的评价，鼓励他再接再厉。同样，有人冒着冲突风险提出敏感议题时，团队其他成员（特别是领导者）需要给予正面反馈，以示自己对继续深入讨论的开放态度与支持鼓励。

正面反馈与认可的益处可惠及各层级的人。戴维·洛克菲勒老练地利用正面鼓励将一个志愿主管小组转变为相当成功的纽约市合作组织（详见第 7 章）。每次会议，洛克菲勒都会一一夸赞主管，针对个人对团队做出的具体贡献进行表扬。虽然有人怀疑有员工帮他准备这些夸赞之词，但这并不重要。对每个参与其中的主管来说，他们都感受到了洛克菲勒对小组任务的激昂之情，也知道洛克菲勒虽然异常繁忙，但仍真心诚意地欣赏和感激他们付出的时间与精力。就算是最自我的人，听到出于真诚之心的积极反馈时也都会有所回应。

团队都必须找到方法来认可、鼓励个人与集体为团队的付出与贡献。认可、奖励团队绩效的方式很多，直接回报只是其中一种。管理层可为员工（例如安然公司的罗恩·伯恩斯）的付出提供即时的奖励，向团队与他人说明努力工作的紧要性。有时团队可利用公司里既有的薪酬、奖金或其他奖励措施，有时团队也需要形成自己的奖励方式。例如，第 3 章提到的柯达斑马团队将餐厅的晚餐券发放给为团队做出特别贡献的队员。最终，从团队绩效表现中获得的成就感会成为成员最为珍视的奖励。

小结

绝大多数潜在团队都是在积极勇敢地承担了冲突、信任、相互依赖与辛劳工作的风险后才成长为真正的团队。以冲突为例，没有它，统一的团队愿景、绩效目标、工作方式都难以建立。的确，成功的团队都主动认可成员不同的观点与经历，并以此形成团队的一种优势。同样，共同责任要求团队相互信任、相互依赖，而二者都需要承担一定的风险才能发展和建立。最后，大多数潜在团队中都有成员是在加入团队后才开始发展工作所需能力的，而这本身也是一种风险，需要团队全体成员辛勤工作。

本章总结的8个"最佳要素"能够帮助团队更好地承担必要的风险，但就其中的单个要素而言——就像你或其他人可能尝试的任何团队建设方法那样——只有在追求绩效的前提下，要素才会发挥作用。例如，我们都发现了成功的潜在团队的成员大部分时间都在一起。但在"钢铁协议"特别小组起步的几周里，特别小组下分的两个小组在一起是一同浪费时间。直到团队离开工作场所举行会议时，大家勇敢应对冲突，根据面对的绩效挑战提出建设性的意见，这时，他们一起共度的时光才是富有成效的。同样，设立"对事不对人"的行为规范，请求运营公司总裁放松预算控制权，针对绩效要求"钢铁协议"特别小组勇敢承担风险，这有助于团队建立共同信任与相互依赖。此外，特别小组还为坚持寻求新信息与新发现（特别小组对"台面"项目失败的沉痛反思与对行业绩效的基准尺度思考），为如何激励团队绩效做出了绝佳的例证。

潜在团队，包括关心结果的经理人与主管在内，一旦无法看清风险与绩效间的重要联系，就很容易迷失、受挫。于是人们开始寻找各种"配方"以解决问题，比如"任何团队都需要一个'挑战者'、一个'整合者'、一个'仲裁者'"或"任何团队都需要事先进行人际交往能力培训"。而在这些法则的指导下，团队相关特性，例如为了团结而团结，总是会替代绩效成为潜在团队的关注点。

这种刻板模式忽视了团队最基本的一点，也就是绩效与达成绩效所需的具体要求。应对自身独特的绩效挑战，每个团队必须找到自己的方式。这也是为什么我们强调人数、能力、愿景、绩效目标、方式方法与责任，这些团队基本要素与其说是定义，不如说是纪律。从根本上来说，这种纪律与绩效关注为潜在团队沿团队表现曲线攀升的过程中会遇到的必要的风险提供了指引。加入团队会带来事业上的风险，放弃个人控制会带来绩效上的风险，承认个人对所需的改变负有责任会带来自尊上的风险，让他人来领导会带来机制上的风险，废弃层级命令管控会带来稳定性上的风险。只有当这些风险能够释放团队绩效能力时，冒险才是有意义的。只有到那时，人们才真正拥有了团队的智慧。

7
团队领导者

兰迪·盖尔上校在接手新工作的第一天就声明"我不是约翰·卡尔"。

盖尔从卡尔手中接过了指挥任务,卡尔所在的部门为美国陆军规划部门中的后勤组织(以下简称"后勤部"),此前负责1991年伊拉克海湾战争中如何以最佳方式运送、接收和维持战争中的士兵、设备和补给的任务。盖尔将自己形容为"印第安纳波利斯来的预备军人",因为5个月前他还在卖家具。虽然盖尔熟知后勤管理,但仍不及卡尔那般经验丰富。作为一名职业后勤专家,卡尔在战争期间出色地完成了计划任务。但是,战争结束后,盖尔必须领导后勤部完成一项不危及生命但同样困难的工作,即将士兵、设备及补给安全地撤回美国。用盖尔的比喻来说就好比要将整个怀俄明州迁移到新址去，难度之大可见一斑。

  盖尔深知，如果没有整个后勤部百分之百的贡献，那么他单枪匹马根本无法应对眼前的挑战。他说："我没有卡尔那样的专业性与原则性。卡尔是最优秀的人、最聪明的人，我不是。"所以，在一开始，兰迪·盖尔就否定了自己，并且明确告知他的成员，他想要也需要他们的帮助。与此同时，他还本能地揭示了一种对团队领导至关重要的态度：将团队绩效放在首位，并承认自己需要帮助。

  成功的团队领导者本能地知道团队的目标反映在团队绩效成果上，而非包括领导者自己在内的个人成就上。不像工作小组，他们的绩效仅仅取决于个人贡献的提升与优化，而真正的团队绩效需要的不仅仅是个体成就总和的影响。因此，真正的团队的绩效需要许多因素共同促成：成员拥有互补的能力组合，一个超越个体任务的目标，能够诠释共同工作成果的分段目标，以及能将个体的各种能力融合为一种独一无二的集体能力的方法，而所有的这些因素都有助于培养相互的责任感。

  我们发现要想让成员作为一个团队齐心协力完成一个共同的目标，必须要有盖尔这样的态度，而非强调领导者的个性、声誉或地位。"只有团队才能失败"的信念始于领导者。团队领导者的工作包括明确共同目标与分段目标、建立承诺与自信、加强团队的集体性能力与工作方式、扫除外部障碍、为团队其他人创造机会。最重要的是，和团队中所有的成员一样，团队领导者必须亲力亲为。然而在所有这些工作中，团队领导者必须明白或能发现什么时候他们的行动会阻碍团队的工作，要明白他们的耐心能够大大提升团队的活力。换句话说，团队绩效的好坏几乎取决于像盖尔这样的领导者能否在自己做事与指派他人做事之间维持一个平衡。

在此过程中，态度决定一切。团队领导者发自内心地认为他们并非无所不知，所以他们也不执着于能解决所有问题；他们知道自己不需要进行所有的决策，所以他们也不必事事过问决定；他们相信如果没有团队中其他成员的共同努力，自己就无法成功，所以他们会避免采取所有可能限制团队投入或限制任何成员的行动。自我并不是领导者最主要的关注点。

领导者的这种行为既不难学，也不难实践，我们大部分人都能做到，并且我们在生活中的不同时期已经做到了。但是在商业环境中，很少有人能自发地进行这项实践。因为，权威往往意味着命令与操控下属以及做出所有困难决策的能力，有时也被称为"管理者的绝对权力"。这一类管理者认为自己必须知道所有的答案，否则就会被认为失去控制或不可靠。对他们来说，只有个体才能成为英雄。

这种态度能有效支持促进工作小组的运作，但是同时也削弱了潜在团队领导产生的可能。这并不是说团队领导者的决策力或掌控性不好，对团队来说，这两者同等重要。然而团队的绩效水平最终取决于团队的决策、团队的控制，以及团队的英雄。正如我们在第 6 章中讨论的，这需要整个团队共同承担冲突、信任、互相依赖与艰苦工作的风险。如果总是由领导者一锤定音、事事做最终决策，那么上述这些都不会发生。如果团队领导者"从不犯错"，那么这些也都不会发生。因此，将一个团队从潜在团队转变为真正的团队，需要领导者舍弃一些掌控权，也就是说他必须承担一些真正的风险。

但是，简单地将所有的决策权交给潜在团队也很难奏效。领导者真正面临的挑战远比这个困难得多，他必须只在团队准备接收和使用自由决策时，最大限度地放弃决策空间。这也正是团队领导者工作的核心，即在提供指导和放弃掌控之间，在做出艰难的决策和放权由他人决策之间，在独自完成难题和让他人学习解决难题之间取得适当的平衡。领导者过多的指令会扼杀成员的能力、主动性和创新力，但过少的引导、指示和规定也会导致同样的后果。一般来说，因为工作小组和等级体制中固有的管理习惯，在团队决策制定时提供过多的引导，给团队成员过少的成长空间几乎成了大部分潜在团队领导者的通病。

这种微妙的平衡在各个团队中的体现并不相同，每个团队都会有其鲜明的特征。每个团队拥有的人员能力不同，目的和目标的选择不同，最佳工作方式不同，互相问责需跨越的障碍也不同。领导者在一个团队中的经验要想与另一个团队的需求相匹配也相当难，我们就遇到过很多类似的情况，一些出色的团队领导者在另一种情况下就失败了。当然，有一些值得我们学习的模式方法，但没有标准的模式方法可以保证成功领导一个团队。

即使在同一个团队中，领导者的角色实际上也不会一成不变。随着一个潜在团队逐渐成长为真正的团队，甚至可能会攀升至高效能团队，领导者的职责会发生巨大的变化。领导者的官方权威可能仍维持原样，但何时动用权威、是否动用权威，以及如何动用权威，这些都在改变。领导者角色的演变核心其实是理解团队在运作时需不需要领导提供帮助。从一定意义上来说，团队领导者是决定性的全能内野手或替补球员，他只需要在有需求的时候随时提供支援。所幸对大部分团队领导者来说，只要他们仔细倾听团队中正在发生的事情，并且密切关注这些事情与团队绩效挑战之间的联系，那么团队就能随时帮助团队领导者确定他需要做什么或不需要做什么。

没有人会低估团队领导者在团队成功或失败中的重要地位。事实上，许多人高估了领导者的作用与职责，为团队领导者虚构了一些不切实际的期待与预设条件，比如许多人通常将团队领导者的任务与领导力混为一谈。尽管成为一名优秀的团队领导者对我们每个人来说都是一项有价值的考验，但正如一位高管认为的那样，它并不需要如《圣经》中的约伯那般虔诚隐忍，像拿破仑那般果敢英勇，似法国微生物学家巴斯德那般慧眼卓识，如英国首相丘吉尔那般智慧过人。这些夸大的预期说明了许多组织中普遍存在的假设，即领导力是一种神秘莫测的、与生俱来的偶然性事件，人们要么拥有，要么没有，而且无法习得。

还有许多人错误地认为领导高效团队所需要的基本条件与领导一个成功的公司所需的基本要求是一致的，两者相比可能只是一般性条件的完备性略有欠缺。事实上，跟领导一个大型复杂的组织相比，领导一个团队的难度简直就是小巫见大巫。企业领导者必须协调好数百、数千，甚至数十万分布在不同地域、不同职能、不同文化、不同等级和不同业务边界的员工对企业绩效驱动的长期愿景和战略追求。这类领导者拥有的一些常见特征，包括：有远见、善沟通、有说服力，对人才有细致的评估，决策制定有深度，为人低调谦逊，面对不确定性和变革时有勇、有谋、有判断。

负责监管海湾战争行动的诺曼·施瓦茨科普夫将军就是这样一位领导者。另一位三星将军威廉·帕戈尼斯也是如此，他曾指挥拥有上万名工作人员的美国陆军支援指挥中心，为30万士兵及10万车辆输送了超过700万吨的设备、粮食、燃油和补给品。帕戈尼斯手下有7位将军和一位参谋长，通过他们，帕戈尼斯可以进行所有传统后勤职能的工作指导，包括交通运输、工程管理、治安巡查、弹药供给、通信交流、军需部署等。但是他也希望能有一个小组（后勤部）从一般的军事等级制度中独立出来，成为他的私人智囊团，帮助他确保整个支援指挥中心拥有最佳、最有效的部署计划，用于安全地输送、接收、维持并最终收回所有部队和设备。为了成功，这个15人的小组必须拥有跨职能的能力，必须能将职业军官和预备役军人的才能与经验结合起来。因此，卡尔和盖尔的后勤部运行工作虽然同样关键，但两人工作的规模、范围及种类都与帕戈尼斯的领导工作相去甚远。

与施瓦茨科普夫和帕戈尼斯不同的是，盖尔实质上是一名团队教练，他必须让他的团队每天都表现出色。除此之外，他还需要维护整个后勤部的权利，仔细聆听来自不同背景的15位成员谈论的事情，了解他们的想法和感受。此外，他也需要不断鼓励、开导并支持每个成员和整个团队，不断帮助团队平衡、再平衡任务，使其有勇气随时肩负起整个系统运作，因为在后勤部运作过程中，随时都有可能出现难以逾越的障碍。为了做出改变，他还必须在工作中对团队的共同目标、分段目标和工作方式拥有坚定不移的信念。

盖尔出色地完成了工作，但这并不代表他能同样出色地完成帕戈尼斯的工作。反之亦然，帕戈尼斯虽然作为一个大型复杂组织的领头人相当成功，但这也并不意味着他能像盖尔一样成为一个高效团队的领导者。公司领导、业务部门领导和团队领导是完全不同的，虽然有人能同时出色地扮演这三种角色，但是把领导大型企业的能力等同于或无意中假设为团队领导的前提，就会人为地限制团队领导者的选择。

事实上，有记录表明，拥有创造并维持高效能团队所需能力的个人，就如他们崇拜的偶像那般极为稀有。相比之下，找到优秀团队领导者的概率则要大一些。大部分人都能成为高效团队的领导者。我们在研究中不难发现，优秀的团队领导者存在于各行各业的一线、主管和领班职位、中层管理职位以及高层管理队伍。相应地，我们认为管理者和其他高层管理者不应该过于担心如何挑选理想的团队领导者，而是更应该关心如何帮助这些领导者获得成功，也就是说，应该更加关注那些具体的团队领导者是否真正在做对他们所在的团队运行有益的事情。而这需要对团队领导者实践有一定的理解，其中大部分实践，我们将通过接下来介绍的戴维·洛克菲勒和创造出纽约市合作组织的团队来具体阐述。

领导者及其团队的力量

20 世纪 70 年代末，得益于市政援助公司，纽约市挣扎着脱离了经济萧条的边缘，避免了财政破产。在当时的市长埃德·科克的毒舌利嘴和幽默感的引领下，纽约历来傲慢但最近饱受摧残的精神恢复了一些信心。但是整座城市依然面临着漫长的经济复苏期，比如主要商业业务持续流失，连带着就业率和一大笔税收基础一并下降。许多怀疑主义者预测这座城市作为国家金融和商业中心将会消亡。

在这种极不稳定又快速变化的环境中，包括一些国家大型企业首席执行官在内的许多商业领导者，担心美国商会和经济发展委员会（两个最能代表城市利益的重要组织）并没有如期望的那般有效。所以，当多年担任商会和委员会主席的乔治·钱皮恩决定要退休时，许多商业和城市领导者都拥护戴维·洛克菲勒接任钱皮恩的职位，以带领两大组织合并和重整旗鼓。由于洛克菲勒受人尊重，同时他长期从事慈善活动以及担任大通曼哈顿银行的主席，两大组织的领导层认为他是唯一能够为企业打造"共鸣"的人，并且这种"共鸣"对于保护纽约经济实力的声誉和现实都必不可少。

对于纽约和商界幸运的是，洛克菲勒答应接受这份工作，同样幸运的是，他拒绝了两大组织领导层给予的使命。在他的带领下，美国商会和经济发展委员会合并成了纽约市合作组织。洛克菲勒和他的首席执行官团队改变了他们的共同目标，原先他们旨在形成一个共同商业游说集体，而现在他们要创立一个新组织，"帮助纽约市成为一个更适合生活、工作和从事商业活动的地方"。

从1979年春到1981年年初，洛克菲勒的团队一方面努力塑造他们的共同目标及分段目标，另一方面顽强抵抗着来自整座城市的反对声音，包括商会和委员会内部的反对，努力将同一方向的商业资源整合起来。整个核心团队除了洛克菲勒，还有哥伦比亚广播公司前董事长、新成立的合作组织"临时"董事长阿瑟·泰勒，以及其他4名首席执行官：理查德·希恩（来自美国大都会人寿保险公司）、保罗·雷特（来自美国兰德公司）、埃德·普拉特（来自美国辉瑞公司）和维吉尔·康威（来自海员储蓄银行）。在这个团队正式成立之前，还有其他人也参与其中，包括约翰·怀特黑德（高盛集团的联合主席）和埃伦·施特劳斯（美国广播电台WMCA的总裁兼合伙组织未来的董事长）。当然，还有其他一些关心社会福利的企业高管也在合伙组织的组建与运行过程中起到了重要的作用，但是他们的贡献大多是在资金、资源、影响和判断力方面，这些通常与指导委员会、顾问委员会和咨询委员会有关。相比之下，团队中每一个核心成员（包括洛克菲勒）都将自己置于冒险的境地，都在执行真正的团队该做的艰难任务。

核心团队为了检验合作组织的使命是否符合时下最紧迫的需求和利益，前往城市各处，并与公民和社区领导者会面；他们还参与洛克菲勒赞助举办的一系列早餐活动，向企业高管征求评价与批评意见。他们游走游说于城市、州际和联邦官员之间，探索其他城市的商业团队的经历，并且在团队内部不断测试、塑造和辩论团队的共同目标（"帮助解决这座城市面临的关键问题"）和工作方法（"对于可能造成严重威胁的问题予以优先考虑，然后集中解决少数问题"）。

团队的努力获得了与之成正比的绩效结果。该团队树立并规范了纽约的商业领导力，还将百余名首席执行官与来自大企业、小企业和其他社会服务群体中的主要管理人员召集起来。此外，他们为了缓解严重的问题还发起了许多提议，包括为年轻人创造了上万的暑期工作机会，从私人资金和政府资金中募集了上百万美元，来资助几千套经济适用房，建立了实用有效的社区犯罪预防网络，实行带动纽约外围城镇就业的策略。虽然他们没能全数解决纽约的关键性问题，但仍取得了重大进展。

在整个过程中，戴维·洛克菲勒是关键。基于他的声望，他从一开始就被设定为关键角色，或者有团队成员称之为"凝聚力量"。毋庸置疑，他成功指导了整个团队的关注方向，为合作组织募集争取到了许多资金和大众的支持。然而要能带动核心团队和其他首席执行官、著名的领导者在自家门户中重振企业抱负，共同为城市问题出力，仅凭洛克菲勒的力量或个人魅力是远不可能实现的，所有的一切全得益于洛克菲勒及其领导的团队。

团队领导者的作为与不作为

集体的领导者必须关注绩效挑战中的细节，以帮助他们选择最佳的领导方式。如果这个集体作为工作小组，能通过最大化地利用个人的贡献来达成绩效，那么领导者便能依赖通常与良好管理相关的正常决策和授权方法。另外，如果绩效产出需要团队工作方式，那么领导者就不能只指望良好的管理就能达成绩效了。不管是领导者自己还是成员都不期望领导者是唯一的决策制定者，不期望由领导者决定所有的行动方向、资源分配和个体行动方式。相反，领导者必须通过他的所作所为表现出一种对团队共同目标的信仰，表现出对组成团队的个人与整个集体的信任。

此外，领导者对团队的信念所产生的力量也是无穷的。我们在罗杰·马德的电视节目《学在美国》中发现了一个令人信服的案例，其中"有效的学校"这一节目描述了来自美国不同地区的4所学校，每所学校的社区环境都相当不理想，但它们都取得了不俗的成绩：

> 多年以来学校总是表现平平，人们也已经接受了这种情况……第一大挑战便是出勤率，要让孩子们按时到校。现在我们的出勤率已近乎全勤——98%。
>
> 在我上任的第一年，当时我们学校六年级仅有44%的学生成绩合格，这简直让人无法接受……今天这一比例已提高到97%，而且各科都是如此。
>
> 其中数学成绩的进步最为显著。7年前只有50%的学生能达到年级标准水准，而现在超过90%的学生都达到了。

这些成绩背后是校长-教员团队和师生团队共同努力的结果，

是校长-教员团队领导者深信不疑的信念：

> 一种深信不疑的信念，一种对公共教育事业及其对民主的价值毫无怨言的奉献。
>
> 我认为任何年轻人都不能在美国接受失败的公共教育。我相信孩子们是不会辜负期望的，更可能是学校辜负了这些孩子……
>
> 有一个将我们团结在一起的信念——只要所有的孩子肯学，我们就能尽职尽责地将教育做好。

不难发现，诸如此类的信念可以产生无穷的力量，能给予潜在团队领导者激励和鼓舞，使其自然而然地行动，创造出真正的团队。拥有相似的信念正是最优秀的团队领导者的特征，虽然这并不一定是宗教性质的信念。因此，他们不需要特别出色的领导才能，甚至不需要额外的训练，只需要相信他们的目标和人员。

这种态度的力量在团队中一次又一次地体现出来。美国陆军后勤部的兰迪·盖尔拥有这种信念，"达拉斯黑手党"的麦克·坎菲尔德、《塔拉哈西民主报》"一零"团队的多丽丝·邓拉普、"钢铁协议"特别小组的威廉·贾纳切克和伯灵顿北方公司联运团队的比尔·格林伍德都是如此，当然，还有戴维·洛克菲勒。打从一开始，洛克菲勒就对自己团队的目标和能力深信不疑。而对其他有效团队领导者而言，信念越坚定，他就越能够自如地在行动和耐心之间找到平衡，自然就会完成优秀的团队领导者必须要做的

6件事。

1.保证团队共同目标、分段目标和工作方法的关联性和有意义性。所有团队都必须形成团队的共同目标、分段目标和工作方法。虽然领导者必须是团队的正式工作成员，他能够也应该对这些目标和方法献出自己的力量，但由于他被选为领导者而与团队成员略有不同。团队成员都希望他们的领导者能够利用这种观点和距离，帮助团队明确并坚信他们的使命、目标和方法。

但是团队通常不希望领导者过度诠释这点。对于团队的一名普通成员，领导者当然可以给出任何具体的建议，但当他处于领导者的位置时，那么他给出的建议就会被解读为命令。这种情况在商业环境中尤其普遍，因为大部分人都设定了一个条件，即领导者一言既出便为"命令"。但是，如果领导者对于共同目标、分段目标和工作方法的诠释过多，那么就会使领导者与团队成员之间产生距离感，这与团队工作方式又是相悖的。如此一来，领导者可以达到与他们设定目标一致的结果，却对团队共同认可的目标失去了承诺。这一点在潜在团队运作之初体现得尤为明显，因为在这个阶段所有人都在密切关注领导者会如何运用权威建立一个团队。

就比如洛克菲勒上任后很快就坚定了自己的信念：合作组织不仅要解决问题和完善赞助商计划，还要关注游说工作，这一点受到了核心团队的高度认同。然而，埃德·普拉特就没能做到，他让团队喋喋不休地就这个问题辩论了几个月。但就这点来说，普拉特获得了洛克菲勒公开的赞赏，为什么呢？因为洛克菲勒也坚定不移地相信以坦率和事实为基础的工作方式而不是像贾纳切克在建立"钢铁协议"特别小组时设定的"关注过程而非人员"那样。洛克菲勒潜意识中明白，除非这个团队能以开放的心态直面这个问题，否则他们永远都不会做出实现目标所需要的承诺。他还深知，除非他给成员留出足够的空间并给予充分的鼓励，否则成员依旧不会冒险分享相互冲突的意见。洛克菲勒的努力获得了回报，例如埃德·普拉特成了团队中最忠诚的成员之一。

虽然洛克菲勒对自己为合作组织设定解决问题的目标有坚定的信念，但他没有命令或要求团队执行。此外，洛克菲勒还像所有善于权衡的团队领导者一样，在团队讨论超出解决问题的主题本身的共同目标、分段目标和工作方法的细节时，他展现出了耐心和平静。有一位旁观者回忆道："他只是坐在那儿，等到问题自然而然地在成员间达成一致，在此之前，他没有表现出要迫切给出解决方案的任何冲动。"另一位旁观者对此也非常赞同："就好像这份领导力是团队共享的，洛克菲勒只是静静地坐在那儿观望。"

2.建立承诺和信心。团队领导者应该致力于培养团队中个人及团队整体的**承诺**和信心。我们之前讨论过，个体的**承诺**和责任感与互相之间的责任感之间有着天壤之别。两者都是每个小组成为真正的团队的必要因素，所以领导者必须同时考虑到个人和团队，努力提供积极的、有建设性的强化措施，并且要注意避免出现领导式的威胁行为。

然而不幸的是，包括小组在内的组织中很容易出现强迫压制他人的现象。比如洛克菲勒本可以依仗他的威望压制其他首席执行官。但是我们认为如此一来只会让局面迅速恶化，因为他团队中的成员完全是出于自愿聚集在一起的。在企业内部，压制他人的小组领导者通常无法让人信服。参与其中的成员可能不能像志愿者那样有随时退出的自由，但随着时间的流逝，他们在面对令人生畏的领导者时会失去激情和主动性，自然也不会融合成为一个团队。他们要么不会冒险建立彼此之间的相互信任和相互依赖，要么有心承担起了这份风险，也得不到任何收获和回报。依靠压制他人开展工作的管理层，在等级制度分明的环境中比在团队中的表现更出色。

积极的和建设性的强化措施有助于团队中相互的责任感和信心的建立，这对团队绩效也是至关重要的。事实上，洛克菲勒在合伙组织中为人称赞的领导力正是其独有的做法——有意义的正面反馈。采取同样做法的团队领导者还有第3章提到的柯达斑马团队的史蒂夫·弗兰戈斯，当他被委任接手柯达黑白胶卷生产部门时，起初公司的人都烦透了这个工作。当时流行彩色照片，许多人觉得黑白照片中的人看上去像二等公民。弗兰戈斯便努力改变核心领导团队和其他1 500名黑白胶卷部门员工的想法。弗兰戈斯从海湾战争讲到挽救生命的手术等各种实例，为的就是在他的团队中建立起一种意识——黑白产品比柯达的其他产品"对社会更重要"。

实际上，斑马团队本身创造了一个有趣的绩效导向团队氛围。弗兰戈斯制造了斑马主题的服装、加油口号、标语和歌曲，不断巩固他们生产和销售黑白产品的决心。这些行为看似可笑，但它们对弗兰戈斯和斑马团队来说相当奏效。有一位观察者说："弗兰戈斯和斑马团队的成员消除了对失败的恐惧，建立起了一个站在彼此肩膀之上、相辅相成的团队。"

3. 提升能力的融合与水平。高效的团队领导者对能力都非常敏感，因为他们的目标很明确：最终能随机应变、达成高绩效的团队必将由全能型成员组成，他们拥有团队运作所需的所有技术型、功能型、问题解决型、决策制定型、人际关系型和团队工作型能力。为了达成目标，团队领导者鼓励团队成员承担成长和发展所需的风险。他们还通过不断改变任务和角色模式来挑战团队成员的能力。

这当中包括了许多艰难的抉择，因为在达成目标的过程中没有哪个团队能承受长期与绩效目标相关的能力欠缺。比如洛克菲勒对指导核心团队做出了一项不成文但很有力的规定：不管新老成员，能否留在团队完全取决于他能否对具体的城市问题做出有形的、实质性的贡献。约翰·怀特黑德就通过领导一个经济发展项目获得了核心团队成员的位置，因为他成功增加了城市中成本合理的后台系统运行空间。相反，那些基本没有贡献的人就无法获得（有时甚至会被剥夺）核心团队成员的位置。很明显，这条规定考验了成员坚定与否及其是否忠心，同时也考验并发展了成员在纽约市艰难的城市环境中做出一些有意义的事情所需要的重要能力。

4. 处理好与团队外部人员的关系，包括扫除障碍。团队外部和内部的人，总是期望团队领导者能处理好团队与其他组织的大部分关系。这就需要团队领导者将团队的共同目标、分段目标和工作方法，同任何有可能帮助或阻碍团队的人进行有效沟通。当阻碍他们前进的障碍可能削弱团队或使团队士气低落时，他们还必须有勇气代表团队出面调解。

相互信任对团队来说极为重要，而这份信任往往始于领导者展现出成员能够依靠他达成团队绩效。联运团队的格林伍德用联运中心提案打动了成员，"钢铁协议"特别小组的贾纳切克也在重新寻求预算授权方面做到了这一点，洛克菲勒也是如此。比如早些时候，科克市长对合作组织百般刁难，因为他可能感觉受到了威胁，他也感受到了合作组织的活动时不时会越界。科克回忆道："早些时候，他们太自以为是了。其实他们不明白，这根本不是纽约人希望得到的答案，而且他们的言辞语气也惹怒了我。所以后来合作组织做出了一些改变。"

事实上，洛克菲勒对政府和城市的事务以及科克的自负非常了解，他鼓励合作组织在沟通中尽可能地使用最有建设性的言辞，同时保证市长能在关键职能中有所展现，保证其市长领导力受到大家的认可。然而，大可不必那么复杂，洛克菲勒可以直接出任市长。但是洛克菲勒并没有这么做，他也再一次展现出耐心是如何成为团队领导者推进团队工作最重要的主导因素的。

5.为他人创造机会。如果团队领导者把所有的最佳机会、工作任务和功劳声望都掌握在手中，那么团队绩效是无法达成的。而领导者需真正挑战的难题是为团队和团队成员提供表现机会。"达拉斯黑手党"领导者坎菲尔德留出空间，让一位资历稍浅的投资银行家领导一个有声望的账户，这便是在给他创造机会。柯达的弗兰戈斯也是如此，他让一位"在家都不能管理自己收支"的化学工程师负责准备斑马团队2亿美元的预算。然而这不意味着领导者放弃指导、监管和控制的责任。比如兰迪·盖尔上校通常让后勤部的成员向高层汇报情况，但他总会亲自参加会议，以应对成员遇到需要帮忙或支援的情况。

洛克菲勒也强调为成员创造机会。核心组织中真正活跃的领导力往往会根据不同情况赋予不同的成员。当然，洛克菲勒一直都是官方的领导者，但在其他人处于某一职位领导一些关键讨论或带头进行一些重大创新时，他总是展现出适时退让的风度、智慧。比如当一些重要的首席执行官开始动摇他们对合作组织的支持时，理查德·希恩就会作为团队的领导者，将这些人拉回合作组织的阵营；当一些正规组织结构的细节出现问题时，阿瑟·泰勒通常是实际领导者；当需要确立一些关键的重点事项时，约翰·怀特黑德是主导者。

洛克菲勒还为"拓展团队"的成员创造了机会。纽约城市联盟会长阿瑟·巴恩斯仍记得，当时他提议合作组织如果想要赢得工薪阶层的信赖和支持，就应该解决教育问题。许多商业高层都反对这项提议，认为教育领域的争议性太大，并且这应该从合作组织的活动范围内剔除。然而出乎意料的是，巴恩斯的提议占据了上风——他将这归因于洛克菲勒的坚持以及核心团队的认同，这也正说明了每个人都有机会发表自己的意见，而最有意义的辩题最终会获得成功。巴恩斯说："这就是最好的证明。只要你掌握了事实，你就能说服他们。"

6.干实事。真正的团队的成员（包括领导者在内）做的工作量大致是相似的。团队领导者因为他们的身份职位，确实会和团队其他成员有一些距离，但他们并不会因为这些距离就"袖手旁观，只做决策"。团队领导者必须像其他成员一样，完成团队需要做的任何事情。此外，团队领导者不能把"烂摊子"丢给其他人。当越是高风险的工作或"越烂的摊子"出现时，团队领导者越应该挺身而出。

正如所有优秀的团队领导者一样，洛克菲勒短时间内就表明虽然他的级别是领导层，更不要说他在城市乃至全球的声望，但是对他而言所有工作都需被郑重对待，不存在太简单或不重要的工作。他参加了展望早餐会、社区拓展会议、游说活动和集资晚宴等一系列能为合作组织提供发展环境和方向的活动，甚至花了几个小时的时间研究大型活动的座位安排，确保曾有过节的人物不会并排坐在一起。最重要的是，他明确表示自己最宝贵的资源（时间），对所有与合作组织业务有关的人随时开放。

* * *

在上文中，我们已经强调了领导者需要做什么，并且与领导者不能做的事情进行了对比。另外，还有两件重要的事情是真正的团队的领导者永远不会做的：他们不责备也不允许具体个人的失败，他们从不为团队表现不足找借口。这也是我们大部分人都敬仰的，并且通过实践也可以做到。但是，基于个体而非互相信任建立起的组织往往与之相反。很多时候，当预期的结果没有成形时，组织中的个体会被单列出来批评，经济、政府说不定还有天气等外界因素都会成为失败的原因。相比之下，真正的团队的领导者真诚地相信成功和失败都是团队行为，任何外界的障碍都不是团队失败的借口，不存在个体的失败，只有团队才会失败。领导者认为团队的任务包括克服前进道路上的任何障碍。对于这种态度最好的诠释，莫过于罗杰·马德在美国公共广播公司（PBS）系列节目中说的一段话：

在这所学校里，90%的学生都接受了各种形式的公共资助……许多孩子来自单亲家庭，或者由未成年妈妈独立支撑的家庭，所有用来诟病教育失败的因素全聚集在这一所学校里。但是，这些孩子能够比美国其他任何一所学校中最优秀和最聪明的学生都表现得出色。

小结

显然，团队领导者对一个潜在团队能否发展成为真正的团队，甚至是高效能团队有着至关重要的影响。那么，从常识上讲，选择那些被证明有能力或拥有潜在领导力的人员，将会增加团队绩效提升的概率。尤其重要的是，要避免因任何原因而持有与团队工作方法背道而驰的顽固态度的人。这些人是明显的少数，任命他们作为团队领导者绝对是个错误。除非他对团队的共同目标和团队成员坚信不疑，否则这个领导者将毫无作用。

但是，太多管理者表现得似乎只有挑选一个团队领导者是唯一重要的事情。为此，他们忽视了我们观察到的团队领导者的特性。首先，对挑选领导者的过度担忧很大程度上会限制选择本身。不同类型的人员都能成为有效的团队领导者；与企业领导者不同的是，带领一个团队并不是一份预留给少数人的工作，任何一个"兰迪·盖尔"或"戴维·洛克菲勒"都可以胜任。

其次，只关注领导者挑选，就放弃了在这位领导者工作后帮助他的责任。不管是生产线还是董事会的员工，大部分人必须在工作中成为团队领导。当他们被任命为小组的领导者，至少在商业环境中，他们的常规反应是成为一名优秀的管理者，进行全方位的决策制定，然后评估所有个人责任。这种方法在工作小组中非常有效，但团队领导者需要一套完全不同的态度和做法。这些态度和做法大部分人都能学会，事实上，我们大部分人在生活中时不时都用到了这些态度和做法。但是，当我们真正被选作团队领导者时，这些态度和做法很难成为我们行事过程中的本能反应，所以通常我们必须重新学习和应用它们。

最后，还有一件更加微妙的事情，每个团队所需要的立刻行动和耐心之间的平衡点大不相同。保持每个团队基本要素之间的关联性是一个动态的目标。如果团队领导者想要在团队内部建立承诺和信心，加强能力的融合与提升能力的水平，处理好与团队外部人员的关系，清除障碍并做实事，就需要保持持续的关注力。

因为每个团队的绩效挑战、组成和工作方法都不同，领导者的工作也随时间的推移而不断变化，所以，团队领导者在上任后需要不断地成长向上。

相应地，管理者和其他人员通常应该把更多注意力放在对团队领导者的工作给予辅助，而不是只关注领导者的挑选。要做到这一点，他们可以通过尽职尽责地监控团队的绩效，时刻关注团队要素，判断团队处于表现曲线的哪个位置，以及了解团队领导者对团队共同目标和团队本身的态度与做法来做到这一点。根据第3章结尾部分列出的标准对团队进行定期评估能够帮助每个人，无论是否是团队成员，评估团队和表现和效率。通过询问下列问题，我们可以评估团队领导者的态度、行为和有效性。

1. 领导者是否采取了团队或工作小组的方法？领导者是否：

a. 做了所有重要决策？

b. 安排了所有的工作任务？

c. 对个体做了所有评估？

d. 确保工作的执行是以个人责任为基础的？

e. 除了决策制定、下达任务和设置议程，还做了什么"实事"？

2. 领导者是否在团队中努力寻求立刻行动与耐心等待之间的平衡点？领导者是否：

a. 推行有建设性的冲突和解决方案？

b. 利用距离和个体性保持团队行动和运行方向的相关性？压制团队中的成员？

c. 不断挑战团队，使共同目标、分段目标和工作方法更加明确？

d. 通过与团队目标和团队相互呼应的合作激发人们的信任感？

e. 为他人创造机会，有时甚至牺牲自己的资源？

3. 领导者是否清楚地表述了团队的目标，并采取行动来推进、分担实现目标所需的责任？领导者是否：

a. 思考并表述出他在个体或等级形式下的任务分派和在团队形式下的任务分派分别是什么？

b. 辨识并以实际行动扫除团队绩效达成过程中遇到的障碍？

c. 在团队内部或外部，将绩效失败的原因归咎于个人？

d. 在团队绩效不达标时，以"不可控"的外界因素为开脱借口？

　　柯达斑马团队的史蒂夫·弗兰戈斯的经历很好地说明了团队领导者可以并确实在这份工作中学到不少。弗兰戈斯在他的职业生涯中被认为是人际交往的能手。但是他自己承认，起初在接手制造工作时，他依旧相信好的管理方式应该是指挥掌控一切。他说："别人教我，除非你能把控一切事物和人员，否则你不可能成为一位出色的管理者。"就这一点而言，他与"钢铁协议"特别小组的贾纳切克、《塔拉哈西民主报》的莫特和其他许多高效团队领导者一样，在工作之初都对自己手中的潜在团队施加了过多的控制。

　　弗兰戈斯自己说，幸好他之后学会了适时放弃掌控——虽然是以一种预期之外的方式。有一次他们需要对房间进行分配，以满足每个人的需求，弗兰戈斯提出了一些解决方案，但都失败了。

第一天晚上，他的小组成员都略显不悦，而弗兰戈斯穿着睡衣在大厅中来回踱步。最后，有两名成员让弗兰戈斯安心休息，并表示他们俩会安排妥当。事实证明他们做到了，并且做得比弗兰戈斯要好，虽然这是件小事，却让弗兰戈斯的态度和行为发生了巨大的转变。

弗兰戈斯开始退居一边，但仍引导着整个团队。这体现在许多形式上，比如在开会时坐在桌子的一旁而非中间领头位置，在正式地重组制造部门时，将更多的掌控权和创新权分派给团队成员。随着时间的推移，弗兰戈斯能够清楚地意识到他作为团队领导者没有做什么或说什么，就像他做了什么一样。我们旁听了他们的一次会议，当时弗兰戈斯凑过来和我们说："他们讨论的这些我心里都有数，但是我不会说一个字。"

所有这些活动中，弗兰戈斯都承担了风险。他必须有意识地改变他长期以来的管理方式，尽管有一些人对弗兰戈斯担负的这份工作感到相当意外。弗兰戈斯从事胶卷业务一路晋升以来，相比更加复杂的感光技术，他在技术性略低的包装方面更有经验。所以他被任命为制造部门的领导者是很不寻常的——感光技术的人员通常来发号施令，而包装加工的人员就只是"打一下、包一下、打包一下"。

但是团队成员，包括来自高技术性感光领域的人员，也并没有将弗兰戈斯的沉默误认为软弱或优柔寡断。他们知道，弗兰戈斯有着不可动摇的信念，那就是立志要把黑白胶卷的事业重新搬回柯达公司的版图上，并且对绩效周期、库存、客户满意度、准时交货和高产率等具体绩效目标深信不疑。但是，他们也知道，并且由衷地感谢，正是由于弗兰戈斯信任整个团队，才能引领黑白胶卷事业的复兴。

对于这名成功掌握立刻行动和耐心等待两者平衡的团队领导者，斑马团队的一名成员对弗兰戈斯这样赞赏道："我们之所以能够完成那么多事情，是因为弗兰戈斯支持我们成为自己想成为的样子。"弗兰戈斯自己喜欢用老子的一段话来说明自己对团队领导者的理解："太上，不知有之。其次，亲而誉之。其次，畏之。其次，侮之。……功成事遂，百姓皆谓我自然。"

8
团队、障碍与终结

化解困境

在团队生活中要面对的一个基本事实就是持续存在的障碍。从潜在团队成立的那一刻起,到团队解散的那一天,障碍一直伴随左右。随着团队、绩效挑战、组织设置与行业环境的变化,障碍也会有所变化。以伯灵顿北方公司团队为例,他们遭遇了管理层的薄弱支持、反对广告宣传的政策、卡车司机的不信任,以及充斥联运部门的平庸人员。当它想要依靠两个新联运中心证明自己的战略时,还需应对糟糕的天气、激烈的竞争与萧条的经济。这些障碍中的任何一个都足以打乱团队进程、耽误绩效。所幸这并未发生在伯灵顿北方联运团队中。的确,在克服重重困难之后,团队会变得更为强大。

团队生活需要面对的另一个基本事实就是终结的局面。它是在开发绩效潜力的过程中，团队需应对的最重要的障碍之一。此外，具体的终结情景如同团队与障碍一般多种多样。有的是计划好的，有的是自发的；有的是突发的，有的是拖沓漫长的；有的带来极大破坏，有的让人松一口气；有的使绩效延续保持，有的则会损害绩效。不论如何，最终大多数终结局面都可归结为两种基本类型的过渡：第一种，团队必须将长期的目标与一系列进行中的任务转交给其他小组或团队（大多数负责运营、制作或执行的团队属于此类）；第二种，团队必须确保最终的建议将由他人实施执行。无论是哪一种，如果对此处理不当的话，那么就会失去有价值的绩效。

本章内容主要讲述被"困"住的团队如何化解困境，最后的部分讨论了终结局面中的具体障碍，以及如何在保持绩效增长势头的同时处理好团队的人事变动。

克服障碍

特定的障碍对团队造成的威胁在很大程度上取决于团队的准备程度与能力，也取决于障碍自身。例如，面对两个新联运中心的考验，只要团队的适应力稍弱于伯灵顿北方联运团队，那么它可能已经失败了。尽管团队有强有弱，但我们认为团队作为绩效单位，在机敏与灵活性上仍优于个人或大型组织集团，并能依据此优势克服绩效障碍。第 4 章描述的"一零"团队就是绝佳的例证。就算是

《塔拉哈西民主报》团队中最有毅力、最有才能的成员都无法克服长久的时间压力、糟糕的沟通以及跨部门间的不信任，这些都妨碍了更好地为客户提供广告服务。传统的制度化解决方案（即建立广告客户服务部门）实际上加剧了这些问题。与之相反，"一零"团队不仅跨越了绩效障碍，还在此基础上日益壮大。

真正的团队善于应对挑战。但是，几乎所有人都参与过潜在团队或伪团队，这些团队常常深陷困境难以自拔，而不是在困难的激励下越挫越勇。有时候，潜在团队一直未能顺利起步。如果安然公司的贾纳切克没有促成"钢铁协议"特别小组下分的两个小组协同努力，那么情况就会变得不乐观。有的团队，比如科兹莫公司的主管团队，认识到了团队模式的价值，也致力于建立团队愿景与团队合作精神，但之后便停滞不前。还有一些时候，当领导者变更等突如其来的改变使团队陷入螺旋式下降时，团队能解决一系列问题，并且保持良好的绩效表现。

受困团队中弥漫的挫折情绪包括：

- 活力与激情的丧失。（"简直是浪费时间。"）
- 感到无助。（"谁都做不了什么。"）
- 目标或身份认同的缺失。（"我们完全不知道这是为了什么。"）
- 无精打采，毫无建树，有谈话无交流，彼此不坦诚。（"没人愿意说说真实的情况。"）
- 在会议中，更看重议程安排而不是结果。（"都是做给老板看的。"）

- 愤世嫉俗，不信任他人。("我就知道团队合作什么的一文不值。")
- 背后相互攻击，包括攻击外人。("戴夫从不做好自己的本职工作，他以后也难做到。")
- 很多人对高层管理者和组织的其他人员指手画脚。("如果这事那么重要的话，为什么不给我们更多的资源？")

当情况发展到最糟糕时，被困住的团队完全放弃了对绩效的追求，沦为伪团队。这样的代价是高昂的，不仅使取得具体绩效的机遇就此丧失，而且让团队士气一落千丈，导致大部分成员开始抗拒团队模式。

没有方法使团队完全绕开困境，因为障碍确确实实就是团队生活的一部分，有时遇到的障碍甚至根本无法逾越。的确，除非团队愿景与绩效目标面临严峻的挑战，否则可能就不存在真正的团队努力的基础。就算在团队友好的环境中，有时团队仍会遭遇各种障碍，导致团队受困并自我毁灭。最后，所有潜在团队都存在层级、职能与个人层面上的种种分歧，这些分歧可能为团队带来力量，也可能造成麻烦。

好消息是，潜在团队（甚至说伪团队）只要能够解决与他们的具体绩效挑战有关的障碍，危局即可化解。实际上，团队可能犯下的最大错误就是在解决问题时不谈团队绩效。例如，支离破碎的内部人际关系就时常困扰着受困团队。诚然，完全忽视这样的问题是不对的，但把"团结协作"作为目标本身也是错误的。

相反，有关各方必须明确要求相关人员"和睦相处"，采取一致的具体行动以提升绩效。否则，与团队合作或和睦相处相关的价值观也不会长存。

目前为止，与绩效的关键联系似乎已经十分明显，但很多企业管理者仍不依此行动。例如，对于受困团队，典型的反应是采取更换领导者，更换一个或多个团队成员，彻底解散团队或通过团队建设、培训练习或引导等方式消除团队隔阂。多数情况下，没有人来解释这些措施与团队绩效有何联系。例如，管理层自以为更换领导者或团队成员，仅凭个人毅力或技能，就能对绩效产生重要的影响，使团队重回正轨，然后依旧用同样的方式应对团队建设、培训与发展，无人关注团队真正的绩效成果是否得到改善。比这更糟的是，也无人询问新领导者、新成员、新引导者或培训师该如何把团队的注意力重新集中到团队的基本要素上。

对绩效更严格的关注可使上述典型的措施更有成效，还会督促队内成员与队外管理层尝试那些他们可能忽视的方法。例如，我们讲述一个关于帆船的虚构的故事：一艘帆船在海上漂流，被一场突如其来的暴风摧毁了船舵、破坏了指南针、刮倒了主帆。船员们自几天前离港后再未见过陆地，船上的食物与淡水也逐渐消耗殆尽。气氛异常紧张，人人都十分敏感，一旦有人表现出脆弱的一面，就会遭到他人的反感。

在最艰难的时刻，有人建议别再一门心思地妄想抵达陆地，而是想想那些更实际的目标——怎么修好船只被毁的部分。有一位船员想试试他年轻时用过的一个老方法，便请另一位船员帮忙，看能不能修好船舵。在二人的共同努力下，船舵能正常使用了。受到这一成功的鼓舞，又有两位船员决定试试能不能拿三角帆上的材料修复受损的主帆，还有一位修复了破损的指南针，并想出了一个临时的解决方案。这些小小的胜利并不能帮助他们抵达陆地，却使得破损的船只比之前更加坚固，船员更适应航海生活了。半日之内，船员就朝着他们认为是最近的小岛驶去。果然，他们成功了，并最终被一艘驶过的船搭救。

传统的解困方法都不适用于这个船队，他们既无法更换船员，也无法寻求外界的帮助或培训。故事虽是虚构的，但它描述的是在商业环境下很多受困团队遇到过的真实情景。或许最终会有新的领导者或成员加入团队，但在大多数公司里，大多情况下受困团队是在孤身奋战，无人来助，只能自救。就算来了新的领导者或成员，团队也必须学会自救。这样的变动只会一再拖延时间，成员也只会一遍一遍地询问新改造的团队为什么会成功以及如何才能成功。而这样的问题只有在团队的注意力集中在团队绩效的基本要素（愿景、工作方法，特别是短期能见效的绩效目标）上时，才能找到答案。

团队被困

为了展现受困团队的动态，我们将对比半导体制造商美国密特隆公司旗下的两个新产品研发工作的进展情况。该公司的绩效导向坚定，公司总裁明确主张新的组织模式与思维方式。按大多数标准，密特隆公司有一个有利于团队发展的环境。

密特隆一贯建立团队来研发新产品，即为微晶片开发新应用。我们要描述的两个团队，其中一个想开发一种用于计算机磁盘驱动器技术的微晶片，另一个想开发一种用于光纤电缆连接的微晶片。和其他潜在团队一样，这两个团队都面临建立完整团队基本要素的常见任务。此外，密特隆特别的企业文化、组织架构和业务都对两队产生了不小的障碍。

- 包容失败的企业文化。与很多科技公司一样，密特隆也把失败看作一次学习的机会，这有利也有弊：利是减轻了员工对失败会影响自身事业的担忧，使其更加敢于承担风险；弊是在减轻事业担忧的同时，也潜在地削弱了员工该有的担忧，而这类担忧能够激励团队，使其自身绩效水平更上一层楼。磁盘驱动器团队与光纤团队都有可能掉入这个陷阱，那样的话，不管对团队个人、团队整体还是整个公司来说，他们的成功或失败都将毫无意义。
- 密特隆公司对设计工程师与产品工程师同等依赖。设计工程师为新产品提供设计概念，产品工程师负责把设计转化为可以使用的产品。大多数设计工程师与大多数产品工程师在能力、态度与雄心方面不同。夸张一点儿说，设计工程师在提出新的想法时很兴奋，而产品工程师在与理论想法的搏斗中感到兴奋，并使它们在生产技术和经济的限制下发挥作用。有时二者相互尊重，有时他们确实对彼此的问题与能力缺乏理解。无论是磁盘驱动器团队还是光纤团队，都需要设计工程师与产品工程师的贡献，如果缺乏合作，那么双方都很容易陷入困境。

- 市场对微晶片的要求严苛。想要创造出既能达到现有顾客要求，又要有足够的先进性满足预期顾客的需求、应对竞争者挑战的新型晶片着实不简单。密特隆的各个团队都面临着艰难的选择，是以不太先进的功能提早打入市场，还是为了提升产品性能而推迟进入市场。要化解这一困境，每个团队都依赖设计工程师、产品工程师、市场营销人员与管理层的共同努力。

那么这磁盘驱动器团队和光纤团队又是如何跨越这些障碍的呢？用帮助我们做本书研究工作的马克·沃里斯的话来说，两个团队"虽同属一家公司，却好似来自两个星球"。

磁盘驱动器团队可谓真正的团队，具有共同的团队目标，即先利用第一代"新晶片"迅速打入磁盘驱动器市场，站稳脚跟，紧接着再实现产品的升级换代，获得赢利。该团队坚信自己的成功对密特隆的成功至关重要。同样持这一观点的还有密特隆的总裁，他密切关注着磁盘驱动器团队的进展。结果第一代晶片推出失败，磁盘驱动器团队急切地想要从中吸取教训以防止失败再次发生。团队领导者说，团队不应关注"谁搞砸了"，而应关注"我们哪里做错了"。

磁盘驱动器团队对自己的能力与方法也是信心十足。"最棒的设计人才和营销人才正好都在我们这儿。"一位工程师说。设计工程师与产品工程师密切合作，确保任何环节都不掉链子。还有人说："在我们工作的每一个交界处都存在一个灰色地带和一个潜在的裂缝。我们要确保工作的每个交界处都得到完好的重叠，不留一丝裂缝。"终于，团队建立起了一个清晰的绩效关注点：必须在确定的时间内为顾客做出新的晶片，否则就浪费了整整一年的时间。

所有这些都有助于提升团队的专注力、激情、能力与承诺。其中一位成员说："我们几个臭皮匠，要么就自生自灭，要么就越过高墙看见曙光，在这家公司，没有多少产品能够让人如此激动。"

与此形成鲜明对比的是，光纤团队完全陷入了困境，它不仅缺少激情与活力，还缺少明确的主题和团队认识。当被问及团队目标时，一位成员答道："为了赢利。"除此之外，团队内也没有任何信心、乐趣与回报的满足感。当被问及团队的工作方法时，有人大声答道："不论什么方法，我们都试一试。"如此苍白无力的一句话很能说明问题，玩世不恭的态度已经控制了这个团队。

光纤团队的9个成员中，多数都不确定自己的职责和贡献。在他们努力的过程中，至少有4人想要领导团队，但都未成功。"我们现在仍然没有领导者。"其中一名竞争者说道。除此之外，密特隆"失败也没关系"的企业文化严重妨碍了光纤团队。例如，无论是团队内部还是监督团队的经理，都缺乏紧迫感。一位成员说："我们的工作就是向市场投放样品，然后看谁有兴趣。"团队外的经理附和道："他们不过是在市场试水。"

光纤团队的设计工程师与产品工程师经常争吵，导致态势紧张，却毫无建树。例如，当大家讨论对现有晶片设计做出更改时，设计总工程师过早地给出了自己的评论："既然都没有什么新的设计，那么生产的任务跟以前没什么分别，只不过更简单了。"一位产品工程师对此做出回击："也许你认为更简单了，但在更改之后，生产环节增加了一系列新的任务。"在光纤团队里，设计工程师与产品工程师之间完全不能愉快地合作。

一份针对团队问题的分析表明，光纤团队遭受着所有的重大困窘问题：

- 方向感薄弱。像光纤团队这样的团队，当他们追求不合适或不明确的目标时，就会失去方向。当他们认为团队中的所有成员都理解并同意团队为何以及如何工作时，他们也会迷失方向。这并不是说不同的理解对团队有害，实际上，当进行开放的讨论时，不同的视角能够使团队的目标与方法得到丰富和充盈。但如果这些不同得不到表达与解决，成员就会对团队存在的根本原因开始感到困惑，通力合作以达成统一目标的动力也会被削弱。

光纤团队的目标可以是改变整个行业面貌的长期、崇高的目标，也可以是承诺在短期内满足具体客户的确切需求，两者都可维持团队的绩效。但团队必须从中做出选择，否则成员会分别追求各自的目标。例如，设计总工程师注重长远目标，而产品总工程师更关注近期目标，既使如此，他手上同时还有三个不同的产品要处理。所有这些混乱和含糊不清使团队分崩离析。

- 对团队绩效的承诺不足或不平等。在受困的团队中，人际冲突与根深蒂固的立场经常被视为缺乏作为一个团队工作的奉献精神。团队的注意力会从绩效目标上偏离，陷入无休止的背后讨论中，脱离整个团队转而谈论他人的风格与偏见。而这又会进一步削弱对团队绩效要求的共同责任与承诺至关重要的信任与尊重。

一方面，光纤团队中的每个成员都希望新晶片的开发能够成功，并且致力于尽自己的努力实现这一目标。然而他们承诺的质量实在是不够，而且太个人化，对团队不过是流于表面的绩效承诺。此外，设计工程师与产品工程师之间长期的冲突也使得其他成员感到绝望。他们似乎已经坦然接受了"这俩人就是不可能合得来"的事实。可见只有建立起对团队绩效共同的承诺，成员才会选择更加积极正面的参与方式。

- 重要能力缺口。能力缺口是团队无法避免的事实。极少有团队在起步阶段就具备了所有能力，并发展到一定水平。但我们也知道，没有一个团队在缺乏与目标相关的重要能力的情况下取得成功。通常，最令人头疼的缺口出现在技术或职能方面，但若缺少达成绩效所必需的解决问题、决策与人际关系的能力，也会使团队陷入困境。

就技术性与职能性能力而言，光纤团队拥有称职的设计工程师与产品工程师，但团队中一位市场营销人员因为刚加入密特隆，还没有完全履行自己在团队中应该履行的职责。此外，团队在确定团队愿景与绩效目标所需的决策能力方面也存在明显的缺口。最后，人际交往能力的缺失也加剧了设计工程师与产品工程师之间的隔阂。

- 来自外部的不解、敌意或冷漠。所有组织，不论对待团队的态度是友好还是敌对，都不可避免地会给团队造成阻碍。有的人提出自相矛盾或过于宏大的要求，使团队不知所措，有的人或明显或隐秘地与团队竞争，还有的人似乎不怎么在意团队的行为或团队成功与否。当然，有时我们或他人的氛围能够激励团队，但同时它也能阻碍潜在团队，使其无法起步，或在团队起步后拖垮团队。

不像磁盘驱动器团队知道公司总裁关注和监督着自己的进展，光纤团队还从未看到任何来自高层管理者的信号，即让他们明白自己的绩效至关重要。尤其要指出的是，高层管理者在如何平衡长期目标与短期目标的问题上没有给予光纤团队任何指导。监管团队的主管实际上知道团队陷入了困境，但他认为情况没有紧急到需要采取措施。他还认为团队的困难源于设计工程师职责的模糊设定，他认为设计工程师是产品的创造者、天生的团队领导者。然而，这位管理者似乎就任由团队无助地挣扎，而设计工程师也在寻找自己的职业道路。

- 需要帮助的领导者。这可能属于能力缺口中一个特殊的类别，大多数人都能通过学习成为高效的团队领导者。但就像团队一样，团队领导者在刚开始发挥作用时，并不具备所有需要的能力。当领导者自己需要帮助时，就需要其他团队成员填补这个缺口，直到自己的能力得到提升。

在不同的时期，光纤团队中的每个人都有可能成为领导者候选人，例如创造产品的设计工程师、监督第一次产品推出的产品工程师、市场主管，以及更有经验的产品工程主管。上述各位都有可能成为光纤团队的领导者，但没有一个人获得了完全的成功，也未能形成单一或团结一致的集体领导。因此，该团队的努力在很大程度上仍然是不协调的，其无法弄清如何应对道路中的各种障碍也就不足为奇了。很明显，团队被困住了。

摆脱困境的方式

像密特隆光纤团队这样受困的团队应该如何摆脱困境呢？高层管理者又该如何帮助团队？需要再次声明的是，不存在适用于所有情境的神奇公式。有时，最好的方法其实就是干脆放弃团队模式。例如，我们在第 5 章里讨论的科姆特移动数据小组如果继续采用团队模式的话，他们可能会一直遭遇挫折，而采取工作小组的方法，他们的情况会好得多。

但假定团队模式就是最好的选择，那么摆脱困境的关键就在于通过把注意力集中到绩效上来应对特定障碍。我们已经发现5种卓有成效的摆脱困境的方式，它们经常被结合起来使用。前两个方式，即反复回顾团队基本要素并争取小小的胜利，直接解决团队绩效。另外三个方式——让团队解除新的信息和方法、寻求外部帮助或培训、以及更换团队成员（包括领导者）——为团队提供间接的激励，如果成功的话会激发团队重新关注绩效。这5种摆脱困境的方式，团队都能自行选择尝试，或者也可以经由更高管理层介绍给团队。

1. 反复回顾团队基本要素。本书想要传递的最基本的信息之一就是团队反思自己的愿景、方式与绩效目标多少次都不为过。所有团队（当然也包括受困团队）都能从中受益，从头开始，发掘隐藏于团队中的各种想当然与意见分歧，全队一起进行审视，可为团队明确目标任务与达成方式打下基础。

例如，20世纪70年代中期，联合铁路主管团队负责将东海岸的7家破产铁路公司改造成为赢利企业，但他们一直深陷困境，直到该团队把目标从"制定赢利战略"改变为"主动积极出击，解除对整个铁路行业的管制"之后，他们才摆脱困境。同样，将会出现在第9章的摩托罗拉的一个团队在超越团队合作方面遇到了困难，但回顾了自己的工作方法之后，它决定调整团队关键成员的职责，问题因而得以解决。

密特隆的光纤团队根本不具有明确的目的或共同的目标。它需要从原点出发，讨论团队目标与方法——可以通过自我评估，或者借助更高管理层或团队外部人员的经验进行。

2. 争取小小的胜利。没有什么比绩效更能激励受困团队，即便仅制定出清晰具体的目标，就能拯救团队于人际冲突与绝望的困境火之中。如果能达成这些目标，效果就会更好。例如，受困团队中的愤世嫉俗者可能会认为反复回顾已讨论过千百遍的团队目标与方法，是一种真诚而无益的努力。然而，具体的绩效成果是不会受到这样的责难的。

但是，明确并完成可实现的目标需要大量的辛劳工作，尤其对那些总是认为无法改变自己现有目标的受困团队来说。以光纤团队为例，团队绩效目标既包含短期目标，也有长远目标，找不到任何两个人能对目标有一致的理解，更不用说团队全部 9 个人了。换言之，他们没有"拥有"任何团队的具体绩效目标。要填补这一缺陷，需要他们挑战各自的绩效假设，至少达成一个可行的目标，然后努力去实现它。

重新定义目标的效果可谓是显著的。例如，密特隆的另一支团队存在不能按时达成目标的问题，陷入了与光纤团队相似的困境。原先团队设定的目标——"一个也不能少"很是激动人心，这听着非常不错，但实在难以实现。项目进行了一年时间，团队就陷入了困境，备受挫折。但这时团队领导者建议将目标调整为每年"将未完成率减少一半"。不久后，该团队就在追求更高绩效上取得了可测且积极稳固的进展。

3. 接触新信息和新方法。最新的事实、不同的视角与新信息对团队发展起着重要作用。贴了 12 面墙的"台面"项目失败分析激发了安然公司"钢铁协议"特别小组的绩效表现，就像高度象征性的"被老鼠踩过的传真"对《塔拉哈西民主报》"一零"团队也起到了一样的效果。此外还有纽约市合作组织,通过向其他10个城市的商业组织学习经验,制定了自己的目标和愿景。

竞争对手树立起的标杆、内部过往案例、最佳方案、一线工作标准、客户访问,以及其他种种信息都能为受困团队提供重新设定自己的愿景、方式与绩效目标所需的新视角。例如,密特隆的光纤团队就可以看看公司里还有哪些团队曾陷入困境,又是如何摆脱的。前面提到的及时调整达成目标的团队就是一个很好的榜样。然而,要做到这一点,任何受挫的团队都需要下定决心积极搜寻这样的信息,而不是停滞不前、无所作为。另外,团队必须好好利用搜集来的信息,思考一个最重要的问题:"这对我们团队的目标与绩效挑战有何意义?我们应如何解决?"当然,这时管理层可以提供建议帮助团队。

4. 寻求外部帮助或培训。无论是完全的公司外部人士还是非团队成员的公司员工,都能帮助受困团队,使之可以积极调整方向,重回正轨。通常情况下,成功有效的帮助能够赋予团队问题解决能力、沟通能力、人际交往能力与团队合作能力。然而,帮助能否持续有效,最终的关键完全取决于这种帮助能在多大程度上把团队的注意力集中到目标与绩效挑战上来。如果只关注个人感受或人际冲突等方面,就会转移团队注意力,忽视了团队里更多基本的需求。

同样的道理也适用于培训。如同任何潜在团队一样,受困团队能从良好的培训项目中受益,前提是这些培训项目应强调关键能力的重要性、统一的团队目标、良好的团队合作、明确的目标与领导者的职责。但是，除非团队能立即将此转化成为"试验"行动，否则在重新解决团队问题时，都将没什么效果，甚至可能只会加剧愤世嫉俗与绝望情绪。为避免这类情况的发生，一些公司（如摩托罗拉）提供了一个及时的培训课程和资源，任何小组或个人在出现问题时都可以向外寻求帮助，以解决问题。

5. 更换团队成员，包括领导者。很多团队通过更换成员来避免陷入困境或一直被困。有时，更换就意味着开除成员或添加成员，正如快速反应团队开除了保罗·戴维，新添了南希·陶本斯拉格。有时，像安然公司"钢铁协议"特别小组，只是回避了队内拖后腿的成员，并不是正式开除他们。有的团队设置了定期的成员轮换制，以确保新见解的持续输入与团队活力。

团队并不需要像经常更换成员那样更换领导者，新的领导者一般都是由高层管理者指派到团队的。新的领导者，正如新的成员，能否帮助团队摆脱困境，关键就在于能否使团队避开那些妨碍团队绩效的因素。换言之，新的领导者并非灵丹妙药，他们只是提出了一个问题：新的领导者与受困团队的其他团队成员怎么做才能与之前不同，使团队继续前进？实际上，密特隆的光纤团队就经历过"来了新领导者，一切也没什么不同"的状况——当一名经验丰富的产品工程师加入团队，也不比先前的设计工程师、其他产品工程师与市场专员更成功。

以上 5 种摆脱困境的方式既可以是团队的自发行为，也可以是来自管理层的干预行为。例如，任何权威大于光纤团队的人

（从监督团队的主管到公司总裁）都能为之制订一个更为清晰的计划，指定特定的绩效目标，向团队提供不同的方法或新的事实，提供帮助或培训，更换团队领导者或成员。

如果处理得当，这样的干预能为受困团队带来很大的提升。以花园州砖面团队为例（参见第3章），它进行了员工的选拔，有效地帮助了先前陷入困境的领班与工人小组重新思考他们的基本成员身份与工作方式，使得很多小组都转变成为关注绩效的真正的团队。当日内瓦湖团队（参见第11章）每年定期更换三名成员时，它为团队注入了活力，也带来了新信息与新视角。

如果处理不当，那么这样的行为就会被视为管理层的入侵，给团队又加上一重负担。管理者干预失败经常是因为管理者没有仔细思考清楚受困团队问题的具体情况，而是追求"快速解决方案"。管理层听闻团队存在人际冲突，就安排成员进行敏感感受培训，而且他们认为团队现任领导者应担责，更换了新的领导者；当他们认为未见成效而感到挫败时，便向团队提出了更多的要求，这些要求使团队更加困惑了。

管理层还需注意进行干预的时间。摩托罗拉政府电子集团（参见第9章）的朱莉·萨基特在这点上的看法完全正确，她认为团队"受困一段时间"是好事，因为不靠外界帮助，自行克服障碍，团队将得以从中学习到什么。实际上，我们也认为障碍能使真正的团队更加强大。关键是要区分哪些是积极想办法克服障碍、努力提升绩效的团队，哪些是已经放弃或有可能放弃的团队。如果受困团队已经无法依靠自身的力量脱困，那么管理层这时必须介入。

应对变更与终结局面

真正的团队与高效能团队无法避免终结。这是一个绕不开的障碍，它确定会对团队绩效产生影响。但是，我们遇到的人中极少有人仔细想过团队终结与变更是如何影响绩效的。其中以下三个节点尤其需要注意：①当工作小组或特别项目组完成了官方计划时；②当关键人物离开或加入团队时；③当新领导者被任命时。虽然从某些方面说这与受困团队所处情境颇为相似，但我们想更具体地讨论这种变更与终结对真正的团队与高效能团队产生的影响。所以，问题就从"我们如何摆脱困境"转变为"我们如何通过将团队目标与任务转交给其他小组，或通过确保自己的最终建议得到实施，来保持团队绩效的良好态势"。

大多数提供建议的团队，比如工作小组与特别项目小组都会终结。我们可以通过延长时间来打磨或完善建议或跟进实施的情况，但一般认为最终结论一出，团队就会解散。然而，如果工作小组或特别项目小组在执行项目的过程中已转变成为一个真正的团队，这种看法会使团队错过一个追求绩效的机会。对比"钢铁协议"特别小组（参见第6章）与"一零"团队（参见第4章）的终结就能发现这一点。两队完成了自身使命后，都成长为真正的团队并且十分渴望参与之后的实施执行。《塔拉哈西民主报》的弗雷德·莫特就很好地抓住了这个机会；安然公司的罗恩·伯恩斯却没有做到，他倾向于把执行的责任交给市场公司的总裁。他做出这样的决定，人们很容易理解。但我们认为团队的绩效目标既与他自己的目标相契合，又是一个进一步开发真正的团队潜能的机会，他却忽略了。诚然，让工作小组超越本来的计划进一步发展，的确需要权衡一番，参与其中的相关人员也都有自己的工作与人员需要负责，但通常团队在成长为真正的团队后，解散就意味着牺牲绩效潜能。

从理论上看，一旦团队发生人员变动，那么团队也就不复存在了。但实际上，情况并不都如此，一些真正的团队在吸收新成员后，马不停蹄地继续向前发展。然而，很多团队都未能仔细思考清楚如何应对人员变动带来的过渡局面，这对负责运营、执行或制作的团队来说不知会发生多少次，挑战就在于如何使新成员在融入团队时，既不牺牲团队绩效的节奏与重点，又能抓住机会充分利用新成员的新视角进行学习。新成员会带来双重挑战：团队必须拥抱新成员带来的新鲜视角，而新成员也必须努力争取自己在团队的一席之地。在上述挑战取得成功后，团队可能会更改自己的目标与方法，但新成员最终将会理解并融入团队。如果未能获得成功，那么团队的方向永远不会更改，而新人也将一直无法融入团队。

这一局面的确让人为难。新人要承担所有冲突、信任与辛劳工作的风险，这些都是形成共同的目的、目标和方法所必需的，他和其他人一样，都要对此负责。而对已经承担过这些风险的老成员来说，他们可能会质疑重来一遍的必要性。"为什么要多此一举？""我们何必再来一遍？"这是团队在接纳新人时自然会想到的问题。但如果新人不能挑战解决方案空间、分担风险的话，实际上就会被团队排斥在外，同时也失去了一个绩效表现机会。要避免这种情况的发生，需要注意平衡新成员的需求、团队需求与绩效需求。

对真正的团队或高效能团队来说，最重要的过渡就是更换领导者，尤其是来自团队外部的人选。虽然未被提及，但事实上伯灵顿北方公司成功地渡过了两名成员离开、一位成员加入的人事变动。但当比尔·格林伍德升职后，团队任命了一个以前不是团队成员的新领导，联运团队又恢复成了一个普通的工作小组。正如一位老成员所说："如果新人对团队未来走向有着自己完全不同的想法，那么整个团队会很难团结一心并保持注意力的集中。"

以上种种再一次向我们展示了强调个人贡献与责任的假定和实践是如何影响团队绩效的。几乎每个新上任的领导者都想给自己所带领的团队打上个人烙印。他们拥有官方权威，也被认为应该拥有这样的权威，因此他们不可避免地会对团队的目的、目标、工作方法与共同责任意识构成威胁。解决这一问题没有什么简单的方法，唯有变革，设立一套新的团队基本要素。正如我们在第7章指出的，领导者的职责（尤其是平衡立刻行动与耐心等待）会随着团队绩效曲线的变化发生转变。想要一个并不熟悉团队的新任领导者坦然接受并融入这样的安排，就好比要求某个历史事件在没有先前历史条件的情况下发生一般。但我们猜想这样的事有可能发生或的确存在，但在我们的研究工作中并没有发现类似事例。

因此，把外来新任领导者的到来看作先前团队的终结是更有用的做法。这样一来，成员更倾向于重新思考团队基本要素，包括根据绩效在团队模式与工作小组模式间做出选择。这可能会使团队成员有一种重新开始的感觉。但除非真的重新来过，否则保持团队绩效的可能性恐怕不大。

考虑到新的领导可能带来的种种情况，我们认为管理者在任命外来人选时应更加谨慎。当然，有时因其他的重要事项，这种选择无可避免。如果团队先前的绩效激情与影响已消耗殆尽，那么这种安排也是值得的。但我们所讨论的并非这种情况，我们的建议是如果一个真正的团队马力正足，领导者的更换人选应倾向于从团队内部挑选。如果只能选择外来人，那么团队外部的管理高层、前任领导者、新任领导者、整个团队，应一起尽可能开诚布公地讨论此举对绩效产生的影响。

小结

团队必须有效应对障碍与终结局面，以最大化地发挥自身绩效潜能。潜在团队每克服一个障碍，自己的团队属性就得以进一步加强，团队的自信心就进一步增强，它使团队学习如何一起更有效地完成工作，并在此过程中提升个人与集体的能力水平。不幸的是，几乎每个潜在团队都会遇到一个或多个的无法跨越的障碍，结果可能就会造成我们所说的受困团队。尽管对任何潜在团队来说，与困境做斗争都能为团队带来裨益，但同时它带来的结果也可能令人沮丧不已，浇灭团队士气，甚至最终摧毁团队。在这一章，我们试图说明团队如何摆脱困境以及管理高层应如何为受困团队提供帮助。

真正的团队的绩效表现，总是比个人单独工作的小组甚或高效的工作小组更为出色。同时高效工作小组的表现也总是优于伪团队。因此，潜在团队在追求真正团队的绩效水平时所承担的风险就在于他们会牢牢陷于困境，永久沦为伪团队。这种风险很大程度上取决于潜在团队如何应对那些不可避免的障碍。

当团队受困时，他们面临的危险会一步步加深，变得越来越令人担忧。在努力摆脱困境的开始，相关人员必须从冲突、辛劳工作与行动中找出一条路，基于共同的信任与责任建立起统一的团队方向与方法。如果潜在团队或伪团队深陷困境，而此时人际冲突又冒了头，那么团队成员会无比急切地想要团结起来一致前进。重新思考团队基本要素或建立信任将变得越来越难，因为有很多人认为自己已经尝试了，而且也发现自己根本无法实现。

此外，当一个团队陷入困境时，它还会同时面临多个障碍，例如失去方向感、重要能力缺口、投入不足以及来自外部的不解、敌意与冷漠等。为了弄清楚该怎么做，它需要一一分解这些问题。但是为了提高绩效，它可能就无法一次只应对一个问题，而必须同时加强方向感与投入，填补能力缺口并回应外部压力。我们所知做到这一点的最佳方式就是团队一心把注意力集中到绩效上。

真正的团队与高效能团队通常都能很好地消除这些障碍，避免受困时士气低落，但一个绕不开的障碍就是团队的终结。然而，有太多的团队把终结看作理所应当。结果，重要的绩效被白白浪费，要么是因为后继团队无法保持势头，要么是因为未能真正接受团队的最终建议，没有足够的激情与共识执行这些建议。这样的局面通常可通过高层的帮助得以缓解。再次说明，这些帮助也必须注重绩效。

对于一个受困团队或即将终结的团队，能做的最实际的事是采用层级式工作小组模式，至少这样能够提升个人绩效，使宝贵的时间不会被浪费在无果的团队工作上。但如果团队成员渴望或追求团队绩效，不论什么艰难障碍与阻力，他们都必须想办法团结一心，继续前进。做出这样的选择是相当不易的。仅以我们遇到的受困团队里一个处于人际交往困境中的成员所说的为例：

> 如果你和某人处不来，就明天而言什么都不做会更容易。什么都不做，今天就不会感到那么受伤，但两个月之后情况会一塌糊涂。不如直接接受现实，立即解决这事儿。现在会很痛苦，但以后就不会这么痛苦。

不过好消息是，无论是陷入困境还是团队终结，对团队来说都是有价值的，并且价值非凡。团队受困会迫使团队成员反思团队的基本要素，增强对彼此的信心，加深相互的承诺，在克服障碍、努力前进的过程中激活团队的力量源泉。团队终结可以使团队目标被重塑、新的能力和视角被引入，虽然可能会失去宝贵的动力和持续性，但只要关注绩效，长期收益就会超过短期损失。

第三部分

挖掘团队潜力

团队将会是未来组织（见图Ⅲ-1）中公司业绩的基本组成部分。这类组织不会单纯地为私人的利益推进团队建设。反之，他们认为公司的业绩体系（关注对客户、雇员、股东和其他关键组成方的利益平衡）能够产生足够的挑

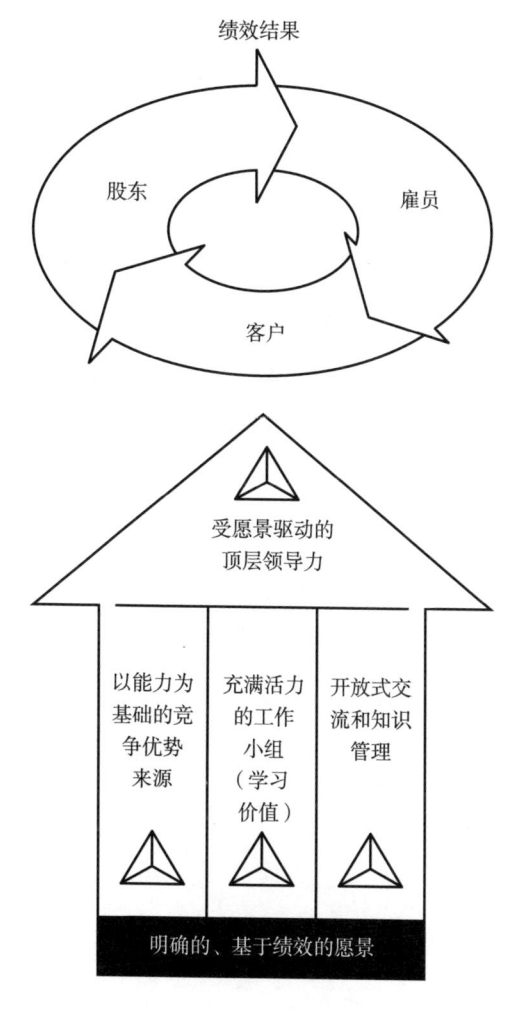

绩效结果

股东　　　雇员

客户

受愿景驱动的顶层领导力

以能力为基础的竞争优势来源 ｜ 充满活力的工作小组（学习价值）｜ 开放式交流和知识管理

明确的、基于绩效的愿景

图Ⅲ-1　高效能团队

战，从而促成团队的构建。随即团队便能产出业绩，这些业绩能够丰富并维系公司的整体业绩体系。如此一来，业绩和团队、团队和业绩形成了良性的加强循环，这将是未来赢家共有的特征。

为了建立起这种力量，大部分公司必须经历一段改革期，这期间必须带动全公司员工一起参与，让每个人都能胜任自己当前并不熟悉的工作。团队会在这种大范围的改革行动中为员工提供方向性、激励性和完整性的协助。他们会设定绩效目标，将注意力和忠诚集中化，激励劳动力，建立核心能力并将知识散播给在工作中最需要它们的员工。

通常情况下——要注意不是所有情况下——处于组织顶层的团队会领导这种大规模的转变。但是，在组织顶层建立起团队绩效比在其他任何一个位置都要困难。高层管理小组发现，要建立起一个团队目标、分段目标和工作成果，并且将他们自己视为一个团队共事并非易事。缺少了这些团队要素的小组应该寻求工作小组的共事方式。对公司绩效体系来说，没有什么比组织顶层的伪团队更致命的了。

顶层管理的基本使命便是关注绩效和产出绩效的团队。顶层领导者也越发意识到团队能提升个体业绩、为等级与结构注入新能量，并且能巩固基本管理程序。顶层管理组织若是找到了有效团队并支持其实现绩效，便可以帮助产生更多的有效团队，进而帮助公司取得更高的绩效。团队的智慧并不在于鼓励支持团队自身，而在于帮助其他潜在团队的成员有机会追求各自的业绩挑战。

9
团队和绩效

加强循环

重大绩效挑战比其他任何事情都更能磨砺团队。而这里的问题关键不在于这种挑战是否存在,因为每个组织都会面临各种挑战。事实上,随着客户服务、整体质量、持续的进步与创新等现象在维持公司竞争优势中变得越发重要,产生的团队的绩效挑战也在倍增。从组织整体的角度来看,更关键的问题在于,既有的管理价值观和行为方式(或者我们可称其为公司的"绩效体系")对引发团队的绩效挑战,是起到正面的帮助作用还是负面的阻碍作用。

我们观察到,公司绩效体系的强度与团队的数量及绩效之间有着相互促进的关系。拥有强大绩效体系的公司往往会创造并追求对团队有利的绩效挑战，这些团队产出的结果又会进一步巩固与加强整体绩效体系。

与这种关系相反的情况也存在。绩效体系薄弱的公司往往会模糊甚至破坏团队产生绩效的机会。在管理层大洗牌、政治活动、非我所创综合征（NIHS）[①]影响下的普通商业活动中重大绩效挑战常常被忽视。此时潜在团队也不太可能继续沿团队表现曲线上升，而更有可能发展成伪团队。团队绩效的丧失继而将进一步削弱公司的绩效体系。而团队业绩失败越明显，人员就越愤世嫉俗。科兹莫的顶层小组试图向团队发展但最终失败后就出现了这种恶性循环。

强大的绩效体系究竟是什么呢？简单来说，我们认为公司的所有人不遗余力地追求共同的业绩结果，同时他们追求的结果至少有利于三方：客户、雇员和股东。如果可以做到这些，那么公司中就会产生一股感染整个组织的业绩信念，其激励意义远远超过经济层面。人们（并不是所有人，但一定是绝大部分人）会为自己是这家公司的一员而自豪。就拿惠普公司的雇员们来说，他们的业绩目标非常明确，并且对"赢得客户的忠实度和尊重"的目标感到非常自豪，这种自豪远比实现公司赢利更有价值，当然，这两者对他们来说都非常重要。约翰·科特和詹姆斯·赫斯克特在他们的著作《企业文化和经营业绩》中还着重说明了包括惠普在

[①] 非我所创综合征，是社会、公司和组织中的一种文化现象，人们不愿意使用、购买或者接受某种产品、研究成果或者知识，不是出于技术或者法律等因素，而只是因为它源自其他某一特定的地方。

内的优秀企业文化是如何将业绩与三方结合起来的。我们这里所说的平衡绩效体系与之异曲同工。

为了维持这种平衡的业绩，这类优秀组织会将良好的价值观灌输给他们的客户，从而产生对股东来说可观的利益收入，以及对雇员来说良好的成长机会及可观收入，当然正是依靠这些雇员才能把公司的良好价值观传递给客户。图 9-1 简单概念性地说明了业绩的三个基本要素如何相互影响并对公司产生作用。其他利益相关者（供应商、监管机构、社会组织等）出现时，他们也会融

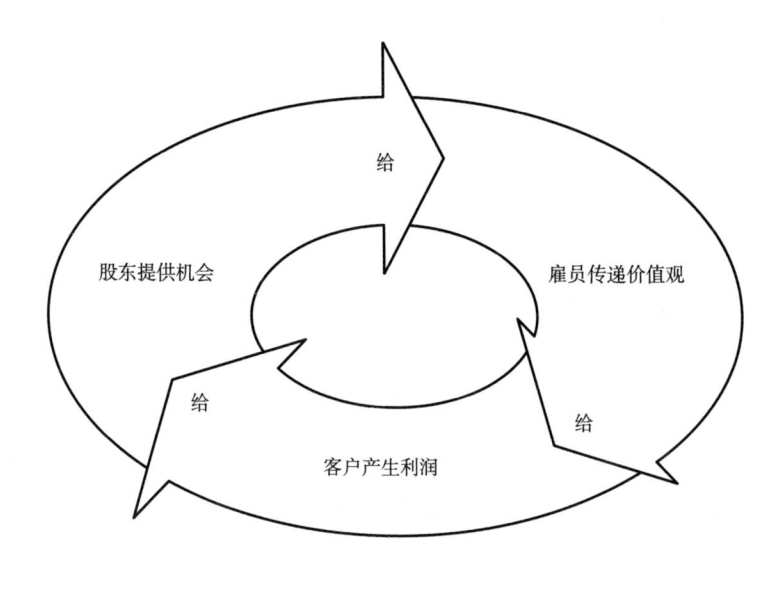

图 9-1　平衡绩效体系的几个方面

合参与到这个平衡业绩体系中。比如摩托罗拉这样的公司，他们需要对供应商精挑细选，依靠供应商向客户传递公司价值；同时基于供应商在质量方面做出的贡献，摩托罗拉给这些供应商提供发展和获利的机会。事实上，成为一家认证合格的摩托罗拉供应商是一件非常光荣的事情。

不同的公司找到合适的平衡模式是不同的，即使同一家公司在不同时期也会面临不同的平衡挑战。比如，投资银行J.P.摩根的业绩平衡模式肯定与迪士尼、克莱斯勒或埃克森美孚的模式不同。而就埃克森美孚来说，阿拉斯加港湾漏油事件发生时采取的平衡模式，可能与之后5年或10年的平衡模式又是不同的。然而，最关键的问题在于要取得平衡的业绩结果，需要对每一位重要的利益相关者保持高度缜密的关注，因为这些重要利益相关者决定了组织成功与否。

有些公司对这三个基本要素会采取不平衡的关注度，而我们认为这种不平衡最终会导致公司基本绩效体系的瓦解。举个例子，20世纪七八十年代，许多公司忽视了其他利益相关者，而倾向于关注股东价值和业绩表现的严格财务考量。理论上，股东价值和财务结果可以反映对客户、雇员、供应商等人员的贡献的关注。但在实际操作中，仅关注财务业绩往往会忽视客户和雇员的迫切关注和需求，最终结果自然也不会顺利。

近几年来，各公司已经开始将注意力由股东价值转移到客户身上。比起仅关注财务考量，这种做法虽然使最终创造出的业绩目标更加稳固，但我们还是认为过度重视三个基本要素的任何一个都会导致公司绩效体系和长期结果的失衡。随着时间的推移，管理层仅注重股东价值或雇员士气，或是只关注客户服务的管理选择将会变得不可靠。最终，被忽视的因素会意识到自己被忽略并大胆地表达出自己的想法。这时，痴迷于一个因素（比如股东价值）的管理者便难以理解这些想法，进而管理者就会回归依靠职位的无上权力对他人施加指令的行为方式，于是进一步导致体系扭曲，势力对抗和政治争斗又将重新抬头。

潜在团队在这种境遇中尤其遭殃，其中的原因有多种。首先，可为潜在团队创造的具体绩效挑战数量相对较少。其次，当有重大业绩机会出现时，潜在团队被指派组成的组织性单位是一个体现个体与大组织团队关系角色的单位，而不是团队。再次，绩效挑战（共同目标、分段目标、期望值）缺乏明确性。再者，团队业绩必须承担人员冲突、相互信任、互相依赖和勤奋工作等相关风险，然而潜在团队的成员承担这些风险的可能性较小。最后，员工们更不愿意看到"自己付出了最大的努力"，却因超出他们控制范围的行动而导致他们的努力付诸东流。

当然，这类公司中的潜在团队也可能跨越重重障碍。伯灵顿北方公司联运团队就是这样的团队实例，他们当时所处的组织实行的绩效体制也是中规中矩。相反，拥有强大绩效体系的公司的潜在团队如果不以有序的方式关注团队的基本要素，那么这个团队也无法继续沿表现曲线攀升。不管公司绩效体系强大与否，团队成员都必须对团队结果负责。但是绩效挑战的明确度、障碍的数量和难度、参与人员的能力起到的作用，更能够促进拥有强大绩效体系的公司中真正的团队的业绩。

本章的例子主要是为说明公司绩效体系和团队业绩之间的联系。第一个经典案例中的惠普，它是一个拥有根基扎实的绩效体系的公司，能够在不进行广泛的团队建设努力的情况下，就激励形成一个真正的团队，甚至连公司的管理层都未考虑过团队的事情。第二个案例讲述的是摩托罗拉连接团队，它展示了标志着潜在团队演变成真正的团队的决策、工作方法和重要事件，为什么更有可能在拥有坚定业绩目标的公司内发生。第三个例子是一家匿名的公司，我们姑且称之为"白兰地酒"，描述了一个薄弱的绩效体系对个体及团队产生的毁灭性影响。

惠普：绩效体系的重要性

大部分人对惠普公司的发展史并不陌生，惠普是我们这个时代最独特的创业成功代表之一，同时它也是由美国公司历史上最著名的"顶层团队"之一创造建立起的公司。事实上，戴维·帕卡德和威廉·休利特不仅仅创造了一系列电子设备，还建立了一种业绩文化，即注重向客户传递品质服务、向投资者传递客观收益和向雇员传递独一无二的工作满意度。在电子行业甚至其他行业，惠普的文化是一个常常被引用的注重客户服务和雇员价值的典范，同时也激励产生了许多真正的团队。但近乎"荒诞"的是，惠普现在的运营者是一个极其高效的顶层工作小组，而非我们所定义的团队。所以，惠普的故事不仅为我们展示了如何把强大的业绩结果和团队结合在一起，也说明了高效的顶层领导小组应如何维持良好的氛围，如何激励真正的团队的建立并不断强大。

帕卡德和休利特起初并不想组建一个团队，他们只想做生意，但为了这一目的，他们后来组建了一个团队，并且以他们为中心培养出了一个拓展团队。已经退休的营销和国际部门执行副董事迪克·艾伯汀感触颇深地回忆起20世纪50年代公司初创的那些年，全组织上下都"以团队合作的精神干事"，这种精神感染着每个人。显而易见，顶层帕卡德和休利特独特的远见、强势的业绩价值观和团队工作方式鼓励和推动着那时的惠普。

迪克也意识到惠普现在的组织规模和多样化形式已同当年大不相同，所以也不能寄希望于以当年同样的方式来管理运作现在的组织。虽然惠普的传统、政策和管理流程中未强调过团队的形成与建设，但是，公司的平衡业绩体系仍然培养出了许多真正的团队。例如，公司强调个人机会和责任感的重要性。事实上，我们初次与惠普的执行副董事兼首席运营官迪安·莫顿交流时，对于谈到我们关心的团队话题，他不解地说："我们公司实际上不怎么考虑团队的问题——我甚至都不知道我们公司是否有足够多的团队能帮助到你们。"

然而在进一步了解探索后，我们发现惠普拥有许多真正的团队，但这些团队自身往往都不认为他们自己是一个团队。迪安认为，起初他觉得"团队"这个术语意指一个特定项目的特设小组，或一个跨职能员工团队，并没有考虑运行管理方面的团队。但是随着我们谈话的深入，我们愈加清楚地发现事实上团队已是惠普正常管理过程中不可分割的一部分。

例如，多年来，许多开发商业机会的小团队已经变成了运营团队。当我们与迪安和惠普的其他员工在谈论这些现象时，我们清楚地看到惠普拥有一个明确的模式，这个模式充分显现了平衡业绩体系对团队产生的强大影响。当惠普在发现新机遇时，它会强调绩效挑战必须对客户、雇员和股东都有潜在的利益点，或者用惠普一位管理者的话来说，"这是惠普获得正当合法运营收益的近乎宗教式的关注点"。

惠普采用的工作方法，首先必须明确指出一个重大商业机会点，并明确这个机会意味着哪些绩效挑战，之后指派最合适的潜在人员组合开发并利用这个机会。能力、经验和潜力是挑选小组成员的基本标准，并且预期（而非仅仅希望）成员对机会开发拥有忠诚和坚定的信念。团队领导力和团队建设能力为小组建立了预设条件，并且该小组必须自行探索出如何完成工作内容。所以，为了"找到解决方案"，真正的团队就产生了。迪安在描述团队时，常常以这种评价作为开头：

> 事实上这根本不算是团队，因为它的领导者和其他成员展现出的特征都引导你相信他们绝不可能成为团队，但是不知为何就成了团队。

迪安讲述的各个小组，始终如一地聚焦于他们的共同目标和业务挑战，始终坚信他们雄心壮志设定的业绩目标，所以他们会自然而然地采用真正的团队甚至高效能团队的行为模式，无须刻意考虑这个问题。现任首席执行官卢·普拉特后来发现"糟糕的业绩能够帮助团队快速建立"，许多实例都能说明这个模式。

1969年，迪安被委派担任惠普刚成立的医疗设备分公司总经理。惠普顶层管理者认为新兴的医疗产品市场对惠普来说是个绝佳的发展机会，并且将这个挑战交由迪安开发拓展。迪安为了抓住机遇开发，挑选了一批拥有合适能力的后起之秀。最终成形的核心团队包括迪安·莫顿、卢·普拉特、伯特·多尔、斯坦·麦卡锡、鲍勃·亨盖特和本·霍姆斯。迪安心中认为还包括了其他许多人，但我们更深入探索后就会发现，真正的核心团队只包括小组中的成员，其他做出重要贡献的人员属于拓展团队的范畴。

迪安早期提出的展望与原定的目标截然不同且极具风险，然而他的团队接受并采用了这个目标：集中并只关注开拓病患检测方向的医疗设备商业机会，并放弃当时仍在赢利的一项业务。这个决策的制定并非易事，但顶层管理者完全支持这个团队的新工作重点，同时也巧妙地向这个团队重申了惠普的业绩基本要素。迪安回忆早些年间，"我们感受到了来自总部的大规模施压。这些压力并非直接施予——我们并没有收到任何要求改善境况的通知，但我们确确实实可以感受到巨大的压力"。也就是说，顶层管理者虽然支持迪安团队的新的共同目标和分段性目标，但要求他们遵守公司业绩体系这一点从未放松。

如同大部分真正的团队一样，这个团队经过了一段时间后才逐渐成形，并且过程中克服了重重障碍。惠普内部刊物刊登的一篇文章描述了令迪安感触最深的障碍，节选如下：

> 人们马不停蹄地向前推进，似乎每个人都超越了自己的极限。就在那时我们就遇到了人尽皆知的"干膜"事件。有个供应商提供的印刷电路板的涂层材料有瑕疵……并且这批次品已经进入大部分生产线和……运输批次中。我们对其潜在的安全隐患进行了评估，最终决定应该召回所有流出的瑕疵品，并将生产线上的所有产品返工。我们预估要从这场灾难中完全恢复正常需要几个月的时间……在乔·西莫内的有力领导下集结起了……一个团队的工程师、生产和产品质量保证专家……仅在短短三周内我们完成了本来预期三个月才能完成的任务。分公司各个板块的人员团结在一起并肩作战助我们从困境中脱身，否则多个组织可能因此瓦解。这段时间可能是我5年的总经理生涯中最难忘、最美好的时光。

这些也是惠普团队多年来的典型经验，一直是绩效挑战在推动他们前进。更重要的一点是，激励团队的绩效挑战并不仅仅是财务业绩达标，他们还在医疗产品业务中找到了工作的真正意义。卢·普拉特说："这真是个很好的商机，参与的工作是电子领域，但同时还能为社会做些好事。"

之后普拉特在产品分析小组建立起了自己的团队也不足为奇了，普拉特认为这个团队"更加靠近高效能团队"。迪安职位晋升后，被委派运营更多的业务板块，分析产品小组就是其中之一。

但是迪安对这个板块的业绩非常不满，所以他令普拉特作为领导者加入了这个集体。普拉特一开始就说明自己对这部分业务（即为化学研究实验室制作专业的高精度测量仪器）一窍不通，同时他手下的几名高级副手也对此毫不了解。更麻烦的是，普拉特认为化工产业即将陷入萧条的境地。

但依照惠普一贯的作风，普拉特建立了一个团队，召集一些懂行并拥有真正的团队工作所需的互补能力的部门经理。虽然这些经理个性和行事风格大不相同，但团队中渗透着一股有力的干劲儿，从之后通过他们产出的结果和普拉特对他们的信任中不难看出，他们很快就成了一个高效能团队。这个团队将分析产品打造为惠普利润率最高的业务。这一过程中，这个团队还激励和带动了部门中其他团队的形成，这些因激励形成的团队也创造了许多奇迹。比如其中一个团队采用了写在餐巾纸上的一个桌上型分光计设计方案，并在短短6个月内便将此产品做成畅销品。普拉特说："这是因为这款产品比其他同类产品体积小，成本也更低。"

但这些在惠普都是再寻常不过的业务活动。在看到我们给出的团队定义之前，他们从未将这类活动情节视为团队活动。每项业务和活动就这么发生了，因为惠普有绩效体系、管理理念和重大绩效挑战等关键要素。当然，惠普公司中也有绩效团队未能形成或形成滞后。然而无论如何，惠普都为我们呈现了一幅美好的景象，即在一个绩效体系平衡又强大的公司中，具体的绩效挑战可促进公司中的小组自然而然地过渡形成团队。

我们会在下面摩托罗拉连接团队的例子中，进一步探讨绩效体系和团队业绩关系的本质。需要再次说明的是，我们希望强调的问题是为什么在绩效体系强大的公司中更有可能形成团队。当然，没有任何一种绩效体系或文化能够保证团队的出现和形成，不管这个体系或文化多么强大、多么平衡，团队形成的责任完全在于组织成员自身。然而，当业绩的重要性明显压倒其他因素时，那么某些公司可能会冲破潜在团队的障碍，从而会激励团队挑战。

摩托罗拉连接团队：明确的业绩目标

连接团队是GEG（摩托罗拉政府电子集团）中基础供应商活动的一部分。摩托罗拉将其重点业绩印在一张钱包大小的卡片上，要求每个员工随身携带，卡片上写着：

> 我们最重要的目标
> 每个人的首要职责
> 便是实现客户100%满意。

为了达成"客户100%满意"的目标，摩托罗拉同时兼顾几项关键因素，包括客户、雇员、股东和供应商。公司的主要目标就包括市场份额的提升、取得优异的财务业绩和成为消费者心目中同类产品的最佳选择。对大部分摩托罗拉人来说，公司的使命（"成为全球首屈一指的公司"）在情感上极具带动性，在实际上也非常理性。

供应商是摩托罗拉关注的重要因素。比如在GEG，材料和供应补给占了业务成本的一半以上，并且直接关系到它为美国国家航空航天局、美国国防部和其他政府型和商业型客户提供上百种不同类型电子系统和设备的能力。实际上，连接团队是GEG为了更有效地与供应商合作而创建的团队。1989年，GEG的领导团队决定改变供应商管理方式，由原先依靠个人专业度和个体业绩的松散职能型组织，转变为主要依靠团队的集中的、面向过程的导向型组织。

这个愿景开始于将供应商管理看作一个跨组织的过程，这个过程能够将供应商的努力和贡献转化成客户满意度。这项业绩目标的设立为的是同时满足外部和内部客户的供给和材料需求，并且将其需求的总成本降到最低。为了达成这个目标，GEG的领导团队深知他们必须摆脱注重个体和职能型责任感的组织形式，重新发展一个始于客户、终于客户的团队。

1989年年末，GEG正式任命成立一个组织单位，他们称之为"团队"，但实际上按照我们的定义只能算是潜在团队。从GEG加入该团队中的建筑师之一苏珊·哈伍德提到，这些潜在团队中的许多团队在重组两年之后发展成了真正的团队。连接团队便是其中之一，我们相信这个团队的演变过程和业绩可以充分说明强大的绩效文化是促进团队发展的。

和其他潜在团队一样，连接团队负责为客户的需求提供总成本最低的解决方案。同时这个团队还必须参照5个具体标准来衡量和评估团队活动：不合格率、纠正措施的数量、周期时间、延期交货和供应商数量。1990年1月,小组成员第一次集结合作,他们约定了一系列具体的业绩目标,比如到年末将瑕疵部件占比从3.5%降至1%等。

他们还讨论了大范围的主题内容,包括如何化解收购过程中两大专家阵营(工程师和收购者)之间的冲突等。几位负责详述审查产品的工程师认为收购者只会翻看目录、给供应商打电话,其他什么都不做。而负责订购产品并支付费用的收购者认为工程师就是井底之蛙,总是制造一些不必要的障碍来阻碍有效收购。毫无悬念,收购者和工程师这两大阵营对于如何达成最佳业绩持有完全不同的见解。

连接团队试着制定出工作的先后主次,试图找到最佳共事方式和以团队为基础建立起信心的方法,但在此过程中两大阵营的冲突始终左右着连接团队的工作。在此期间,团队领导者桑迪·霍普金斯始终将注意力锁定在质量、时间周期和成本的改善上。最重要的是,她拒绝独自进行所有的决策,而是积极地带动其他人参与到问题解决中来。她还定期举行团队会议,并且举办比萨午餐、鸡尾酒聚会和邀请其他成员及其家人的派对,通过这些活动尝试着培养成员间的友情。但她并没有着重进行团队建设。

到10月的时候,工程师和收购者已经可以和平共事,整体业绩也有所提高。但此时的连接团队仍然不是真正的团队。虽然这个团队已经有了明确的业绩目标,并且发展出共同的抱负决心,尤其是围绕着自身的赋权和能力的发展方面,但是它还没有形成团队共同的工作方法和充分的相互责任感。此外,团队内的不满情绪也在不断滋生，因为讨论过程中的权力赋予和实际情况中两个关键管理职位（即工程经理和收购经理）的实际非授权角色之间存在出入，其产生的影响便是团队成员依旧置身事外，彼此不关心每件事情对达成团队共同目标的重要性。

为了打破这个僵局，桑迪要求团队重新评估团队目标和方向，共同决定工作的组织方式，并且商定出一个公平有效的方式来同时评估团队和个体业绩。事实证明，这次重整是这个小组成为真正的团队的关键转折点。团队成员通过对这些话题的商讨和分析，重新将质量、时间周期和成本改善放入业绩目标中。比如，他们下定决心要将瑕疵部件率在1991年年底降至0.5%。与此同时，他们也开始为自己正在做的事情明确一个更广泛、更有意义的大目标。其中一位成员如是说："我们是新供应商管理机制中团队的先行试验者，并且我们希望能达成目标。摩托罗拉公司的其他团队都是生产团队，因此会产生一种错觉，认为像供应这类的服务领域中不可能有团队产生。我们必须做出些成果来证明自己。"

这个团队进行了多项举措和决策，强化了团队的共同工作方法和相互责任感。首先，团队制定了一些规定。团队中每个人必须指定另外两人作为自己休假和病假期间的替补。为了彻底根除团队中"这不是我的工作"的态度，团队规定只要有人提出需要帮助，不管这项事宜是不是被求助者的专长，他都必须做出回应。团队还确立了一个同事评估机制，即为每个人提供评价其他任何一名成员的机会，并且通过桑迪反馈给被评价者。诸如此类清晰明了的行为规定是所有成功团队必备的要素。

其次，团队取消了此前妨碍权力分配的两个管理职位。此举有效调整了团队的成员构成，因为被撤销职位的两位经理中，只有一位选择继续留在团队，另一位则无法忍受这么明显的降级，之后便离开了。到1991年1月，连接团队已经扭转局面，相比一年前刚起步时大有改善，成了一个更加高效的组织。

该团队体验到能力与激情攀升到了新高度，并越发努力以更加创新的方式推动团队的发展。比如有一位工程师决定要"兼职"成为一名称职的收购者。团队中，收购者也不再觉得地位受到威胁，而是更加努力地教这名工程师有关收购工作的基本要素。同事评价机制也卓有成效，以至团队同意进行下一步——这对许多团队来说是相当困难的一步——即成员之间直接传递评价反馈，如此一来就不需要依靠团队领导者来完成这项任务了。

团队最主要的行动当属对GEG一项长久存在的政策提出挑战，他们建议应该相信供应商，让他们自己进行产品审查。团队认为通过让供应商成为团队构建具体业绩目标路上更加亲密的合作伙伴，可以大幅改善产品质量和时间周期。连接团队还要求顶层管理者允许团队授权一些供应商进行自行审查。但顶层管理者拒绝了，认为这种做法风险太大。连接团队并没有就此作罢，他们努力消除顶层管理者的担忧，之后提交此项建议进行第二次审核，这次他们的提案获得了通过。这个团队重组和克服最初失败的经历，对它来说又是一次成长，也提升了成员们对团队的投入程度。

到1991年年中，连接团队已经拥有所有团队业绩的特征——有形的产出结果、成员互相忠诚度、多项能力的开发、对共同目标和分段目标的投入以及共享的领导力。但是这种优异的结果并不是必然会发生的。GEG中其他的潜在团队就没能像连接团队一样走得那么远。不过我们还是认为正是摩托罗拉和GEG强大的绩效文化助推了连接团队，理由如下。

1.摩托罗拉和GEG都以业绩为重，所以连接团队从一开始就自觉地设立了清晰的业绩目标，并且从未忽视这些目标。许多组织中的潜在团队集结起来后，并不清楚哪些业绩目标是最重要的，连接团队就不存在这个问题。GEG领导层在重组供应商管理活动时，非常明确直接地指出不合格率、运输及时、纠正措施的数量、时间周期缩短和供应商数量是关键点。这当中的每一个关键点又依次在整个企业上下进行的活动中不断被提出，不断被强调，如"六西格玛质量"（只允许每百万分之三点四的瑕疵率）和"全面运转周期缩短"等要求。相应地，连接团队能够迅速行动起来，促进成员共同协作完成这些目标。

2.摩托罗拉和GEG秉承合作与参与的价值观，所以连接团队的领导者本能地带动所有成员建立了团队共同目标、业绩目标和工作方法。摩托罗拉的价值观体现了它专注的是"对人们不变的尊重"、"成为同类产品中人们的首选"以及"参与互动式管理"。此外，GEG的几位领导者将这些价值观以实际行动表现出来。例如，GEG的负责人明确表示他想要、需要也期望小组所有人都贡献自己的力量，帮助这个分部成为"最好的"。因此，桑迪有许多令人安心的榜样，可以与她的下属分享解决方案空间，她也有足够的信心可以带动成员制做决策。

3.GEG自己的管理团队大胆地尝试改善供应商管理体制，所以连接团队在自行决定撤销两个管理职位时也拥有了参照的先例。GEG领导团队重组供应商管理部门时，将体系中的等级数量由7级缩减为4级，进而提高做决策的速度和效率。GEG管理团队通过这种方式说明了业绩和为业绩做出的贡献，是任何管理职位的人衡量取舍的两个重要标准，同时也说明了管理团队相信只有团队才是业绩形成的基本单位。所以相应地，连接团队决定撤销两个管理职位时，是因为在自己部门已经有了一个强有力的先例，并且他们认为这两个管理职位阻碍了团队业绩的发展。

4.摩托罗拉鼓励公开挑战既有政策以实现业绩，所以连接团队质疑GEG的供应商政策并提出自我检查的提案并非出格之举。GEG的供应商管理重组活动明确指出分部业绩与其供应商业绩之间的关联。实际上，"将供应商贡献转换为客户满意度"的供应商管理愿景源于以伙伴关系取代GEG与供应商之间的对立关系。因此，连接团队提议让供应商进行产品自我检查的方案虽然有些激进，并且在一开始遭到了GEG领导团队的反对，但GEG团队若是拒绝这一以绩效为中心的提案，而不是像他们那样接受它，那才更加令人吃惊。

推进连接团队由潜在团队成为真正的团队的这些决策、工作方法和重要事件，都可能单独发生在一个拥有相对不那么灵活的绩效体系的公司，但所有要素一起出现在这家公司则不太可能。集体不太可能建立起明确的业绩目标，被任命为团队领导者的经理不太可能与其他人共享决策权，团队不太可能撤销无用的职位进行重组，我们做事围绕的"既定政策"也不太可能受到挑战。

有些公司对平庸的业绩习以为常，通常这些公司中的潜在团队机会更容易导致人员的失望。这点在接下来的例子中会充分体现出来。这个故事发生在一家我们称之为"白兰地酒"的大公司中，这家公司由其中一位极其年轻有为的董事比尔·珀金斯，根据其真实的见解和经验进行了重组。

"白兰地酒"：薄弱的绩效体系

"白兰地酒"是一家基本工业企业，在北美拥有自己的工厂、销售和分销部门以及原材料产地。它的经营模式也是传统的商品交易方式，而交易的结果大部分取决于工厂的规模、产品的市场定位、原产地和运营效率。不管从哪方面来看，这都不是件容易的差事。

和许多大型企业一样，"白兰地酒"由一个企业中心负责统筹其分布广泛的运营业务。并且和其他企业一样，坐在办公室里的工作人员的"感触和感觉"和工厂的工作人员实地感受到的是完全不同的。在"白兰地酒"内部，坐在办公室里办公的人员恍如建立了一个完全独立的公司，而且这个"独立公司"的绩效体系是如此薄弱，以至严重影响到了组织中的其他业务部门。

比尔·珀金斯之前是工厂实地操作的管理人员，在接手企业办公室事务后，他立刻发觉了两者之间的差异。但是他只是一味地忍受着差异带来的影响，最终他对工作感到心灰意冷，并如是说：

"一切都没变。我知道这个集体的本意是好的，但他们总是纠结于行政琐事，而且已经对业绩平平习以为常，要知道他们甚至对公司绩效都不会真正当回事。每次发生重大的亏损，他们都归咎于"外部因素"，如因为价格走低，因为行业又一次出现了生产过剩，因为汇率不划算，因为不可能与其他企业联合，等等。

"董事长查理曾经向我保证这是一份真正能够得到提升的工作。我知道他是认真的，但每次我尝试想要解决某个关键问题时，他又不耐烦地敷衍我。我认为他就是害怕，害怕解决不了这些问题。我猜想他之前已经受挫过太多次了。

"我真心希望回到原来的工厂工作，至少那是份脚踏实地的工作。我可以有所作为，做出些改变，即使这些改变只发生在我那一个小部门中，但也好过现在，现在看到我们一次又一次地逃避自己明显的缺点，这实在是太令人心灰意冷了。我们已经成了为业绩低下寻找说辞的老手，而不是正面面对业绩缺口，也不考虑该用什么才能填补业绩缺口。"

在比尔看来，"白兰地酒"的领导层似乎已经对长期平庸的业绩听之任之，认为是不景气的形势使然，他们对此无能为力。过去10年间，公司的财务业绩和市场状况挣扎徘徊在行业的垫底水平。而公司那种颓废消极的思想已经侵蚀比尔·珀金斯等员工的精神。

在比尔接手办公室工作之前，白兰地公司面对的至少是一幅前景光明的景象。那时的顶层团队似乎还有攻克业绩问题的愿望，还相信"白兰地酒"业绩提升的关键在于提升员工参与度。公司还建立了关于如何与人相处的《白兰地酒法典》，在当时成为所有经理和雇员重要的"圣经"。这个法典起初引领了公司上下数百个"参与小组"，并且后期发展成为工厂实地的自治工作团队。人们对公司感觉相当良好，也为自己是这个组织的一员而感到自豪。

除了提升员工满意度外，公司董事长和其他高层人员似乎都下定决心要提升公司财务业绩和客户地位。他们宣称要重新投入，致力于客户服务和股东利润。董事长信心满满地集结了大约50位公司的优秀经理（不仅仅是从办公室挑选，而是从整个公司的各个地方挖掘），想办法将"白兰地酒"重组为业内成本最低的生产商。

整个集体分成几个特别工作小组。他们为自己设定了高目标，长时间努力工作，并且对业绩目标完全投入、义无反顾。许多特别工作小组受到董事长决心的鼓舞，逐渐发展成了致力于大幅提升公司能力的真正小组。比尔曾经是这些成功做出贡献的集体的成员，并且深受这段经历的鼓励。项目开始6个月后，各个特别工作小组贡献出了一系列令人振奋的提案，董事长接受了这些提案并将其移交给部门经理。但不幸的是，在交接过程中出现了失误。

其中大部分问题出在部门经理身上，他们没有像特别工作小组那样共享对业绩目标的坚定决心。许多部门经理属于公司的保守派，这意味着他们的业绩目标非常薄弱。他们拒绝改变，尽管进行了一些成本削减，但几乎其他所有的重大提案都会受到极大的阻碍。董事长和其他高层管理者对结果必然是不满意的，然而他们也没有坚持继续完成目标，而是被行业价格走低和工会活动等一系列事情分了心，无暇顾及公司中的问题。

在之后的一年中，公司没有任何进展，员工们开始怀疑董事长是否真心进行成本调整和业绩提升。之后公司出乎意料地进行了一次混乱的整改活动，董事长委派了一个新的委员会对公司顶层人员进行"重组"。新委员会除了要重新推进之前的提案，还需要找到在工厂实地建立团队的方法，进而帮助工厂中的工人完成并巩固团队工作。同时，董事长还要求比尔作为重要的咨询角色加入办公室工作，由他直接向董事长汇报工作并负责监督新委员会的工作进程。比尔认为那时是做出一些改变的绝佳时机。

但负责重组的新委员会几乎不作为。它的工作永远只是进行私下讨论，而这些围绕着新委员会成员个人意见的讨论也只会支持由政治因素主导的预定结论，而不是支持以业绩主导的结果。新委员会工作的失败进一步加剧了公司上下员工对领导层的质疑。高层管理人员继续在安全范围内行事，确保自己的职位不受干扰，而部门经理和中层管理人员的业务也是一切如常。情况最糟的是一线工人团队，他们从高层对业绩坐观成败的态度中感受到了背叛和欺骗。久而久之，许多团队都从取得业绩进步的状态跌至需要"提升士气和开放心态"的低谷。

许多曾参与其中的人对这种境况感到极度失望，但也并不惊讶，因为他们之前也看到过类似的失败。但是比尔和他的一些同事不仅对此结果失望透顶，而且感到自己遭到了权力剥夺和遗弃，因为他们曾经是如此忠诚地想要帮助"白兰地酒"从一个业绩平平的公司转变为业内的领先公司。

总而言之，董事长对公司预期加强业绩成果和公司能力的尝试产生了相反的结果。公司仍然是业内垫底者，而员工们愤世嫉俗的情绪卷土重来。"白兰地酒"薄弱的绩效体系摧毁了所有团队。许多潜在的生产团队沦为伪团队没有在一线建立真正的团队；不断削弱的业绩体系将整个组织的活力与激情吞噬殆尽。比尔和其他人用尽全力做出的努力只不过成了他们个人职业生涯和目标发展中的败笔。简单地说，承担过风险的人最终受挫最深，令人唏嘘的是这并不是因为业绩不佳。

小结

业绩是团队存在的全部意义。团队目标没有明确定义什么是对整个公司目标有利的业绩，这时团队获得的成绩就显得毫无用处。绩效挑战可以创造真正的团队，所以如果一个团队处于公司目标不明确或含糊不清的氛围中，那么这个潜在团队的挑战和成就将大大受到限制。

像惠普和摩托罗拉这样的公司，强大的业绩体系能够给予员工信心和能力去找到把握具体业绩机遇的最佳方式。当把握这些机遇需要多种能力和见解时，参与其中的人员不出所料地就会形成真正的团队。这类公司为达到目标而设定的严谨方式为团队的成长提供了一片沃土，这些方式不仅强调绩效挑战，还明确指出期望团队取得的成果，包括鼓励团队成员相信成果远比政治因素重要。

相反,"白兰地酒"这类公司中的潜在团队并不关注甚至可以说是漠视自己的业绩。他们难以达成一致的团队基本要素,而且更糟糕的是,他们更不可能信心满满地追求他们的任务目标。处于薄弱业绩体系下的潜在团队,面对工作时不是朝着正前方看齐努力,而是会杞人忧天地提防着上级下达的改变举措,对其他部门或分公司不合作愤愤不平以及持有"这不是我的工作"的消极态度。

尽管如此,如果在这种不良环境中团队想要崛起,那么这个团队的成员必须克服千难万险,就像伯灵顿北方公司一样。这种情况下产生的团队往往灵活性更强,表现更加引人注目,甚至更具传奇色彩。最后,他们还能巩固和提升绩效体系和氛围,对跟随他们脚步的团队产生积极的影响,从而成为公司摆脱停滞困境最有希望的救命稻草。团队在产生"重大转变",也就是在以大范围行为改变为基础的业绩能力的重大提升中起到了至关重要的作用,这一点我们会在下一章深入探讨。公司的绩效体系实际上是这家公司集体管理价值观和行为方式的综合体现,所以任何加强绩效体系的举措最终都必须依靠行为改变。

"白兰地酒"等类似企业中的领导者其实只需稍稍明确几个关键的绩效挑战,并且指派潜在团队解决这些挑战,结果便会截然不同,他们绝对可以在当时的处境中做出重大改变。而且根据我们的经验,即使公司深受薄弱绩效体系的困扰,但是总会有像比尔·珀金斯一样的人物,只要有回应,他们随时可以抛弃对公司的不信任并重新尝试努力，即使以往的经历不断警示他们不要再重蹈覆辙，但只要有改变的机会，他们仍会重新尝试。但是如果带头的领导者不对参与的团队提出要求，也不对团队追求业绩的努力提供义无反顾的支持，那么所有返工的努力只会产生更多的悲观态度、更多的沮丧、更多对冒险的反感、更多只愿意待在舒适区的态度。但是反过来，只要这些团队中有一个成功了，尤其是成功的团队是一个做实事的团队，那么这个团队便能帮助公司摆脱迷失方向的困境，帮助公司重新明确方向并重塑以业绩为导向的公司氛围。

10
团队与重大变革

二者注定的结合

在 20 世纪 90 年代及之后，没有任何一个严肃的商界领导者、顾问或学者会质疑高效能所必需的重要特征：富有远见的领导力，充满活力的工作人员，对客户、全面质量、持续提升与创新的积极投入，供应商伙伴关系，战略性联盟，基于能力与时间的竞争，每一样都至关重要。然而对很多公司来说，建立并维持这些要素意味着一场此前从未经历过的重大变革。

组织是否面临重大变革取决于两点：一是公司绩效所要求的行为模式变革范围有多大，也就是说，需要多少人改变自己的行为、能力或价值观；二是乐于变革的程度或对"我们的行事风格一直如此"的抵触程度。即便是同一公司内情况也会有所不同，例如，美国邮政服务的重大变革，对联邦快递来说可能只是寻常的改变。GEG的重大变革对另一个集团来说可能就不是重大的变化了。

在机遇与威胁面前，重大变革的需求日益突显。有时威胁或机遇来自外部（例如，摩托罗拉向日本竞争对手的单方面"宣战"，或在20世纪80年代末与90年代初银行业受到的房地产重创），有时变革的动力产生自内部，比如新首席执行官的上任或新技术的发明。有时候，这两种情况同时存在。20世纪70年代，施乐公司在复印机行业面临异军突起的日本竞争对手，与此同时美国科学家研发出了第一台个人计算机及其相关技术。这既是威胁，又是机遇，这都可能引发重大变革。

和大多数人一样，公司更容易识别并应对由威胁引起的重大变革的信号，如"绩效低下、竞争优势逐渐丧失、高层糊里糊涂或容易惊慌与士气低落"。这些信号都易导致团队的紧迫感。以刚刚提到的施乐为例，公司终于对日本的竞争做出了回应，但对计算机机遇从未有过一丝紧迫感。

相反，《塔拉哈西民主报》的变革就由机遇引发，而非威胁。《塔拉哈西民主报》的财务或运营此前都没有出现严重的错误或裂痕。但弗雷德·莫特、他的领导团队与"一零"团队都意识到了一个提升《塔拉哈西民主报》绩效的机会，即需要一系列新的客户服务的价值与行为模式。

我们相信明确以下4个问题（两个有关范围广度，两个有关乐意程度）能够帮助公司确定重大变革的程度：

（1）公司是否必须提升目前并不完善的一样或几样基础能力（例如新技能与价值观）？

（2）全公司内很多人是否都必须改变特定的行为（例如行事风格）？

（3）公司以往是否有这类改革成功的先例？

（4）全公司上下的人是否都了解改变对他们自己的行为方式意味着什么，以及是否都相信现在就是做出改变的时间？

如果对前两个问题的回答是肯定的，而后两个是否定的，那就意味着公司确实正面临一项重大变革。正如我们的同事朱利恩·菲利普斯指出的那样，应对重大变革需要采用一系列与普通管理方式截然不同的手段。例如，普通改变只需要处理一些例外情况与题外事件，把大部分工作交由"系统组织"处理。而重大变革需要直接改变多数人的日常工作方式，因为这是培养新行为模式、新常规模式、新能力的唯一方式。普通改变只需要监督和管控既有的常规工作与程序，确保能达到设定的目标。而重大变革需要有意地脱离常规程序并找到替代方案。最后一点，普通改变在确定产品与服务的成本与价值时，需要承担的风险相对有限。但重大变革本身就承担着直接针对公司最为重要的一些活动采用新方法和进行试验的风险。

基于客户相关工作与研究，我们对很多重大变革情形都十分熟悉。有趣的是，我们所知的公司中没有一家认为变革完成了，包括通用电气、摩托罗拉等那些通常被认为变革成功的公司。因此，我们认为推崇任何一种单一的最佳变革方式都是不成熟的，但我们的确发现了一种突出领导者的、十分实用的模式。正如变革专家史蒂夫·迪克特所说的那样，每个前途光明的重大变革几乎都从以下三个维度进行：第一，自上而下的文化塑造行动、自下而上的目标达成与问题解决倡议行动，以及跨职能部门的再设计与一体化倡议行动。第二，主要的变革同时并反复地在三个维度中进行，而非一个接一个地按序进行。第三，也是本书最为重要的一点，即团队在三个维度中都起着至关重要的作用。

通用电气在上述三个维度进行的重大变革就是一个很好的例证。杰克·韦尔奇与高层发起了数个自上而下的文化塑造变革，包括：

- 建立起一个清晰的、以绩效为导向的目标，通过建立"快速、简明、自信、打破边界"的文化使通用电气在其选择的每个行业中数一数二。
- 强调简明的组织制度。简化管理层级，实行"群策群力"会议模式，避免一切不必要的工作，采用"最佳方案"模式普及成功的案例。
- 以足够的企业资源与关注支持帮助各层级员工，特别是一线员工，培养其必需的问题解决、决策与人际交往能力。

除了这些自上而下的行动，通用电气在自下而上与跨职能部门维度也采取了大刀阔斧的变革。通用电气在北卡罗来纳州索尔兹伯里负责制作灯光控制板与其他开关的工厂就很好地说明了这一点。

20世纪80年代之前，如同大多数传统大型公司里的员工，索尔兹伯里工厂的员工也是朝九晚五地工作，只做指派给自己的事，总体来说就是遵循着传统的命令与控制的工作模式。工厂总共分为5个层级，从最高层的工厂经理到最底层的一线工人，通过命令、规定与程序进行管理，根据遵守程度来测定质量，基于狭隘定义的工作分类分发酬劳，以及以个人责任为关注点。

现在的索尔兹伯里工厂已经大变模样。在通用电气的菲尔·杰罗亚克的带领下，工厂现分为三个层级，以由掌握多重能力的个人组成的自我管理团队为组织结构，根据团队绩效分配报酬并实行奖励，将原先的程序全部重新设定，生产的产品类别超过7万种，产品质量以顾客期望为标准。如今，工厂运营已无须上级层层监管，成本降至之前的70%，生产周期从三周缩短至三天，顾客投诉量也减至之前的1/10。

像索尔兹伯里工厂这样的成功有助于解释通用电气所取得的进步，但通用电气公司里鲜有人认为自己已"顺利完成"重大变革，无论如何，他们获得的进步都是令人瞩目的。自1986年公司就实现了巨大的绩效提升。到1991年，公司流动资金周转率已连续5年节节攀升，营业利润创历史新高，生产率连续4年增长超过4%。在公司领导者看来，如果没有公司上下广泛的行为变革，这些绩效是不可能实现的。高层在1990年致股东信中做出以下总结：

> 这些傲人的数字如果只靠公司里的前100人、1 000人，

甚或是说前 5 000 人的行动都是无法达到的。只有通过公司数万员工的积极付出，每天都努力找寻更好的做事方式，才可能达到这样的数字。

像通用电气这般努力推行重大变革的公司，都不可避免地会发现团队在促进自上而下、自下而上与跨职能部门三个维度上发挥的独特作用。团队拥有的关注、方向、规模、能力与共同责任动力都有利于绩效与行为变革。正如我们在本章通过事例阐明的那样，这些特征对三个维度上的重大变革行动都是不可或缺的。

团队与自上而下的文化建立

为阐明团队在自上而下的文化塑造行动中产生的重要影响，我们将比较两家领先的专业服务公司的变革情况，它们分别是著名的DH&S会计师事务所（现合并为德勤），以及一家化名为S&C的广告公司。两家公司都存在与合伙人相关问题的忧虑，并由此引发了一系列事件，最终为变革带来了意义更为深远的机遇。在指导委员会与各特别小组（二者都是真正的团队）的带领下，DH&S会计师事务所实现了自我定位转变，包括所遵循的战略计划、所提供的服务与所强调的专业能力。此外，通过提升市场地位、削减数百万美元的日常开支与力挽多年下滑的利润率，公司绩效也得到了大幅提高。与此形成鲜明对比的是，S&C试图通过结构性改革、个人责任制与采用新型管理模式来进行变革，而团队完全不在其列。几年之后，S&C没有表现出任何明显的行为变化，它自身绩效方面也没有获得任何成果。

DH&S

20世纪80年代早期，会计行业承受的利润压力日益增大，因为客户对年度审计的重视程度已大不如前。这对DH&S的影响尤为深刻，作为业内知名的汇聚"审计师中的审计师"的事务所，其高质量、顶尖的服务却越来越难转变成相应的利润。面对日益加剧的压力与市场日益增长的对税务、咨询与信息科技服务的需求，包括DH&S在内的八大会计师事务所加快了对多种经营的追求，积极制定市场战略。然而，掌握DH&S会计师事务所运营的管理委员会却认为这不过是行业通病，DH&S做出的必要调整也与其他公司无异。其中最重要的就是修改了目标管理项目，使事务所每位合伙人在非审计服务中可制定单独的目标。

几年后，事务所面临着管理层后继人选的问题，但那时，DH&S的市场地位已掉至八大会计师事务所之末尾。在事务所三位高级合伙人接受管理委员会请求处理人选一事之后，他们很快就发现了弥漫在公司内的不满情绪。合伙人不满的是公司缺少清晰有力的多元化经营战略，而且目标管理项目也没有成功，他们觉得行业垫底的滋味真的非常不好受。

面对这一切，三位高级合伙人决定采取非常手段，追求一个更为宏大的计划。他们希望抓住机会说服管理委员会与整个事务所，告诉他们DH&S正面临一个重大绩效挑战，应对这个挑战可能需要采取完全不同的战略组织方式。他们还特意要求管理委员会任命他们三人为指导委员会，允许他们再设4个特别小组，分别针对客户需求、竞争地位、经济状况与组织效率方面进行变革。

获得准许后，指导委员会任命了事务所里15位最受器重的合伙人到特别小组，同时还从公司外部寻求咨询建议。刚开始时并不顺利：4个特别小组对各自的行动应如何汇总到一起不明就里，15位事务所的合伙人对外来的咨询建议的价值持不确定态度，没有一位合伙人认为自己有足够的时间投入这些工作。总之，大家对自己的任务都缺乏激情。例如，后来成为变革关键领导者的比尔·史蒂文斯就这样回忆道："我那时就觉得自己是个高级会计师，却被调离去做一些小任务。我记得开车回家时还在想：'为什么是我到特别小组？我更愿意干些大项目。'"

所幸后来的几个关键事件使事情有了转机。第一个事件发生在4个小组召开联合工作会议的一个月之后。会议开始于午餐之后，到晚餐时间仍未结束，一直开到了午夜。参会的合伙人多已位高权重，从未在非客户业务上工作到深夜。正如他们此后回想的那样："深夜里眺望着纽约港，公司里除了我们外空无一人，这种感觉突然使我们有了一种从未有过的目标感。"

第二个事件的氛围感就没有那么强烈了。负责经济状况的特别小组做出了一份分析报告，报告显示至少从10年前起，DH&S每位合伙人的实际收益每年持续下降约2%。在这之前，特别小组里的15位合伙人以及公司里其他合伙人对事务所糟糕的业绩表现只有一个大体的印象，而现在面对确凿、不折不扣的证据，他们看清了公司病态的发展趋势。

随着工作的展开，特别小组的15位合伙人越来越认识到，阻止并扭转合伙人人均实际收益的下降颓势不仅迫在眉睫，而且需要进行一场全公司范围的行为模式重大变革。特别小组意识到自己需要承担起这样大规模的沟通与支持的责任，来帮助公司所有员工理解变革的需要与变革的方向。于是，DH&S的几百位合伙人与律师决定学习一系列有关客户发展与非审计业务的新能力。没有别的方法能够"让这家公司再次成为我们所有人都感到自豪的公司"——团队利用这一口号表达自己的宏大目标。

有了统一的目标之后，特别小组还建立了统一方法，其中包含三个关键方面。第一，既可以以同一个团队的方式，也可以以4个单独的小团队的方式工作。因此，他们定期开全体会议，以便互通信息。这些会议不设固定时长，要求努力投入工作，但往往一开就是一天，旨在最终能达成全面共识与坚定的承诺。第二，必须对工作抱有完全的主人翁精神。例如，特别小组要求所有DH&S员工（不包括外部专家）必须尽可能多地做实际分析工作，这样分析报告的可信度对他们自己与同事来说都会更高。第三，通过研讨会的形式使公司其他员工都参与进来，目的就在于尽早尽可能地让大家都加入变革中来。

在4个月的不懈努力后，他们带着一幅振奋人心的DH&S变革全景图来到管理委员会面前，说明公司必须做出哪些改变以及如何改变。例如，在传达将DH&S的定位从"审计师中的审计师"变革为"真正的企业顾问"时，特别小组确立了一个全新的基本方向。在关注客户服务质量与合伙人人均收益时,他们提供了一种均衡的中心绩效标准来评估进展。通过在全公司内以合伙人小组形式举行研讨会,特别小组使得沟通更加密切、参与度更高、支持更广泛,这些对于强化重大变革的迫切感都是十分必要的。

此外,15 人特别小组与三人指导委员会都成了真正的团队,并决心带领事务所进行变革。用一位特别小组成员的话来说,"我们是 15 个疯子,不会接受否定的答案"。他们最初对可投入时间的疑虑现已消失,很多人经常在晚上、周末和假期来完成任务,不论担负什么职责,所有人都一心想要加速变革的到来。他们的投入与责任感也感染了指导委员会,其中一人这样说:"如果我们不能为特别小组提出这些建议方案,我会感觉比让自己的孩子失望还要难过。"

管理委员会也能感受到这份强烈的共同目标感与责任感,所以批准了他们的建议方案。而且在变革进行中,双方团队的几个成员都承担起了新的责任。例如,迈克尔·库克是指导委员会里资历最浅的成员,他成了事务所的管理合伙人,并且把变革事务作为自己的头等要务。的确,库克被其前任查尔斯·斯蒂尔选中,表明了事务所最高层对这场变革的投入。比尔·史蒂文斯曾是竞争特别小组的带头人,他在 20 世纪 80 年代的大部分时间里都是特别小组衍生项目总体改革计划的总执行人。

现在问起团队在变革中扮演了何种角色时,库克与史蒂文斯都认为团队是决定性因素。在库克看来,如果不是采用团队模式,事务所不会有如此高的参与度与投入度,而这对广泛的行为变革是必不可少的。同时他还指出，在一些对之后的总体改革十分重要的行动上，事务所继续沿用了团队模式，包括削减日常开支成本、革新事务所薪酬体系以及处理跟图什与罗斯事务所的合并等事宜。此外，库克认为团队经验能够使如史蒂文斯这样的高潜能合伙人比其他团队发展得更快、更广泛。史蒂文斯也赞同库克的观点，并补充了一点，即团队提供了一种个人情谊与成就感，并持续至今。"我们和听说过的'二战'老兵没什么不同，"他说，"因为我们仍一有机会就聚在一起重温我们的经历。"

S&C

从表面上看，DH&S 和 S&C 有相似之处。二者都是由高层管理人员候选人选引发的变革，都认识到了绩效最终取决于在全公司内成功展开的行为模式变革，都注重公司上下进行的讨论与员工的参与度。而二者间的不同就在于 S&C 的管理合伙人选择通过一系列结构性改革、新的个人职责与不同的管理模式等方法引导变革，团队在制定、实施建议方案中完全未发挥作用。

到了20世纪80年代中期，S&C 与其他广告公司一样处于低迷状态。在过去的10年里，例如包装商品公司这样的大客户都任用了工商管理硕士来干原先本由广告公司来干的活儿。因此，广告公司的经营范围就缩至"制作'字词与画面'以及购买媒体版面与时段"。经营范围缩小后，收入自然也减少了。

于是，S&C 广告公司制定了一个新的策略，要求客户让他们的品牌"对市场释放同一种声音"。例如，鼓励宝洁这样的公司聘用同一家公司来做媒体、公关、直邮广告、促销等广告业务，推广如帮宝适这样的商品。这样一来，广告公司就需要成为全包型公司，而这又引发了行业内大规模的并购。

所以，S&C的三位高级主管在思考继承人选时，也意识到还有其他更为深远的问题需要考虑。他们决定进行整顿检查，公司上下很多员工都参与了建议方案的制订。行动持续了将近一年，公司三位高级主管更加确信S&C的未来能否成功，将取决于一场广泛的行为变革。

然而，在选择组织制度上的相应改变时，三位高管却选择了更适用于普通变革而非重大变革的方式。他们对公司高级管理委员会进行了结构重组，任命了几个人承担新的重要职责，呼吁采取新的管理模式以鼓励联合账户规划。在进行重组之前的这一年时间里，几乎没有看到任何团队贡献，也没有任何人让团队来承担相关职责，因为此次变革高度关注个人职责。

S&C重组带来的影响无疑有积极的一面，但完全无法与DH&S相比。几年后，S&C内部仍有重大变革的需求。不出所料，由于受到广告行业持续风暴的冲击，它的绩效表现也继续下滑。缺乏团队虽不能完全说明问题，但团队的确是DH&S和S&C两个变革行动中一个重要的不同之处。

自下而上的目标达成

在重大变革中，自下而上的行动必须重点关注在工作一线建立新价值与改变行为，因为此环节决定着公司产品与服务的价值与成本,包括客户服务。在我们熟知的众多重大变革中,没有哪一个成功的变革不包括在自下而上的行动计划中启用团队。当团队不能发展时,工作一线的行为变革要么从未开始过,要么就是中间停顿退缩了,成功的团队能够带来其所需的能力与价值,还有期望的绩效。

希悦尔公司的一线变革为我们提供了有关团队角色很重要的一点。希悦尔是一家中等规模的公司,在世界各地建有35家工厂,业务之一是生产儿童喜爱的塑料泡沫纸。公司还生产聚乙烯泡沫包装材料、超市用于肉类与家禽类商品的Dri-Loc吸水垫、带里衬保护的信封袋以及泡沫包装系统等。

但希悦尔不只"生产"这些。从更深层次的意义上讲,公司用独特的产品与服务为顾客带来欢乐,为投资者带来可观的利润,为员工带来了既高产又满意的工作。换言之,希悦尔有着多面均衡的绩效标准。

从20世纪70年代到80年代早期,希悦尔的销售额与收益每年的增长逼近30%,这是因为公司引进了科技与创新来满足通过收购而新获得的市场包装需求。到了80年代中期至晚期,希悦尔总裁德莫特·邓菲发现这一战略不会像以前那样奏效了,他们的专利逐渐消耗殆尽,收购对象也越来越少。

邓菲认为现在的绩效不仅取决于创新能力,也同样取决于生产力。为了将生产力提升到新的高度,他故意将希悦尔的前景空间描绘得十分逼仄,强调公司面临着重大的绩效挑战,迫切需要行动。于是,邓菲调整了公司的资本结构,将巨额红利分给股东,然后挑战自己与其他员工，使其摆脱巨额债务。此外，他还制定了一个激动人心的新策略：要将希悦尔打造成世界一流制造商，注重客户服务、质量管控、即期制造与员工参与度。毫无疑问，一个重大的变革挑战摆在了希悦尔面前。

毫不意外，团队在邓菲的战略中占重要的一部分。有趣的是，实际上从未有人要协力建立一个团队。副总裁戴尔·沃姆伍德这样说："大家有意识地想要往那个方向发展，但也不是说像'让我们组成一个团队……'这样。团队一直是我们提高生产力、打造世界一流制造商过程中自然而然的一部分。"

换言之，管理层为员工设置了具体的绩效目标挑战后，团队自然就成了最有效的实现方式。于是，希悦尔上下（从生产车间到管理层）出现了各种潜在团队。有的只包含小时工，有的既有小时工也有管理者，有的含有不同工厂的成员，有的还包括顾客。这些小组并不是同样都有效率，也不是都已成为真正的团队。

在造访过希悦尔几家工厂后，我们确信每个工厂为打造世界一流制造商目标而取得的进展，在很大程度上反映了潜在团队的数量，这些团队已成长为真正的团队。例如，自20世纪80年代末公司在得州沃斯堡建成的工厂就出现了好几个真正的团队。工厂在第一年亏损后，第二年就实现了赢利，之后再未重蹈覆辙，现在它已是全公司营业毛利润最高的工厂。除此之外，团队创下了生产周期纪录，提供了极具创意的回收材料利用方式，逐渐实现自我管理以及开始交叉培训众多员工。明显可以看出，很多真正的团队已经形成。

反观位于新泽西托托瓦的工厂，比起建立真正的团队，它对动员员工参与更在行。得益于员工建议，工厂绩效得以提升，但不是像沃斯堡那种飞跃式的上升，未出现真正的团队。与此同时，北卡罗来纳州的罗金汉姆工厂处于托托瓦与沃斯堡之间，绩效进步比托托瓦更大，但还比不上沃斯堡。另外，它的潜在团队成为真正的团队的数目少于沃斯堡，但多于托托瓦。

希悦尔转变成为世界一流制造商所需的一线能力与行为变革，都可反映在每家工厂里有多少团队完善了绩效曲线。这些能力包括：进行多重任务与制作工序的技术性与职能性能力，以及问题解决、决策、人际交往、团队合作与领导能力。沃斯堡工厂拥有这些能力的人多于罗金汉姆，而罗金汉姆又多于托托瓦。

当然，团队并不是唯一的解释变量。例如，与沃斯堡不同，托托瓦与罗金汉姆过去都有着吸毒酗酒、识字率低、教育程度低的社会问题。托托瓦还面对很大的语言障碍：1/4的工人说西班牙语，不懂英语，而大多数母语为英语的工人又不懂西班牙语。此外，沃斯堡与罗金汉姆的领导者比起托托瓦的更知道如何才能成为世界一流制造商，也更放手让员工去干。但无论如何，团队、绩效与广泛的行为变革间的相关关系是相对准确的。我们在每一个为我们所知的自下而上的重大变革中都能发现这种关系，包括本书描述过的通用电气、摩托罗拉与《塔拉哈西民主报》的变革。

跨职能再设计与一体化

重大变革本身就决定了它的破坏性与大体上的不可规划性。一位高管这样比较管理重大变革与普通变革："原本就像是在75号州际公路上，从托莱多一路开到坦帕就行，而现在更像是激流勇进，你要招到合适的同船人，尽最大的力量掌好舵。但你永远不知道绕过一个当口后会遇到什么。"这一描述完全抓住了变革的精髓，即"解放"组织再带领他们度过几年的学习时间，学会绩效所需的新行为模式、新能力与新价值。

在这场"竹筏求生"游戏中，跨部门、行动的整合与协调是至关重要的。其中一部分协调来自上层的引导。高效的领导者与领军人物极其注重选择变革的几个主题：摩托罗拉的"六西格玛"、通用电气的"快速、简单、自信"、希悦尔的"世界一流制造"、3M的"创新"、DH&S的"绝佳客户服务"、福特的"品质"，这些都是经过几年彻底沟通讨论后形成的经久不衰的变革主题。

除了这种来自上层的关注与沟通，变革所需的整合一体很大一部分还来自跨部门与跨领域的再设计程序。宽泛地说，上述程序分属于两个种类：前者包括酬劳、培训与规划等为所有人提供支持的标准程序，后者包括新产品研发、综合物流、品牌管理、订单生成等工作流程，综合到一起就完整描绘出了公司的业务图景。

每一个标准程序与跨职能流程都必须推动广泛的、绩效所必需的行为变革，或者像吉尔里·卢姆勒与艾伦·布拉什说的那样，管理层必须利用支持程序与再设计后的工作流程紧紧捏合，并处理好公司组织系统图上不可避免会出现的"空白"。如同在变革的其他维度上一样，团队在这里的作用也十分重要。正因如此，DH&S在采用了团队模式后再设计自己的薪酬模式，通用电气与摩托罗拉在培训中强调团队与团队能力，《塔拉哈西民主报》也利用团队模式来进行规划、决定预算以及回顾工作。

还有其他一些例子，我们还看到了许多团队如何重新设计工作流程的例子，以使它们更受绩效驱动以及更有效。《塔拉哈西民主报》的"一零"团队基本上改变了全部的工作流程，包括如何销售、生产以及服务于广告。摩托罗拉政府电子集团也重新设计了供应管理方式，并围绕团队建立了新的组织系统。同样，在斑马团队的帮助下，柯达也根据"流程"组织了黑白胶卷产品的制作，将先前各自分离的职能部门联系到了一起。

小结

在重大变革过程中，公司的理想绩效能否实现，取决于全体员工是否学习到了新的、具体的价值与行为模式。最有效的方式是能够同时提供自上而下的指引、自下而上的目标达成与问题解决以及跨职能系统与工作程序再设计。此外，还有两种模式可应用于最佳重大变革计划。一种是所有倡议行动都以绩效成果为导向。新组织结构也好，新管理信息或薪酬体系也好，甚至是新战略本身都不是目的而是手段，均衡的绩效才是目的。另一种是通过变革计划或程序背后的各种绩效目标来进行自己期待的行为变革。例如，如果提升客户服务对绩效至关重要，那么变革计划从一开始就要强调对特定顾客服务行为的识别、实践和度量，不能只培训员工为更好的客户服务做好准备，然后就万事大吉坐等好事发生。

绩效表现与行为变革间的重要联系可以说明为什么团队对重大组织变革起着巨大的作用。真正的团队能够结合具体的行为决定因素（承诺、能力与责任）来实现具体的绩效目标。相应地，团队可以帮助识别和构建任何具体公司的绩效要求的特定行为变化。这不仅体现在帮助DH&S建立新的非审计性能力上，还体现在希悦尔助力打造世界一流制造商、在《塔拉哈西民主报》推广客户服务、在摩托罗拉政府电子集团推动供应商伙伴关系与全面质量等方面。

自然，管理层在采用团队模式的同时还需利用组织手段推进变革，但没有一项手段能与团队的灵活性、独特的表现与行为特征相匹配。要探明其中缘由，我们建议探寻行为变革中出现的共同模式，这些行为变革经常被预测为众多公司未来的绩效挑战时的必需之物（见表10-1）。

真正的团队体现出了"之后"的行为模式。相反，如果团队被困在了"之前"，那么也就没有"团队"一说了。但这并不适用于以其他手段引发工作上的变革。例如，新的部门、SBU（战略业务单元）或职能安排可以在重要的方面激励实现绩效目标，但这些安排都不需要"之后"的行为，每一个都能继续用"之前"

的方式维持有效运行。同样，个人任务与职责模式（尽管总是对新人的绩效至关重要）也不要求通过"之后"的行为来获得成功。因此，不论是结构性设计更改，还是个人的重新安排，本身都不要求员工理解或实践绩效所需的新行为。而且只有将新的行为付诸实践才能改变原先的行为，所以只采用那些传统的组织变革方法可能是不够的。因此，我们所知的每一个重大变革都倚重于团队并不是什么巧合。

表10-1　20世纪90年代及之后提升绩效所需的行为变革

之　　前	之　　后
个人责任	相互支持、共同责任、相互信任以及个人责任
分派一些人进行思考与决策，另一些人制作与执行	激励每个人思考、决策、制作与执行
通过每个人以最高效率执行少数任务，实现职能部门的成功	鼓励员工承担不同职责，协同合作、多交流，取得持续的进步
依赖管理层的调控	让员工参与到有意义的目标中来，帮助树立方向、有所学习
多劳多得	追求个人成长，拓展个人能力

11
顶层团队

艰难的选择

我知道团队合作,但我仍然不认为值得花费时间和精力将我们的行政办公室朝着团队的方向发展。毕竟我们现在的效率很可观,而且我也不确定开发更多"真正的团队"会给我们带来什么或多少进步。成为真正的团队的本质问题在于为我们自己设定一系列的团队目标,让我们成为一个不只是负责解决公司广泛战略计划和领导力问题的小组。对我而言这些问题目前尚不明晰,但我必须承认,我对这种可能性很感兴趣。

——罗伯特·温特斯　美国保诚保险公司首席执行官

在我看来，我们在组织基层尝试发展的自行管理员工团队和顶层管理团队之间存在相似之处。我们也在两个层面尝试建立相同的坦率行为方式、集体性问题解决方式、多样化领导力和互信互重的共事态度。可见两个层面之间有许多重要的相似点，但不知道为什么，顶层管理团队的情况略有不同，并且总是更复杂一些。

——乔治·费希尔　摩托罗拉首席执行官

我们曾与罗伯特·温特斯、乔治·费希尔等许多管理者讨论过这个问题：领导集体是应该追求团队业绩，还是应该遵循工作小组的方法，他们给出了许多理由，说服我们相信这是一个远比我们俩开始撰写这本书时的预期更重要、更困难的选择。首先，除了第10章中描述的重要改变之外，对实际小组做出的业绩要求并不需要团队做出重大的增值贡献。在许多情况下，高效工作小组产生的个人最佳绩效才是为整体业绩目标增值的贡献点。其次，与组织中的其他任何地方相比，组建真正的团队面临更深层的阻力来源、更多误解和更大障碍。最后，形成一个团队所需要的规范（尤其是团队中共同的责任感），取决于成员确定集体性工作的成果和方式，而这些成果和方式通常是无法一眼识别的，管理者也常常难以把握。本章我们将分别探讨这些方面，在小结部分我们会回到是团队还是工作小组的选择中，并就如何解决此问题提出我们自己的观点。

工作小组绩效或已足够

正如我们在第 5 章中提到的,工作的方式并不存在好坏。从表 11-1 可见,工作小组只是一种不同于团队的方式。虽然我们相信真正的团队的绩效表现总是胜过工作小组一筹,但工作小组能够切实地帮助成员将自己的个体角色发挥至最佳状态。通常来说,这就是组织顶层完成总绩效所需要的条件。以惠普为例,现在惠普顶层的运行便由一个高效工作小组在操作,并且几十年来运作良好。惠普拥有全球最强大的绩效体系之一,并且在没有实际提升团队状况的情况下惠普总是能组建真正的团队。当然,所有这些情况也可能发生在顶层团队中。事实上,这些情况全部出现在了帕卡德和休利特团队运营公司的过程中。

表 11-1 工作小组与团队差异

工作小组	团队
强有力的、明确集中的领导者	共享的领导角色
个体问责	个体和相互问责
小组目标与更高级的组织任务一致	团队自身总结的具体团队目标
个体工作成果	集体工作成果
进行高效的会议	鼓励开放式讨论和活跃的问题解决会议
通过对他人的影响(如业务的财务绩效)间接衡量其有效性	通过对集体工作成果的评估直接衡量其绩效
讨论、决策和委派	共同讨论、决策和一起工作

如今许多成功的大型企业都是由高效工作小组运营的，这不失为一种具有良好商业意义的选择，并且考虑到其中参与的人员，这也是最实际的工作方法。资深管理者在工作小组的运营方式下感到更加舒心。在典型的资深工作小组中，个体角色和职责是绩效成果的关键点。除了在其正式职责范围内工作的个别管理者提供的绩效预期外，没有任何增量绩效预期。绩效合同是每个管理者和领导者之间的约定，与小组所有成员之间的相互问责全然为两码事。小组的主要活动就是分享信息、巩固问责标准和期望、加强基本价值观以及进行关键性决策。大部分执行者的时间和精力都花费在他所在的组织中的工作小组以外的人身上。最终，小组绩效总是围绕着整个公司和个体（而不是团队）的成败。

这些小组中的成员心态越是开放、越有建设性、越有支撑力，他们相互分享的有用信息和见解便越有效，同时也越能互相激发动力。他们也可以在小组的集体性"巩固标准"或价值观中表现尤为高效，同时在承担重要决策时展现的多样化判断也极其有效。他们能够并切实完成早期设定的团队工作。这些因素绝不是微不足道，对美国保诚这类跨业务大公司来说，这些是顶层小组收获的业绩好处。

自1987年出任美国保诚首席执行官以来，罗伯特·温特斯和其他行政办公室的顶层管理人员始终立志成为一个高效的工作小组。正是在这段时间，公司的业绩得到了极大的提升：不仅整体规模和多样性得以增长，赢利能力得以提升，还开发了一系列强有力的商业模块，提高了全公司的管理质量。

行政办公室的个体成员负责指挥各公司不同的事务，其中包括商业、集团、个人保险、机构资产管理、企业与房地产资金、风险投资资本、股票代理和投资银行等。作为一个集体，他们的核心目标是为整个公司提供指导和领导力。在过去的几年中，他们已经通过一系列顶层管理组织的典型活动，不断努力地达成这个目标。比如，他们设定并公开了一份企业愿景与价值观说明，启动了一个新的战略部署和审查流程，讨论了未来可能会遇到的各种战略及运营挑战，并且共同进行了一系列关键性决策。他们还投入大量时间审视和管理关键人员的职业生涯，并且特别关注全体人员该如何更好地巩固他们的愿景和价值观。

行政办公室的人员每个月会进行两次长达两个半小时的会议，每个季度会有一次持续两天的在外的大型会议。每半月进行的会议日程相对较为标准，主要关注运营事项和沟通通信的更新与需求。两天的大型会议则围绕长期挑战展开，具体的讨论主题由温特斯和他的同事挑选，并且他们会准备背景资料和定位资料，以便大家进行充分、有价值的讨论。因此，行政办公室也因为这个计划充分、考虑详细的管理流程大受裨益。

但是在公司许多人的眼中，这个小组拥有成为真正的团队的潜力。成员拥有极其丰富的能力和经历组合；他们的讨论氛围开放度大、建设性强，且效率很高；他们非常清楚自己需要为公司达成的愿景，并且拥有雄心壮志。起码从表面来看，他们要发展成为真正的团队并不困难。

但是从另一个角度看，美国保诚并没有任何绩效挑战，无须要求行政办公室的成员改变目前的工作小组模式。因此，小组成员也并不迫切地想要从工作小组跨越成为潜在团队。正如本章开头温特斯的言辞中提到的，他质疑的是成为真正的团队带来的潜在好处是否值得付出额外的努力或承担更多的风险。不仅如此，他发现仅仅出于自身考虑而进行团队转变并没有意义。事实上，对温特斯和行政办公室的人来说，工作小组的选择非常明智。如同其他任何一个运营集体一样，温特斯的行政办公室考虑转换成团队方式的原因必须来自一系列对业绩的期望，而这些业绩期望值需要集体产生重大的增值性贡献，且这些贡献是个体层面的业绩无法满足的。

为何组织的顶层更难形成团队

当我们开始探讨团队话题时，我们预期能够在组织的顶层机构找到一套不同的团队要素和风险机制。但事实证明我们错了，实际运营的团队（不管在公司的哪个层面）都必须达到与制造、执行或推荐具体事项的团队同样的标准、承担同样的风险。但是我们也确实发现相比组织的其他层面，顶层真正的团队案例要少得多，并且在团队存在的情况下这些团队的成员数量更少，虽然他们能对企业的业绩产生巨大的影响。

许多人都了解高盛集团的约翰·怀特黑德和约翰·温伯格、美国服装品牌李维斯的沃尔特·哈斯和彼得·哈斯、惠普的戴维·帕卡德和威廉·休利特等知名团队的传统绩效模式，但还有在一些大大小小公司中相对不为人所熟悉的顶层团队案例，包括伯灵顿北方公司、花园州砖面与外墙公司、摩托罗拉政府电子集团，以及《塔拉哈西民主报》团队等。当然，组织中的顶层团队业绩通常更加难以衡量并制定标准。仅凭经验主义而言，组织顶层形成一个团队的难度更大。

我们对此无法给出所有的解释和理由，但对于管理者在顶层如何行动有5种常见但带有误导性的看法，长期困扰着真正的团队的组成。其中有一些是侧重运营细节的看法，而每一种看法都试图对工作小组方式做出自己满意的预言——所有这些都值得处于组织顶层的人员在考虑团队方式时仔细揣摩、不断探索。

1. "顶层团队的目标与公司的目标是一致的。"和组织的其他部门一样，顶层潜在团队必须明确一个共同的团队目标和一系列业绩目标，进而要求他们必须作为团队共同努力做事。但是顶层的小组更倾向于认为其团队目标等同于公司的目标。

当然，从某种层面来说，顶层管理者有责任达成公司的目标。但是这对于公司其他层面的潜在团队也同样适用，只是程度略浅而已。在某种意义上，公司所有雇员都对公司目标的达成负有责任。但是与顶层管理者不同的是，公司其他层面的潜在团队（比如负责特别小组工作建议的团队，或是负责缩短机器组装时间的团队，或是负责创纪录地推出一款新产品的团队）反而更容易区分他们自己的团队目标和公司的一般性目标。

与之相反，"领导一家公司"代表了一个需要很长时间才能达成的抽象型挑战，要对这一挑战做出评估相对困难，而且很难让

257

人由此挑战引申出团队目标和团队工作成果。比如大部分顶层小组在衡量和评估自己的工作时，仅依照公司在各种经济标准下表现是否良好。这种方法能评估出顶层小组对其他人工作造成的影响，但无法衡量他们作为团队是否达到了自己团队的业绩目标和成果产出。

让我们以第 6 章中描述的安然公司愿景为例予以说明。安然公司的高层管理小组明确表达了公司的愿景，即将安然公司发展为"全球最具创新力、最可靠的第一大天然气供应商，创造更好的生存环境"。这个愿景为安然公司整个组织提供了一个理性又感性的理由，推动公司进行发展行业领导地位、客户服务、创新力和环保责任所需的重大变革。此外，它还帮助每位安然的高层管理者明确了在各自管理范围内作为个体领导者需要做的事情。正是基于这个公司愿景，管道小组组长罗恩·伯恩斯提出了"20 世纪 90 年代项目"，并且发起了"钢铁协议"特别小组。但他们之中有一点并不明晰，即为了支持公司愿景，安然公司管理小组应该达成什么样的团队业绩目标，更不明晰的是，他们应该达成什么样的具体工作成果。

2."团队的成员地位是自动确立的。"本书中的案例都说明了真正的团队最终只会留下拥有互补能力、共同信念和相互责任感的成员，由他们齐心协力完成团队的任务。而所谓由"官方指定"的团队成员无法满足这些标准时，团队的其他成员便会在工作运行中正式或不正式地孤立他们。

然而相比在组织顶层，这些条件在下级部门更容易达成。有一些能力很强的个体执行者，他们拥有高人一等的功能性能力，但缺乏团队工作意识或人际交往能力，如果仅考虑到他们的离开会导致集体失去这部分个体贡献，那么他们很难从团队中脱离。如果出于自尊心、无法视而不见，甚至是个人承诺和怜悯之心，团队也很难将能力弱小的执行者排除在外。最终，许多面临看似难以逾越的能力障碍的顶层团队陷入了"为之则亡，不为之亦亡"的困局。

虽然面临种种困难，但顶层团队的成员地位并不是必须建立在等级制度之上。比如伯灵顿北方公司的格林伍德有一名直接向他汇报工作的下属就不属于联运核心团队，但他为联运团队的共同目标做出了贡献，并且其贡献也受到了格林伍德和其他人的认可，但他从未对团队的共同目标、分段目标和工作方法做出过个人承诺。摩托罗拉政府电子集团的顶层团队也没有将所有直接向团队领导者汇报的人员纳入该团队。本章将会讲述日内瓦湖执行团队的故事，其成员也并不包括所有该企业顶层管理团队的人员。每个案例都集中关注一项具体业绩目标、一系列共同工作成果和"人人做实事"的团队成员标准，正是这些促进了真正的团队的形成，自然而然地将不合适的个体排除在外。我们此处并不是要论证顶层团队必须排除一些个体，而是要说明顶层团队不能撤除个体的假设是不成立的。

3."**包括领导者在内的团队成员角色和贡献均由其等级地位和职能决定。**"在大部分运作的集体中，每个人的预期贡献与个人官方职位描述的内容是一致的。比如市场总监，主要关心市场、运营情况及财务情况等。但每个人都有可能需要为其共事者提出有建设性的建议，或者践行其团队价值观。或者另一种极端的情况是，管理者可能会互相严厉批评或在指责性沉默中愤怒。但不管在哪种情况下，他们个人的影响范围决定了业绩的解决方案空间。就像亚瑟王的圆桌骑士们一样，他们都认同并尊重这个观点：每个人都有自己的个人追求目标。更通俗地说，在公司顶层，"我的工作"远比"我们的工作"更明确、更容易坚守。

对个体问责和成就之间根深蒂固的偏见强化了管理者的行为模式，而这些行为模式与团队形成的要求背道而驰。和其他任何地方的团队一样，顶层团队必须发展出相互信任感和相互依赖感。然而大部分管理者升至顶层时，会发现要将业绩依赖于一些既不是老板又不是直接下属的人着实不易，并且个人失败的风险更大，因为许多顶层管理者将自己看作所在公司顶层工作的最佳候选人。因此，他们非常有自信能以个人的角色获得成就，而对冒险转向团队行为模式，他们感到并不自在。比如有效领导了安然公司"钢铁协议"特别小组的罗恩·伯恩斯（详见第6章），他最终驳回了特别小组提出的从头到尾全权负责执行这项申请，而是选择将特别小组的提议分别指派给不同的流水线公司董事，并利用季度记分卡制追踪进程。他说："那些不买账的人都会被记分卡制淘汰出局。"

以上所述给领导者施加了更大的压力。出于领导者独一无二的角色和影响力，人们普遍认为领导者自己就能成就或摧毁其所在集体的业绩。由此推导出另一个理念，认为领导者自己必须决定集体的目标、分段式小目标和工作方法。然而所有这些假设都超出了管理者的工作范围。当大麻烦威胁或来袭时，董事会取代的是各个首席执行官，而非顶层团队。所以，每个人（领导者及其直系下属）都知道领导者的工作不是他们共同的工作，而是冒着最大风险的。

最终，许多领导者对于放弃自己的"解决方案空间"给单个管理者非常谨慎，更不用说给一个团队，并且他们本能地依靠自己的智慧和控制力进行管理，而非依据团队管理方法。人们并不期望他们表现出任何犹豫不决，不期望他们依靠他人的帮助，不期望他们显露出任何不知道答案的态度。所以，他们很难成为团队领导者，这反过来又阻碍了发展共同目标和相互责任感所需要的共同"目的"。同时，领导者的共事者也会发现比起激进地挑战领导者的权威，比起挑战自己树立的共同目标、一系列业绩目标和建立在"只有团队才会失败"理念上的工作方法，稍稍退缩甚至退回至安全线内的工作方式更加舒心。

4. **"花费额外的团队时间是低效的。"** 管理者几乎没什么自由支配的时间，他们必须把大部分时间花在领导组织中不同部门的人员上。当他们作为顶层管理团队聚集在一起时，他们的目标就是尽可能缩短这段时间，当然，缩短时间的同时不能牺牲讨论和决策制定的效率。他们坚持主次分明、安排妥当的日程。

和其他团队不同的是，管理集体不太可能"卷起袖子"做一些实际工作，比如采访顾客、探究分析数据和试验新方法等。实际上，在自己和他人的心中，管理者应该做的事情就是将这些具体的工作分派给下属，然后在会议中审查这些工作的成果。最终，每个管理者的贡献通常反映在两个方面：其他人完成的工作，以及管理者自己的判断及阅历。这两个方面对运作良好的工作小组至关重要，但这都不是团队的"实事"。

5. "团队效率只取决于沟通和开放程度。"如同人们对团队工作存在的误解一样，这个错误观点也相当普遍。科兹莫的管理者就是掉入了这个陷阱中（详见第5章），科姆特移动数据小组的总经理们也是如此（详见第5章）。当然，顶层管理团队的讨论和决策都得益于那些共享的实践行为，这些实践行为注重积极地倾听、合作、分享和鼓励存疑的态度，同时这些行为也认同他人的利益和成就。但这里需要再次说明，这种行为的根本目的是提升决策的质量，而就这些决策本身而言，它们并不能直接反映出团队工作成果或相互责任感。

总的来说，这5条假设推动着管理团队无须任何刻意选择、顺其自然地用上了工作小组的方法。这种小组中最根本的工作成果便是基于高效管理商讨和其他进程做出的决策，这些决策随后被分派到各个成员手中，由这些成员负责决策的执行。但是，除非管理者集体共同承担这些决策执行的结果，否则这类工作并不算团队业绩所需的实事。

团队的工作成果反映出了一个增值性业绩价值，要超出每个成员单独贡献的总和。他们还需要团队成员做出共同的成果，并且为产出成果建立相互责任感。当然，顶层的真正的团队要是没有高效的"讨论和决策"会议是无法运作的。但是真正的团队一旦做出了这类决策，那么执行这些决策需要的责任感就一定是相互的，而非单独的。

我们将用两个例子来具体说明工作小组执行决策时的个体问责与团队执行决策时的相互问责之间的区别。第一个例子是一个化名为"斯莱德·菲尔德"的价值20亿美元的大公司，主要关注传统的顶层管理决策——重组公司。在这个例子中我们将会看到，一个有效的工作小组无论如何都不会对既定的决策产生共同的责任感。第二个例子是化名叫作"日内瓦湖跨国公司"的企业内的执行团队，我们将以观察并转述的对话方式予以呈现。这段讨论传递出了一个真正的团队工作时的样子，以及团队成员为进行的决策承担了相互责任感的状态。

工作小组与决策

中秋时分，斯莱德·菲尔德的首席执行官杰夫·塞尔柯尔克突然冒出了重组公司的想法。他相信如果以全然不同的方式组织公司，那么其业绩肯定会更上一层楼。他与两位最信任的顾问分享了自己的想法，请求他们为如何重组公司和如何安排人员到不同岗位出谋划策。到了冬天，杰夫已经有足够的把握进行下一步计划。随后的几周中，杰夫花费大量时间与资深管理小组的关键人员进行了一对一的商讨。这些人员反应不一，针对杰夫指派的不同新任务，有的人激动不已，有的人略显失望。为数不多的几位管理者对杰夫的想法一点儿都不感到惊讶，这几个人没有反对杰夫的提议，没有人认为这项提议无法控制，每个人都非常支持他。

随后，杰夫让管理小组出差，进行了一次为期三天的异地会议，主要为了达成公司重组可能产生影响的一致意见、充实完善重组的细节以及完善重组计划以便对外发布。杰夫希望通过这次异地会议让他的小组认同这次重组决策。相应地，他还向大家征求了意见，并且认真完整地公开了行动计划以及如何才能将计划的实施发挥到最佳状态。然而，每个人心中都清楚，杰夫并不指望或想要任何人真正对他已做出决策的基本方向提出挑战和修改意见。

这次异地会议达成了杰夫所有的期望。这些管理者真诚坦率地讨论了自己的诸多担忧，为了让关键人员亲自听到这里正在发生的一切以及将重组计划广泛发布，他们还整合出了一个周全的沟通交流计划。每个管理者都认为作为个体，他们必须对自己负责，将自己的新任务完成到最好，且在此基础上他们都认同杰夫的决策。

但是斯莱德·菲尔德的管理者并未在会议中发展出决策执行所需的相互责任感。虽然大家都付出了大量时间和精力，但毫无疑问，这个决策仍然只属于杰夫一人。大部分管理者激情十足，但有一些管理者虽然在讨论过后减轻了些许忧虑，但仍然对重组计划暗暗担忧或感到怀疑，不过他们表示愿意向前推进这项计划。不管如何，包括持怀疑态度的人在内的所有人都对自己个体部分的工作非常坚定，决心要将自己的工作做到最好。毕竟杰夫才是首席执行官，重组决策也是他一手做出的。和其他人一样，杰夫也理解这点。所以，所有人都相信自己和所在的工作小组已经负责有效地执行了任务。由于他们并不是团队，所以当新组织开展工作时，仍然有许多潜在业绩尚未取得。

真正的团队与决策

真正的团队的成员在开会讨论和进行决策时，倾向于全神贯注于业绩，尤其关注那些事关团队基本目标和阶段目标的问题。他们几乎会自动避开让其他团队陷入困境行政性问题和官僚主义问题。除此之外，他们产生的决策均为团队决策，团队中的每个人都对此决策抱有强烈的相互责任感。

为了更形象地说明这个问题，我们有幸旁观了日内瓦湖跨国公司的一个顶层管理团队的内部机密讨论及决策会议。这个团队由6位美国人和6位欧洲人组成，负责制定公司150名管理者的薪资报酬，但他们都不是人事专员。相反，他们这12个人每人都在日内瓦湖的主要区域、产品和员工团队中担任高层职位，其中还有几位是日内瓦湖行政办公室的成员，但他们并不是一个团队。

有一点非常重要，这个团队并不是简单定义了薪酬支付的模式，而是演化出了一个更广义的目的和一系列业绩目标。所有成员相信，日内瓦湖的业绩绝大部分取决于能否在整个公司上下发展一个长期稳定并不断升级的管理领导者储备库。为了达成这个目标，这个团队形成了用于评估高级管理者的准则。此外，这个团队还参照具体的分段目标——优化日内瓦湖顶层的150位管理人员的履历，不断对自己的团队进行衡量评测，并且对储备库的整体质量进行了严格的评估和追踪。每位成员分别负责监督特定的几位管理者,并且每年利用几周的时间对监督的管理者的同事进行采访,与管理者本人交谈,并且为理事会准备需要的文件。如果遇到更复杂的案例,比如下文将提到的"马里恩·迈耶"事件,理事会将委派两三名成员为这个案例做准备。这项工作中都不是由普通员工完成,这个团队不允许这么做。

我们在旁观他们的会议时,其中一位美国成员弗兰克·安德鲁正在对他负责的厄休拉·曼德雷克的业绩及潜力讨论会进行总结。

弗兰克: ……所以我还是建议厄休拉在第三档中再留一年。

威尔(这个小组官方指派的主席,但是不管从他的座席还是行为上都看不出这一点):在我们重新投票之前,还有人对厄休拉的案例有任何疑问或意见吗?

克鲁格: 我还有最后一点想说。我能理解弗兰克为什么建议将她留在第三档,她的整体业绩结果尤其是和我们的一些欧洲同事相比,实在是无法达到这一档的评估水平,虽然她在引进新产品方面的表现还不错。可是如果今年不对她进行降档,那么我们必然会在下一年着重关注她的情况。我认为我们只是在这里拖延准则的严格执行。希望大家还记得我们的规则:任何不符合准则的例外都会自动成为第二年的特别审核对象。

威尔: 我们对这一点已经达成一致了,克鲁格。好了,我们现在投票吧,然后休息10分钟。(这时每个人都在一张白纸上写了些什么,折起来后递给威尔。威尔和坐在旁边的罗伯托将结果列成表格,其他人则离开房间,纷纷打起了必不可少的晨间电话。)

罗伯托:好了,至少这次投票结果没有上次那么票数相近了。弗兰克做了不少功课,你们觉得呢?我尤其感到震惊的是厄休拉高效地领导了新产品小组的创建,这可是之前不曾提到的信息。能在一年半的时间里推动三个新产品上市和运行,这很了不起了。

威尔:是的,但我也非常赞赏克鲁格最后提到的第二年工作。除非她能取得重大的年度业绩提升,否则我们不会相对于其他人公平地对待她。

(罗伯托走到黑板前,黑板上有一张X-Y双轴网格图,网格图中分布着许多标着名字的点,双轴中一条表示"业绩",另一条表示"组织建构"。他将厄休拉的名字标到了网格图中。在大多数这类小组中,罗伯托的任务都是由一个普通员工来完成的,但是这个会议不允许普通员工参加。这时成员纷纷回到了座位上。)

罗杰:好了,下一个是谁?我们最好加快些进度,不然我们都得改签航班了。鉴于我们每个人在这项任务上已经花费了6个工时,我想我们现在已经更加默契了。

威尔:下一个是马里恩·迈耶。回想一下我们上个月审核马里恩案例的相关内容,他的部门业绩,不管是去年还是和公司其他部门有关的财务状况都相当出色。这已经是马里恩部门连续第三年展现出了相同的提升，马丁的建议当时是将他提升至最高档。但是你们之中有人对这项提议存有异议，认为马里恩部门的市场地位和人员发展情况与其财务成果并不匹配。我们期待着马里恩能够利用下一档的人员组建起一个潜在的领导小组，但出于某些原因，马里恩没能做到。第一次投票并没有投出结果，所以我们要求马丁和罗伯特为我们提供更多的信息。

马丁：我们又与马里恩的上司进行了谈话，并且还和过去两年中在工作上和他亲近的三位管理者进行了交流。我们还从曾经为他工作过的人员处搜集了一些信息，其中有两位已经离开公司。我们还请求安德鲁帮忙核查了马里恩手下人员的评估资料，以更加真实地了解和评估他们所取得的进步和拥有的潜力。我们额外花费了三天时间做了这些工作，但我相信你们一定会赞同这额外的三天是值得的。

首先，好消息是马里恩确实提高了许多。大部分人都认为他比之前更加关注手下人员的发展，实际结果也正如我之前发给大家的材料中总结的一样。然而坏消息是，他确实还有许多需要改进的地方。虽然他已经不再是"人力压榨王"，但他依旧无法吸引或培养我们一直在寻找的潜力股。和其他地区部门相比，马里恩的领导团队仍然非常薄弱。

但是，鉴于他在自己领域取得的卓越成果，以及他长期强劲的财务表现，我们依旧强烈提议将他提升至最高档。

（这时，门突然被推开。公司首席执行官格伦冲了进来，迅速坐到位子上。）

格伦：各位，不好意思，因为是查理·琼斯（公司财务理事会主席）的电话，所以我不得不接。

米格尔：格伦，这可不行，为此扣你50比索[①]——捐到桌子那头的存钱罐里，帮助纽约的无家可归之人。

格伦：50？这也太狠了点儿，查理是董事会中何等重要的成员啊！

米格尔：规定就是规定。另外，迟到一分钟罚款10美元，大家觉得如何？

所有人：（异口同声）50美元！现在就给！（格伦窘迫地笑着从钱包中掏出了50美元。）

韦斯：（重新回到之前的讨论话题上）马克，马里恩在你手下工作，你对此有何想法？

马克：韦斯，正如马丁提到的，我已经给出了评价。我觉得不能因为我正好是这个理事会的一员就需要重复评论，这会拖累我们的进程。

肯：韦斯，他说得没错。还记得我们的规定：理事会成员不得提供任何特殊申辩的机会，不管是正面的还是反面的；让我们加紧进程。即使你有问题，比如"马克对此有何想法"，那么这个问题也该由马丁回答。

---

① 比索：多个拉美国家和菲律宾的货币单位。 ——译者注

马丁：自我们上次会议之后，马克的看法并没有改变。他坚持认为马里恩从两个维度来看获得的提升早已值得被提档。他还认为我们对马里恩的管理小组潜力持有的观点过于严苛，因为小组的成员年纪尚轻，而且在马里恩的领导下已经发展得相当不错。此外，早在马里恩接管这个小组时，这个集体的工作能力情况实在是算不上好。马里恩可能还没有完全激发出这些管理人员的潜力，但是他们在进步。有一件事情你们都忘了，在5年前对还是个小管理者的马里恩进行评估时，理事会甚至考虑停止他的工作。然而他现在已经跃居管理者集体中的前三，并且依旧在爬升。如果能有那么一个案例来下个对未来发展的赌注，那么这就是了。

肯：马丁，问题不在这儿。马里恩在这个职位已经5年多，这些时间绝对够他填补此前遗留下的人员能力漏洞。如果他真的是个二档管理者，那么此时他手下应该有一个人才满满的储备库了，而且还应该正在发展足够多的通道将人员输送至其他人力短缺的部门。如果我们仅仅因为他的年度业绩提升而忽视这一项不足，那么我们就是在纵容他牺牲长远发展来补足短期提升。

罗杰：这对他要求得太多了。没有多少管理者会因为马里恩接手时的人才饥荒而感到苦恼。而且他已经做出巨大的努力才让这块业务能够在财务上周转起来，更不用说将他的人才储备提供给其他人了。

威尔：好了各位，让我们重新回到手头的实情资料。我不介意大家将注意力集中有多么困难、多么不易，但是我们已经充分地讨论过了这一点。我们同时更加关注马丁、罗伯托和安德鲁提供的新资料，其中包括对马里恩业绩的一些客观描述，长期和短期的都有。

韦斯：我赞同，而且情况是这样的：马里恩的财务业绩这三年已经总共提升了超过20%，但马丁的最新报告明确显示他的市场份额在持续下滑。这让我不得不联想到他的管理人才储备一直以来毫无改变和提升。虽然这些人才作为个体都在进步，但是为什么马里恩无法吸引更多高素质的人员加入呢？他忽视了为我们未来在布拉格的地位至关重要的"基础建设"。

格伦：允许我在这里提出一个战略性的考虑点。我们都知道马里恩管理的这一领域对我们的发展战略有多么关键。我担心的是，如果今天我们不给他明确积极的指示信号，我们就有可能失去他。考虑到他手下的人员能力相对欠缺，我不认为我们应该冒这个险。

克鲁格：我明白你的顾虑，格伦，但是我觉得这是两码事，而且这种顾虑完全没必要。我们的根本目标是评估同事的绩效，而不是支撑起摇摇欲坠的战略计划。并且在我看来，你的观点进一步说明了马里恩并没有完成我们需要的人才发展工作。如果我们确实需要找人替代他，那么这对公司整体也是相当好的。这必然会要求我们从其他部门引进更年轻、潜力更大的人员，而且我们在这方面百战百胜。不要忘了，这个小组的最根本任务是提升我们整体管理人员的素质和产能，而不是分发更多的报酬。如果哪个员工不能产出平衡的业绩成果，我们就应该支付与其能力相应的报酬，并且随时准备换人。

威尔：快来不及了，各位。现在的讨论有些过于激烈和沉重了，而且快到午饭时间了。幸好我们计划了一小段湖上泛舟的时间，以便大家呼吸些新鲜空气，清醒一下。我还想借此时间讨论一下如何进行上次会议达成的4项工作终止决策。午饭过后大家再继续讨论马里恩的问题。

乔吉奥：各位请稍等。午饭之前，我还有一项特殊的奖励要颁发。大家都知道，肯在理事会中任职已久——这当然没什么问题，唯一的问题在于他总是穿着同一件毛衣，这件毛衣袖子上已经有了洞，而且已经有味儿了。我们此前希望肯能做点儿什么，然而并没有。这给了我们送他礼物的理由，而且我们已经不能忍了。肯，这是大家集资给你买的新毛衣，请你承诺你不会再穿这件旧的。

肯：这……我没有意识到这个问题，但这件旧毛衣对我来说意义重大……（这时罗杰和韦斯一把抓住肯，逼着他脱掉身上的毛衣，但是大家都很高兴。随后大家解散了去吃午饭，决定午饭过后再继续讨论马里恩的业绩评级。）

至此，我们能够非常清楚地看到一个真正的团队的活动方式，其中相互责任感是团队准则。团队中有公开的冲突和辩论，但这些冲突和辩论都非常有帮助且极具建设性。承担决策责任的一方既不限于公司等级体制也不关乎其所担任的官方职位。首席执行官的影响力并不比其他团队成员大，事实上，他受到的待遇以及他对待其他成员的方式都和普通成员没有区别。团队的进步永远追随着团队大目标所指向的方向，并且整个团队明显对自己先前设定的流程和方法坚定不移。

所有成员对自己的任务都尽职尽责，常常会同时负责两三个类似马里恩·迈耶的复杂案例。每个成员根据不同的情境在会议中扮演的角色也不同，所有人都对其他成员有绝对的诚信和责任心，确保工作的质量、决策的明智以及一致认可的团队目标能够有所收获。

官方的领导者能够扮演任何一个团队需要的角色，有时可能是一个一板一眼、严格执行日程的纪律执行者，有时可能是完全置身于团队讨论之外任由其他成员完成自己的工作的观察者。比起事事作为，领导者的地位在"不作为"的时候体现得更加明显。当然，他在团队的决策制定中拥有的影响力和其他成员是一样的。

这个集体也非常享受自己的工作，团队的会议充满干劲儿与激情，也非常高产。成员之间也会偶尔吵闹、开开玩笑，一边互相打趣一边展示出相互之间的尊重。他们定期对理事会的人员进行轮换更替，曾经的成员们无一例外地大方承认确实怀念那段经历。他们并非都是亲密的朋友，但是他们作为职工和管理者都对彼此有着强烈的关心与尊重。他们还在公司顶层建立起了高效的领导团队，更加突出了他们的独一无二。

向顶层团队绩效突围

有些人认为只有拥有"良好的人员化学反应"的集体才能像日内瓦湖执行团队一样运作。这种观点不免过于狭隘，甚至有些自相矛盾。在任何类型的群体中，不管他们是不是资深管理团队，"良好的人员化学反应"都是特例。并且比起大部分公司中将所有顶层人员都算在团队范围内，他们的个体人数越少，甚至只有两三个，其团队特征越容易识别。假使一些管理者自然而然地使团队产生了"良好的人员化学反应"，那么他们作为一个集体就应该充分利用产生的这些反应。但是像日内瓦湖执行团队表现出的相互责任感，或者像伯林顿北方公司和"达拉斯黑手党"团队成员拥有的相互责任感，都是从团队为了达成大目标而产出一个个具体团队工作成果的过程中产生的。即使要培养个体成员兼容性，那也是在这之后。

所以，在顶层建立团队最实际的方法不是寄希望于"良好的人员化学反应"，而是应该寻找促使管理者团结起来做实事的途径。一旦他们取得了成功，那么他们工作的任务、方法以及贡献都会呈现出一系列明显的模式特征，包括以下几个：

1. 整理出针对解决具体问题的团队任务。这些任务与整体领导一家公司实现其愿景、使命或战略的任务相比更加细小、更加具体。虽然公司愿景和战略发展本身就能够代表高级管理人员的集体工作成果，但它需要的不仅仅是审核和批准工作。而且，如果高级管理人员不将这些愿景或战略用于引导团队明确并达成一系列持续细化和具体化的团队任务，比如为市场管理能力的升级设计一个新方案或实施一次并购方案，那么共同创造出一个意义重大的愿景或战略带来的喜悦和激动很快便会消失殆尽。

比如"达拉斯黑手党"团队，他们坚守着许多有关业务融合与员工品质的具体团队目标，然后通过商讨关键账目报表、为办事处招收高级人才备选、对新的专业雇员进行培训、让年轻一辈接触责任更重大的任务，他们一一达成了团队目标。伯林顿北方公司则直接致力于产生各项团队工作成果，包括联运中心架构计划、活动宣传、资本预算提案，以及各办公室间通信软件和设备的购买与安装。第5章中提到科兹莫产品公司的管理者本可以为他们自己设定团队目标，以求提升新产品开发的质量，但是他们没有做到。这些都是我们所说的需要并且促成真正的团队的顶层管理工作成果。

2.将工作分派给团队的各个小组。我们观察的大部分团队并没有将他们的工作作为一个整个来完成。为了确保工作会议更有效率、更有意义，特别小组、项目团队和工人团队基本都是指派团队内的个人和小组进行筹备工作，以支持丰富的和有意义的团队工作会议。相反，高级管理小组几乎将所有共同的时间都花在对他人的工作审核、商讨问题和做出决策上。

我们了解到的成功顶层团队打破了这种模式，他们将具体的任务分派给一人或多人，并且希望被分到任务的人员产出的基本工成果能够在以后的工作会议中用于整合团队的成果。正因如此，成员们在没有完整团队会议的情况下也能团结起来做实事，进而确保团队能在讨论和决策会议之外收获整体的参与度和责任感。

3.在能力而非职位的基础上决定团队的成员身份。基于能力的成员身份确立缓解了等级制度下成员身份的窘迫之境。并不是每个向首席执行官汇报工作的人都必须有让自己立足的团队。有一点非常重要：对成员能力方面的要求一定要坚持如一，不做让步，而且不能以成员的官方职位定义他的能力是否对达成团队目标有帮助。如果不这么做，这个团队必然会在达成目标的过程中遭受由能力短缺带来的致命打击。

基于能力确立身份的方法促成了更多小团队的建立，这些更小团队的建立有助于解决特定的问题，能满足各种不同的能力需求。这些小团队和对单个问题的关注为顶层管理者提供了更多团队体验的机会，尤其当这些小团队中的成员有重叠和相互关联时，它们为顶层的更大的团队提供了可能性。

4.要求所有成员完成同等量的实事。团队任务要求每位成员（包括领导者）都脚踏实地地做实事，这和分派工作及审核他人工作是截然不同的模式。在真正的团队中，当任务分派到每个团队成员的手中，就是要求成员们必须自己完成这些工作。当然，特别小组或工人团队的成员可能会请求外援，此时就需要团队外的普通员工提供后援支持。但每个团队成员的辛苦付出在工作成果中必然是明晰可见的，他们对产出的第一手资料也是如此。与之相反，高级管理人员通常遵循实事委派模式，这种模式会潜移默化地排除团队的潜在贡献，由此带来的成果中会有高级管理人员的印记，但却无需付出汗水。这样一来，小组中每个人对工作成果的忠诚度和理解度会受到限制，虽说程度细微，但确实存在，此外小组的见解和创新潜力也会被禁锢。

联运团队的成员间就不会发生上述情况，他们共同运行设备、和供应商谈判、撰写广告宣传单、架构报价模型、建立通信网络。最终，参与各项具体工作的团队成员亲手为工作的经验和成果做出投资，团队成员之间收获了更高的赞许尊重和更深的信任。当然，联运团队也有委派给他人的工作，但是成员们各自都完成了足够多的实际工作，足以产生团队业绩所需的相互尊重和相互责任感。

5.打破等级制度下的互动方式。任何工作和贡献都不应该和等级职位挂钩。《塔拉哈西民主报》的弗莱德·莫特和其他高级经理同意共同准备相互的预算，此时的他们便是清除了妨碍团队业绩最顽固的思想：每个人的实际工作对团队的贡献必然只和他在等级制度中的职位和角色有关。通过这条定义说明我们便知，这种方式指向工作小组而非团队，因为它将个人做出的增值贡献彻底排除在外，而这些增值贡献已经超出了个人等级职位要求的工作范畴，却又非常重要。

比如《塔拉哈西民主报》，和其他大多数公司一样，它要求每位部门领导者编制一份预算，但是通常情况下，部门领导者绝不会亲自上手、研究或是帮助解决大量的权衡方案，况且这些权衡方案还涉及其他部门领导者的预算筹备，大部分管理者没有时间为每个部门完成这项预算。但是和《塔拉哈西民主报》中的管理者一样，大部分管理者能够抽出时间深入地参与另一个部门的预算筹备。在《塔拉哈西民主报》的运行团队采取了这种方式后，效果立竿见影，大家在"制作完整的书面报告，而不是只有自己的部分"中萌发了相互尊重和相互责任感。

这种非等级制度的任务分配，为团队工作成果和团队业绩的建立提供了最基本的原料。比如一位不负责人力资源的管理者面试了一位应聘者，而这位应聘者应聘的职位也不在这位管理者的部门里，其他团队成员就会将这位管理者付出的时间和精力看作对团队的贡献。"达拉斯黑手党"的领导者坎菲尔德在向一位年轻的同事汇报关键账目报表工作后也产生了同样的效果，花园州砖面与外墙公司的领导者查理·鲍姆帮助销售组长在进行客户售后追踪时产生的效果同样如此。正常情况下，管理者的许多贡献都必然和他们的等级职位和经验阅历有关。但是如果没有每个人超出各自职责范围做出的源源不断的贡献，那么大家都不会再有机会代表团队做出什么实际的工作了。

6. 设定并遵循与其他团队相似的行为准则。 顶层经理当然需要花费时间聚集到一起，审核他人的工作，并且进行决策。正如我们此前提到的，团队讨论和决策活动与工作小组的同类活动之间最本质的区别，在于成员们对决策成果付出的相互责任心的多少。高级管理团队可以制定并遵循我们在第 6 章中总结的能够帮助所有团队的行为准则，进而发展出更进一步的相互责任感，同时还要避免等级制度的束缚，提倡开放、忠诚与信任。

上文回顾的任务和团队成果模式也是一系列明确的行为准则。

通过明确具体的团队目标，将这些目标委派给个人或小组自行完成，确保他们中大部分人都提倡非等级制度和非正式贡献，顶层管理者能够也一定会产出支撑团队业绩目标的工作成果，利用业绩目标对公司产生增值性的影响。

小结

本章讨论的主要问题是如何确定公司业绩期望何时才能保证顶层团队贡献水准。工作小组和团队两者之间微妙又艰难的抉择，即使做了也不是一劳永逸的。顶层集体需要每过一段时间后就重新审视自己，看看他们选择的运行模式能否能够最好地应对瞬息万变的业绩挑战。如果选择工作小组模式，顶层小组就能避免承担跨越转变和失败的风险。团队业绩则需要成员们在繁忙的管理日程中挤出时间投入其中，因此团队的付出能够弱化个体责任。顶层团队的失败会引发大家对团队的怀疑，甚至会造成小组采取伪团队的态度和行为方式，而这种伪团队的方式不堪一击又难以摆脱。这些下滑现象都会给小组造成巨大的损失，而且如果顶层小组总是对团队的优势感到摇摆不定、难以抉择的话，付出的代价会更大。

另一方面，选择团队的方式就等于保证了巨大的业绩潜力，并且为集体提供了优于工作小组方式的重要优势，这些优势中有一些甚至无法用数据衡量，比如有利于发展团队内部更坚定的忠诚度。此外，在团队业绩目标和工作成果达成后伴随而来的还有可见实体的增长。顶层团队产出业绩的可能性并非全无，选择团队的方式也不是轻易就能被剔除在外。

归根究底，选择工作小组还是团队，困难之处主要在三个精妙的判断中：一是当个体业绩合计到一起后能否达到小组的共同业绩目标；二是每位管理者的内在品质、能力；三是领导者的决策和处事态度。根据我们的经验，人们很少对这些方面给予应有的深思熟虑。

小组就公司的集体期和他们的个人潜在贡献之间是否存在差距，主要取决于一些艰难的判断抉择。比如，我们发现组织面临第10章描述的类似重大改变时，顶层团队需要做出一些必要的团队业绩。但如果不存在团队业绩，那么便难以估测关键管理者的潜在"个人最佳水平"。有才华、尽心尽力、愿意分享自己的见解和最佳实践方法、互相支持的管理者，即使他们没有组成团队，也能取得很大成就。但是必须明确的是，这些管理者不会卷起袖子、亲自带领团队产出集体工作成果以及增值业绩。

我们还必须仔细考虑管理小组中每个人的品质、能力和态度。拥有才能的"全明星"管理队伍，能够以工作小组的形式比才能欠缺的集体收获更多的成果。事实上，假使顶层人员中存在能力缺陷，团队工作方式或许能起作用，因为真正的团队能够找到方法为个体查缺补漏，为员工提供更具支持性的、专注于业绩的才能发展道路。另一方面，如果管理者是"全明星"阵容，这个团队的业绩潜力无疑会更大，甚至有机会发展成为一个高效能团队。

在工作小组向团队转变的过程中，管理者的能力和态度也影响着过程中涉及的风险程度。如果没有开放和坦诚的态度，那么建立信任、相互依赖与责任感所需的建设性对立立场和辛劳工作都不可能发生。而且，对于公司和处于其职业生涯顶端的高层管理人员来说，个人风险非常大，这种坦诚的态度所冒的风险不仅仅是感情受伤和自尊心受挫。强烈的个人主义者可能会拒绝将自己的个人抱负屈从于团队。如果他们被逼迫必须这么做，那么他们肯定会离职。

最后要说的是领导者。人们普遍认为大多数组织的顶层领导者会采取工作小组的方式。事实上，即使顶层小组公开坦诚地讨论工作小组与团队的选择问题，也需要领导者的支持和鼓励。除非领导者出面明确并强制说明选择团队方式，并且坚持推动潜在团队一直发展下去，否则工作小组的方式会自动进行接管运作。我们相信更多的顶层领导者应该向他们的同事推介新的团队工作方法，并且公开持续地与大家共同讨论这种方法。

对于小组能否建立实际的团队大目标和小目标、整合需要的能力、形成实在的团队工作方法，除非有规定的规章管理，一般这类讨论可以通过思考一些关键问题的对策答案得到提升。为了达成这种方式，可以对下列问题进行思考和研究。

团队大目标和小目标

1. 我们能否将公司使命转化为更加团队式的具体业绩目标，包括我们作为团队能够共同达成的增值业绩目标？如果可以，这些目标具体有哪些？

2. 什么样的具体主题、机遇或问题值得他们付出团队贡献和产出一系列集体工作成果？是否可以在一两个人身上先对团队贡献试水？
3. 我们如何才能确定每个人都将自己的优先事项置于集体大目标和小目标之后？
4. 我们如何才能根据小目标评估相互取得的进步？如何才能监控成为团队后的效率？

能力互补

1. 我们是否拥有一些在担任官方角色和承担职责时无法最佳利用起来的重要能力？
2. 我们可否在官方职责范围之内和之外协同工作，更好地利用我们集体的基本能力和经验？
3. 我们之中的一些人可否发展其他领域的能力，并且协助团队加强整体能力？
4. 我们能否调整成员，将下级纳入，以提升我们的集体能力来达成特定的目标？

工作方法

1. 我们能否打破等级制度模式，将工作任务根据能力而非职位进行分配？我们能否将领导角色分配给除首席执行官之外的其他人？
2. 有什么具体的规则能够帮助我们更好地协同工作，并且

"平衡"我们个人的实际工作对集体目标做出的贡献？
3. 我们能否将我们的小组重新组织成针对具体问题、机遇或发现问题的特定小分队？
4. 我们如何才能最有效地在下级人员中培养团队？

没有人能保证以上这些问题能帮助顶层团队提升业绩水平，但是它们一定能帮助团队创造有利的条件，帮助团队更加关注、创造团队的潜在机遇，进而增加团队业绩提升的可能性。

"顶层团队"是个被误解的概念。除非一个组织正面临重大变革，否则团队可能并不是必要的，但这绝不表示选择团队这一方式不明智。是否需要团队完全取决于业绩状况和参与的个体人员。我们相信许多顶层管理集体以工作小组的方式就能够发挥最佳效能，同时我们也相信许多集体能够成为团队，尤其在他们认可了团队概念的灵活性和避开管理团队运作的错误认知后。我们认为对于特定的问题，在完全确立工作小组的方式之前，团队方式也有可能被采取并且值得一试。在顶层成为一个团队极为困难，但也绝非想象中那么难于上青天。团队方式绝对是一个强有力的选择，值得大家付出更多的精力和更多的关注。

12
高管如何做

高绩效组织中的领导

高级管理层在团队问题上扮演的角色不是一成不变的。过去，高层将应给予团队的支持大多留给了别人。为了寻求更好的绩效，高层把自己的时间与关注都投入到改变策略、个人任务安排、更多样的组织形式、管理程序与重要领导性倡议行动。如果公司已经有很稳定的绩效标准，真正的团队无论如何都能得以建立。但在绩效方向不那么明确、稳定的公司里，比如处于20世纪80年代早期的伯灵顿北方公司，高层对团队的善意忽视却让其自然发展，反而提高了绩效。但这属于例外情况，并非定则。

高层的首要职责当然是带领公司追求绩效，而不是建立团队。此外，说到应对任何具体绩效挑战时的最佳方式，建立团队也并不是包治百病的灵丹妙药。高管必须将团队与策略、个人任务、组织层级与结构、基本管理支持以及跨领域工作流程予以综合均衡考虑。但正像本书贯穿说明的一点，我们认为团队越来越成为重中之重。简单来说，团队将会是未来高绩效组织的绩效基础单元。因此，成功的高管也会越来越关注绩效与能达成绩效目标的团队。

如果说跟团队一样简单又禁得起时间考验的东西，就能激发未来组织的绩效潜能，这可能有些冒失，但团队似乎的确一直以来都表现如此，尤其在优秀的公司里。公司高层的团队越来越能创建并实现有力的新愿景，充满能量的员工里总藏有团队成员，成功的质量与业务再造重组也是基于团队模式。这并不是偶然，也绝非巧合。因此，渴求获得高绩效的高管必须更多地了解、注重团队。而且这一任务必须自己完成，不能由他人代劳。

在团队中管理层扮演好自身持续变化的角色的关键，就在于把注意力、公司政策以及资源都集中到最能提升绩效的团队上。我们说的政策，是指全公司的人都会据此认识真正的实践规则，比如判断团队对高层有多重要以及为什么。只有特定的关键政策利于团队建立与绩效追求，公司才会积极考虑采用团队模式的可能性。要特别注意的是，谁分到了团队机会以及这些机会所带来的晋升、加薪前景能反映出高层是否真的看重团队与团队绩效。

从公司政策角度看，如果团队任务不是常规的、成功的、职业道路所不可缺少的一部分，那么这一团队就无法吸引到最棒的人才，不能激发工作激情，绩效也无从谈起。只要个人成就仍盖过团队成就，人们就会一直对加入团队持谨慎态度。相反，政策如果能确保人们都可以获得持续、常规的团队经验，并且团队贡献能得到与个人贡献一样多的回报，那么建立团队与团队绩效就会得到鼓励。另外，把一个团队从无变有或抓住了个人绩效表现机遇就是最珍贵的回报之一。如果团队与团队成员得不到足够的新机遇，那么团队模式就会再一次败给个人责任与个人成就的价值观。

然而比政策更重要的是管理层如何利用资源以及自己的时间与精力培养团队绩效。在这里，管理层的职责有三方面：一是发现并确定哪个团队对绩效的影响力最大；二是懂得如何帮助团队提升绩效曲线；三是懂得如何应对不同团队（运营团队、建议团队与制作执行团队）所特有的问题。

管理层如果对团队经常遇到的普通挑战足够熟悉，就能为具体的重要团队提供高价值的帮助。要熟悉的内容包括了解选择团队模式或工作小组模式时可能遇到的问题，知道是否需要、什么时候需要以及如何帮助团队严格遵循团队基本要素。重要的是，要密切关注具体团队处在绩效曲线的哪一段，以及团队是伪团队还是高效能团队，更要注意之后该如何做。

管理层为弄清团队在何处意义最大以及不同团队所特有的问题，方法之一就是将团队分为运营团队、建议团队与制作执行团队。现在，这一点应该很明显了，但我们遇到的大多数管理层对团队的理解仍比较狭隘。当然，他们能够分清上述不同种类的团队，但在工作中，面对自己公司的绩效挑战时，他们还是倾向于忽视全部团队机遇。以下内容将有助于解决这类问题。

运营团队

　　运营团队包括从企业最高层的小组到战略业务单元（SBU）以及各职能部门层级的小组。一个运营团队可能掌管着几万员工，也可能只有几个员工，只需要负责一些商业事务、进行中的项目或重要的职能活动。不像建议团队（例如专项小组），运营团队通常没有明确的日期限制。从某种意义上看，他们的工作永远不会结束。

　　一般来说，管理层通常应关注所有的运营团队。但管理层的职责范围较广，所以这样的要求经常无法实现。例如，第11章中描述的美国保诚保险公司的罗伯特·温特斯与他的行政办公室人员就无法给予每个运营团队相同的关注，进而像其他管理层一样，集中关注最能影响公司总体绩效的团队。

　　现在，大多数管理层对运营团队的关注都聚焦于个人职责与绩效表现，但这种关注必须逐渐转移到团队绩效上。运营团队特有的相关挑战包括：①选择团队模式还是工作小组模式。②团队领导者的角色。③过渡问题。正如我们在第11章中阐明的那样，选择团队还是工作小组这一问题既微妙又十分重要。很多工作小组能够与运营团队一样高效。对小组本身以及管理层来说，判断的关键因素就在于面对的特定绩效挑战是否需要采用团队模式及承担其附带的所有风险。如果最棒的人才集合就已足够，那么追求团队绩效可以是选项之一，但并非必选。如果必须达成实际共同工作成果的实质性绩效提升的话，相关管理者应该承担从工作小组转变为潜在团队，再转变为真正的团队的风险。

　　管理层如何才能最佳地帮助潜在运营团队取得显著进展，部分取决于公司的绩效标准是否稳固。公司（如惠普、摩托罗拉）建立团队的通常做法是直接将合适的绩效挑战摆在合适的人面前。如果绩效标准没有足够稳固，管理层就需要加大关注力度，可能需要仔细挑选自己将监督和帮助的团队，因为在一切尘埃落定后，除非仅凭管理层的努力能产生一个或更多的真正的团队，否则其他的都很难有影响。

　　对潜在运营团队来说，最艰巨的挑战通常是确定具体的团队愿景、目标与集体工作成果。团队总是会将公司整体的宽泛目标与处于高层的自身"小组"的具体目标弄混。容易弄混的原因是因为运营整个公司的小组的目标必须与公司的目标或愿景保持一致且密切相关。

　　要想建立一个真正的团队，必须有一个特别的、具体的团队目标，需要团队成员都挽起袖子，齐心协力超越凭个人之力做成事情的目标。如果管理小组所做的只有就分派给他人的工作进行一番简单讨论然后做出决定，那么真正的团队所必需的工作-成果活动就会成为空白。此外，如果只根据自己运营部分的经济绩效表现来评判自身效能，小组就不会发展任何团队绩效目标。

　　管理层在这里能为团队提供巨大的帮助，通过与他们一起思考作为团队应做什么以及依据什么来评判表现。这就需要帮助团队找到个人工作、分派他人的工作与团队工作成果间的平衡点、合适的各种潜在能力以及资源支持。另外，持续密切关注团队在解决这些问题上的进展如何也很重要。

　　管理层的帮助还可体现为帮助团队主管提升自己的领导态度与能力。正如我们在第7章中建议的那样，大多数团队领导者，尤其是运营团队的领导者，都必须发展自己的团队领导能力，因为管理工作小组与管理团队是不同的，而且面对每个团队挑战都需要做出不同的调整。例如，好的管理者会期待或被期待做出绝大部分决定与分派大多数任务，而好的团队领导者会积极寻求一种团队模式来进行决策与职责分派。因此，管理层通过特别关注以及提供所需支持，能为正试图进行过渡转变的团队领导者提供很大帮助。

　　潜在运营团队成为真正的团队或高绩效团队后，管理层能做的贡献就是小心处理由成员变更（尤其是领导者更换）带来的团队转变或终结。正如我们在第7章中建议的，新成员对团队来说既是威胁又是机遇。所以管理层可直接提醒团队要关注如何使新成员融入进来，而新的领导者如果来自团队之外，那么对团队来说就不只是转变了。因此，在新的人选敲定后，管理层需要小心引导团队，避免丧失绩效势头以及产生失望情绪。

　　关于新任领导者的最后一点，也是总被忽视的一点，甚至有稳固绩效标准的公司都可能会忽略。例如，第9章里描述的迪安·莫顿的医疗器械部，在管理层将团队领导者换为迪克·艾伯汀后的绩效势头丧失是本可避免的。很少有人注意到团队的偏好，而且正如很多真正的团队中的成员一样，他们认为自己团队中的一员本应获得该职位。因此，团队的关键人物都离开了。艾伯汀花了数月时间进行团队重组，建立起了自己的团队。部门的绩效表现仍旧出色，但如果"接力棒"传递顺利的话，对艾伯汀、团队、雇员、客户以及股东等都有好处。

建议团队

建议团队包括专项小组、项目小组以及被要求学习与解决特定问题的负责审计、质量或安全的小组。与大多数运营团队、制作执行团队不同，建议团队通常有预先设定的完成日期，除了少数工厂层级的安全小组外。如果管理层请求团队来解决绩效相关问题，而不是行政活动（例如组织销售年会），那么这个团队自然是十分"重要"的。相应地，如果管理层想要最好地将时间与精力投入团队中，可以限制好团队数量。

建议团队会面临的重要问题有二：在建设性的基础上快速起步与面对不可避免的"交接"，让他们的建议被采纳。潜在建议团队顺利起步的关键在于计划的清晰度与团队成员的组成。除了想要知道他们的努力为什么重要以及如何重要外，专项小组还需要明确地知晓管理层期待谁参与以及积极投入需要倾注多少时间。管理层能够提供的帮助可以是确保团队拥有制定实用建议所必需的人才与影响力，使得建议在公司上下都具有足够的效力。此外，管理层还能提供必要的配合，如开绿灯以及处理政治阻碍。

伯灵顿北方公司专项小组（非伯灵顿北方公司）就很好地阐释了管理层提供清晰计划与合理的团队组成的重要影响。公司请求让14名员工在45天内研究并提出最佳的市场营销组织方式，市场部主管任命斯蒂夫·布利甘斯领导这一项目。布利甘斯之前带领过一个人力战略特别小组，但小组缺乏清晰的计划，管理投入也不足。所以他也承认，在接到又一个特别小组计划时并不是很令人激动。

布利甘斯决心不再犯人力战略特别小组的错误。于是，他给市场部主管发了一份长达4页的描述，说明自己对特别小组任务的一些考虑。"尽管书面形式可能过于正式，也不十分合适，"布利甘斯这样写道，"但我认为这个项目很有可能会失败，除非我们事先就能有个一致同意且清晰明确的规划。"

布利甘斯还坚持特别小组要有充分的自由来探索任何认为有用的组织方式，包括那些可能会挑战市场部主管与其他高管想法的方式。另外，他还坚持要用自己的核心团队与14人特别小组中的4人来做项目的实际工作。他仔细挑选拥有合适能力的人才，即足够了解和熟悉公司、全心全意以及坦诚、勤奋的，值得依赖的人。小组后来成为真正的团队，在45天内"零失误"地完成了建议任务，所采用的手段也极大地挑战了市场部的既有方式。这无疑是个好消息。

然而在此之后的执行完全是另一幅局面了。不论是在建议提出之前还是之后，布利甘斯的团队与管理层都没有给予足够的关注，没有让新组织安排的人员参与进来。以一种非常典型的模式，这个团队提出了自己的建议，与管理层进行了一场非常好的讨论，然后就解散了。市场部里最容易被建议影响的人既没有被要求，自己也没有主动花时间来基本了解一下建议。无论是有意如此还是出于别的理由，这些建议又会对他们产生一些风险，所以市场部的人干等着管理层也不足为奇了。基本上什么也没有发生。

工作交接的困境几乎一直是建议团队的软肋所在。即便是最为成功的特别小组都有可能陷入这种"交接"困境。为避免问题的产生，必须将职责转交给执行建议的人，而这需要管理层投入时间与精力。据我们观察，几乎无一例外，管理层越以为建议方案会"自行发生"，情况就越不可能如愿实现。最糟的情形就是像布利甘斯的团队以及第9章中描述的白兰地酒团队那样，即接受了的建议被交给了管理者，而他们既不了解也没有多大的信念要促成建议的实施。

相比之下，特别小组成员越参与到自己提出的建议执行中，这些建议越可能被真正实施。特别小组提出的建议蕴藏着一个绩效机遇，管理层可通过允许成员继续做下去来利用好这个机会。但就团队之外的人员愿意接受的执行程度而言，管理层应推动这个机遇，确保成员尽可能早地（早在建议制定完成之前）参与到实施中来。

参与实施的形式有很多种，包括参与访谈、帮助分析、提供想法或建议以及进行试验等。至少每一个负责建议实施的人在工作开始前与进展回顾中都应做一次有关特别小组方式以及目标的简报。

管理层参与得越多，直到开始了解、相信甚至修订这些建议时，收获也就越大。例如，DH&S变革团队就明白了这个道理，所以在建议制定完成之前就积极吸纳了公司数百名合伙人参与进来。

制作执行团队

制作执行团队包括在一线或接近一线工作，负责基础调查、研发、运营、市场、销售、服务以及其他商业增值活动的员工。此外也可能包括新产品研发或流程设计团队，它们一般都没有完成日期的限制。

我们认为管理层在确认哪个潜在团队对绩效影响最大时，应该关注所谓的公司"重要交接点"（直接决定产品与服务的成本及价值的地方）所面对的绩效挑战。重要交接点可能由账目管理、客户服务、产品设计与生产能力决定。如果重要交接点的绩效依赖于实时结合多种能力、不同视角与判断，那么选择团队模式是可行的。但如果基于个人职责的安排能以合适的成本最好地满足客户的价值要求，那么团队可能是个不必要的选择，反而可能具有破坏性。

如今的劳动分工状态使得团队越来越可能成为公司的绩效基础单元。越来越多的团队会出现在工作一线，应对包括有关客户服务、全部质量以及持续提升与创新具体目标的绩效挑战。但这并不意味着团队模式就是必需的，在很多情况下，基于个人职责的劳动分工也是完全合理的。

而如果公司的确需要在重要交接点建立众多团队，并提升这些团队的绩效曲线，就需要精心构造一系列以绩效为关注点的管理程序。简单点儿说，管理层的问题就是如何建立起必要的系统与程序支持，同时避免为了私人利益而影响团队。

这个挑战的微妙程度与困难程度远比我们一开始想的要深。大多数管理层会这么想："当然，我们想要绩效，但我们也不会为了建立团队而建立团队的。"但是，我们却看到不少领导者真的把建立特定团队数目设立为初始目标，还有更多的人是在不经意间就掉入了这个陷阱。

问题就在于公司里人们很难把管理层的话当作权威命令。管理层在谈论团队的重要绩效作用时，不可能不谈团队本身。但情况经常是，当他们谈论团队时，即便很直白地联系到绩效，下面聆听的员工也不会将二者联系起来。如果管理层不联系绩效就宣布启动团队行动，就更可能会造成这一无意的后果。特别是在绩效标准薄弱的公司，员工可能"就是不明白"。如果管理层没有持续强调团队与绩效的联系，员工会认为"今年我们就建团队"。最后，团队行动会丧失大部分绩效潜能，甚至可能产生愤世嫉俗的情绪。

这一现象在一家我们称之为"流动科技"公司的一项重要团队行动中有充分体现。与其他公司的管理层一样，流动科技的管理层也认为新产品研发的成功依赖于团队，所以决定建立一种基于"绩效、员工与流程"的"团队文化"。公司管理层明确表示，参与团队将有利于个人事业的发展。此外，管理层还阐释了一套团队价值，成立了指导委员会，为团队建立了其他结构与程序支持，提供如何建立团队的指导，对团队领导者与领军人物进行了详细的分工。

　　表面上看，流动科技的管理层开了一个好头，但公司的绩效标准并不十分稳定。尽管公司新提出的团队文化包含了"绩效""员工"与"流程"，但它未能把每个特定团队与其具体绩效挑战间联系起来。另外，管理层以为顺利的起步就已经足够，之后没有再提供任何指导或评估，只是一遍又一遍地重复团队有利于新产品研发的说辞。最重要的是，流动科技的领导者完全不关注具体团队在应对特定新产品研发挑战时，是否遵循了人数、能力、目标、方式以及责任的团队基本要素。

　　可想而知，结果是令人失望的。一位员工指着一个人数众多的公司团体，说出了一句典型的评论："那个'团队'，他们有着很多不同的任务，但仔细一看其实差不多，都是公司之前的老一套。"

　　实际上新的团队文化并没有培养出新的团队。那些已经建立的团队——任何公司都存在一些团队——则继续存在，处于挣扎状态的潜在团队继续挣扎。一些本可以从真正的团队方法中获得很有前途的产品研发机遇，在没有团队的情况下继续进行了。事实上，用本书中的术语来说，流动科技的团队行动基本上只产生了一些暂时性的成果、一些团队合作价值、很多伪团队以及大量的愤世嫉俗情绪。显然，流动科技的管理层并不打算启动一个团队方案。

　　为避免相同的命运，管理层需要建立起以绩效挑战、评估标准以及能力为关注点的结构性支持系统，这些对于提高团队绩效是十分必要的。他们要做的工作可能包括围绕团队进行组织，将其作为基础绩效单元以及强调适时培训。培训可包括团队问题解决、决策、人际交往以及领导能力的培养，可以根据每个团队的具体绩效要求适当选择。

管理层也可通过建立一些工作程序，像"知识就是金钱"与"团队绩效"薪酬计划机制，以及通过提供团队之外的专业知识渠道来帮助团队。最关键的是，管理层必须对具体的团队做出清晰有力的要求，然后毫不松懈地关注团队进展，关注团队基本要素与绩效成果。

团队与高绩效组织

我们认为关注绩效与追求绩效的团队，会显著提高管理层带领公司成功成为高绩效组织的可能。再一次说明，我们不认为团队是唯一的答案，但它是拼图中非常重要的一块，因为驱使团队的动力同高绩效组织必需的行为和价值紧密贴合，也因为团队模式就是如此实用。

关于高绩效组织的能力，人们有着很多共识，但对其背后支撑着的具体的组织形式与管理方式存在争议。没有人会质疑这些公司价值，例如"顾客导向""信息化""关注全部质量"以及"持续提升、创新"的"充满力量的工作人员"。在这背后有着6个共同特征，其中唯有均衡的绩效成果在领先公司的发展方向讨论中一直被忽视。

1.均衡的绩效成果。在本书伊始,我们就指出"新范式"公司的初始标准应是绩效。比如说运营10年的公司才是高绩效组织——不论是通过何种方式。你可以不同意10年的标准,因为也许真正的高绩效组织能做到在竞争中永远表现出色。但我们很难质疑绩效不是高绩效组织的关键标准。

在某种程度上,绩效显而易见是高绩效组织的一项特征,但经常未被言明,所以人们就以为其他特征是目的而非达到目的的手段。我们所知的一个主管团队的故事就说明了这一点。在列出"高绩效组织"的所有特征时,他们举出了所有的属性,但没有任何人提到一项具体的绩效成就。

同样重要的还有均衡的绩效标准,它有利于大型商业组织的基础组成部分:客户、雇员与股东/股票持有人。公认的高绩效组织(例如李维斯、宝洁、惠普与高盛)都有着众所周知的均衡绩效目标,他们持之以恒地为雇员、客户以及股东提供绝佳的成果。他们能吸引到最棒的人才、拥有令人艳羡的顾客群、保持最高的收益水平都绝非偶然。

与之紧密相关的还有均衡的绩效目标,重点强调创立新范式、建立未来的高绩效组织。知名组织变革领导者(例如通用电气、摩托罗拉以及美国运通下属的IDS公司)都明确表示自己在多重维度上追求的绩效成果。

2.清晰、有挑战的志向。不论是套用什么字眼,如"愿景""任务""战略意向"还是"方向",都必须清晰、有挑战性,且有利于所有关键组成部分的企业志向。有太多的愿景是这样:一份来自高层的、意图达成一致接受的"愿景要求"的书面形势报告。可能所有人都会阅读它，甚至可能会被挂在墙上，但它对于那些工作在一线的、行为与价值会产生实际影响的人来说没有任何真正的情感意义。愿景的目标、意义与绩效含义都必须能与所有受其影响的人沟通，要让他们明白公司的成功对他们来说不论从理性考虑还是情感方面都大有裨益。

伸手摘星并不只是一个理想说法。过去、现在与未来的高绩效组织不仅创造财富，还创造"意义"。因此，像"成为最佳"是高绩效组织中十分常见的字眼，尽管它在不同地方有着不同的含义。在惠普，它意味着争取独特的顾客忠诚度；在高盛，它意味着一流的客户群体质量；在莱德骑士集团，它意味着以顾客为导向；而在麦肯锡，它意味着客户影响。不论是哪种超越金钱的意义，它都让人们为自己是一项高要求、富有挑战性的事业中的一员而自豪。

3.投入、关注的领导力。高绩效组织的领导者也极力追求着绩效。他们倾注大量的时间与精力，并且以其他标志性的行为持续关注着公司的发展方向，毫不松懈地投入到绩效所需的沟通、参与、评估与试验活动中。真正全身心投入的领导者会激发全公司的信心，相信对绩效的追求是实现经济增长与个人发展的最佳方式。

这样的领导当然不一定需要在高层形成一个团队，但这种团队的力量是不可否认的，因为成员间都是如此的投入、专心。此外，如果公司遭遇了我们在第10章中描述的重大变革，很难想象如果在高层没有一个真正的团队提供专心致志的领导，变革能够取得成功。

4. 充满干劲努力生产、学习的员工。"善于学习""高适应力""自我指导"以及"坚持长久"等这些高绩效组织特征，都依赖于公司内众多员工准备好赢取胜利并且准备好迎接胜利所需的挑战。在这个日新月异的世界里，绩效要求做出改变。而反过来，这些改变在进行前必须为众人所理解并得到检验。没有公司能够禁受得起员工陷入"这不是我的工作"或"不是这儿的风格"的态度。公司员工必须要有激情，积极询问、尝试新方式、从结果中学习经验并且为改变的发生积极承担职责。

任何一家我们所知的知名企业在打造充满干劲、高产的员工时都主动运用团队模式。工业企业如福特、威尔顿钢铁、希悦尔，摩托罗拉、通用电气、马丁·玛丽埃塔公司的高科技实验室与会议室里，德勤、IDS、高盛的财务及专业服务活动里都运用了团队模式。提高公司基础的生产力与学习能力就意味着团队发展——就是如此简单明了。

5. 基于能力的竞争优势来源。公司应一直寻找并充分利用十分珍贵的资源，如自然资源、对分销渠道的有力控制、响亮的品牌名称以及专利与其他政府许可等。但一般人们都认为如今工业大多已进入了这样一个时代：持续的竞争优势属于那些发展了核心能力与核心竞争力的企业，这些能力和竞争力使他们能够赢得现在更注重的"移动而不是固定站位"的战斗，它们更能拔得头筹。的确，创新、顾客导向服务、全面的质量与持续的提升都是高绩效组织所需的品质。

核心能力一直依赖于团队能力。例如，要重新基于顾客需求设计工作流程就需要能够跨职能部门进行整合的团队。无论何时，将多重能力、经验与判断结合在一起的价值提升要求的提出，就是对团队绩效的挑战。而团队可为工作能力发展提供一个绝佳的（经常是无法超越的）磨炼空间。

6. 开放的沟通与知识管理。学界、商界、媒体界已有不少观察者认为知识已成为与资本、人力一样稀缺且重要的因素。没有人会质疑信息科技对高绩效的重要作用。但"科技"在被一些人称为新产业革命的背后包含的可不只是硬件与软件，还包括蕴含着开放沟通与知识管理的共同价值与行为准则。例如，一位评论员指出信息时代的组织里没有警示只有指导。为了"信息化"公司绩效，正确的信息必须在正确的时间抵达正确的人手里以影响绩效。此外，那些人必须对最终结果负责，否则放权到个人就是危险的。

我们已经观察过团队是如何促进开放的沟通与知识管理的。麦肯锡的快速反应小组（第5章），就明确把知识管理作为目标的一部分，也帮助了咨询师与其客户了解世界范围内有哪些最佳方案。但是，正如我们好几次发现的那样，真正的团队总会寻找新的事实并在团队内以及对外进行分享。真正的团队为了完成工作会沟通、学习一切需要探讨、学习的知识，团队之"门"永远是敞开的。另外，"延展团队"会使沟通与知识管理的效果更佳。

知名思想家对拥有这些特征的高绩效组织有着多种多样的描

绘，彼得·德鲁克将其描绘为"管弦乐队"，奎因·米尔斯的描述是"簇丛"，罗伯特·沃特曼的描述是"特别委员会"，兰姆·查伦的描述是"网络"。甚至我们有个共同喜欢的说法——"水平组织"。尽管概念范围宽广，但这些人似乎对以下三点都表示赞同：一是未来的组织设计比起主宰着20世纪的多层次命令——控制型的层级组织会更加简单、灵活；二是追求均衡，倾向于组织工作与流程相关行为而非职能或任务；三是强调团队是公司的关键绩效单元。

小结

我们在进行观察后，对团队的强调与推崇会加强而非取代其他更为熟悉的组织方向与设计的价值。管理层会继续关注竞争的方向与方式（筹划战略）、改变个人角色和任务的变化（新的工作描述）、重新调整汇报关系（重新组织）以及修改管理政策与程序（修订系统）。但是我们认为管理层会越来越关注团队，理由有三：

第一，团队能增强个人、层级与管理程序的绩效能力。正如我们在书中一直说的那样，团队绩效要求团队内每位成员高度投入。每个人都必须做出承诺，发挥专长，做好实际工作来达成团队目标。此外，成员还必须既共同合作也单独工作。共同责任与个人责任，二者缺一，团队都是无法成功的。相应地，集体成就与个人成就一起，使得团队成为绩效提升与个人成长的主要推动力。令人意外的是，在我们所知的团队中，没有人因自己加入过团队，承担过团队职责而碰到职业障碍，事实与此正相反。例如，"一零"团队、连接团队、"达拉斯黑手党"、伯灵顿北方公司团队以及DH&S团队中的好几个成员在此之后都走向了更高的管理层，承担更大的职责。我们实在很难举出有谁因曾是真正的团队的一员而处于不利地位。

团队还能提高基础管理程序（如筹划、预算与评估）的绩效影响。例如，在弗雷德·莫特的《塔拉哈西民主报》管理团队中，我们在预算这一环节就看到了高层团队模式。通过要求每个部门的计划与预算都必须由部门领导者与另一名团队成员共同准备，《塔拉哈西民主报》获得了更强的协调能力，同时也更加专注。团队启用跨职能部门工作流程（如新产品研发、物流以及订单生成）时也会产生同样的效果。摩托罗拉也用团队来管理、整合自己的供应管理程序（详见第9章），柯达的黑白产品制造程序、《塔拉哈西民主报》的广告销售订单程序，都得益于团队管理。每种情况下，团队都是尽可能满足跨部门程序所需的多重能力与视角的要求，来达成程序自身的最终绩效目标。

与一些流行意见相左，团队并不意味着层级制度的毁灭。事实正相反，团队与层级使得相互表现更为出色，因为结构与层级在特定界限内能够产生绩效，而在边界方面团队能有效地搭起桥梁，追求更多更高的绩效。

几百年来，层级结构帮助组织通过对工作、任务与职责的专注、分割以及设立有效界限创造了巨额财富。当然，从组织流程上看，一些界限将会移动，一些层级也会平面化，但层级与结构的界限不会消失，只要它们对绩效仍有价值。如果情况的确如此，层级与结构中哪里有最佳结果所需的多重能力与视角，哪里就存在潜在团队机遇。因此，新产品创新需要结构提供持久的出色职能功能，同时也需要通过团队消除职能中的偏见。同样，一线生产需要层级提供持久的方向与指导，也需要通过自我管理的团队带来的能量与灵活性。

第二，团队十分实用。意思是大多数人都能做好团队工作。当面对建立"管弦乐队""网络""簇丛"诸如此类的呼吁时，很多领导者都会稍有迟疑。无论多感兴趣，固执的管理层还是会直白地质疑，这些新提出的概念能否像清晰分明的个人职责一样高效地满足公司当下的绩效需求。有的人甚至把它们看作高绩效背后特征的字面总结。因此，他们对如何具体运用这些新观点仍不确定。团队其实没有这些"如何做"的麻烦。团队会在绩效挑战中茁壮成长，团队会拥有领导者，团队会拥有纪律规则。没错，这些都是有关团队重要的违反直觉的知识。绝大多数管理层依据自己的常识与所具备的能力就能搞定团队。

第三，团队当然能获得成果。正如本书中各例反复证明的那样，团队对高绩效组织 6 项特征的一一推进，首先就是从绩效成果开始。真正的团队几乎一直比处于相同情境的一组个体或小组表现得更为出色。团队还有助于建立和沟通清晰的、基于绩效的志向目标。或许能说明这一点的最佳例证就是DH&S团队了，在其确定了志向目标后，团队成功地将从"审计师中的审计师"转变为"真正的商业顾问"的目标，并在整个事务所普及开来。新的愿景在DH&S掀起了一场复兴，使得事务所的客户、雇员与所有者——合伙人都大受裨益。

我们还在DH&S与伯灵顿北方公司看到坚定的领导力量。当然，公司将继续从远见的领导者那里受益。但正如联运团队所显示的那样，来自高层团队的远见领导能产生卓越的成果。这样的领导几乎不可避免地会激励公司上下积极呈现出联运团队与"达拉斯黑手党"（详见第4章）中的那些团队特征，而后者则展示了另一种以愿景为导向的团队领导。

当然，当这种情况发生时，高层团队有助于建立对绩效的专注与激情，二者对打造提升生产力、学习能力以及基于能力的竞争优势的员工队伍尤为重要。这些特征在组织的其他地方也得到了团队的帮助，特别是在工作一线。这一点在许多公司中都能体现，包括摩托罗拉、柯达和通用电气等。

通用电气位于纽约州爱德华兹堡的工厂为我们提供了一个团队激励员工、建立关键能力的绝佳例证。几年前，爱德华兹堡还是通用电气最为传统的工厂之一——工会化、层级式、相对来说赢利不高。而现在，工厂里的400名员工组成了27个团队，每个团队都直接向工厂经理汇报。各团队在绩效曲线上的位置各不相同，但都自行选定领导者、自行制定目标、共同执行自己的工作方法。不到两年的时间，工厂的生产率得到了提高，成本有所下降，客户也觉得服务更好了。在这样一个强烈、传统的工会工厂里出现激情与绩效关注可能令人难以置信，但这种担心并没有阻挡工人们采取团队行动，他们认为这有利于自己、客户、管理层和通用电气。在我们看来,这有力地显示出人们本能地希望有更好的绩效表现。

当然,我们无法证明团队对绩效而言是必需的,尽管我们真心地相信是这样。但我们能展示出众多未来组织预言者一直将团队纳入自己的愿景背后的逻辑。真正的团队在绩效面前越来越强大。如果没有弄清如何将个人优势与集体优势相结合应用于具体绩效任务,团队是无法成功的。团队总是比个人更有力量,也比大型组织单元更加灵活。风险承担与试验探索都能使团队获得支持,而这两样对学习、改变以及能力发展都是至关重要的。最后,团队是动力、回报与个人发展的源泉,无法被任何企业薪酬或事业规划方案所复制。综上,我们可以很确切地说,团队就是高绩效组织的缩影。

管理层应该主动建立团队与团队绩效,而不是坐等出色的团队凭空出现。当然,在不同的公司,管理层如何以及何时才能最好地利用团队机遇也有所不同。此外,管理层层必须首先并且着重关注绩效,而不是团队数目。但我们深信在每个公司面对的具体绩效挑战面前,团队是管理层可用的最为实用、有力的工具。因此,管理层的重要职责就是确定团队在何处能产生影响,然后多加关注,为团队表现创造机会。团队最大的益处就是它现在就能带来改变。

后　记

行动起来

团队的智慧蕴藏在团队自身之中。这份智慧不在于创造高效能组织，不在于管理转型过程，不在于巩固绩效体系，更不在于启发领导力的新领域，而在于小小一群人对比自己更庞大的事业坚定不移，同时这份事业也离不开他们。

关于我们的最后一个案例，我们和编辑、出版社、研究员、顾问出于各种逻辑性的理由，一度尝试隐去这个案例，因为它放在这里并不合适；它并非商业的案例，也并不典型，更没有在合适的时机体现出合适的特征。但是，和大多数高效能团队一样，它毫无逻辑可言。或许比起我们讲述的其他任何一个案例，这个团队更能激起情感和精神上的共鸣，来支持我们的论点。

杀人蜂团队

本书撰写之初，我们曾下定决心避开体育领域的例子，因为这类例子已在团队领域泛滥，并且经常出现误导性的类比。但是在本书的最后，我们还是决定将杀人蜂团队呈现出来，这是一支来自纽约布里奇汉普顿一所男子高中的篮球队。布里奇汉普顿是美国纽约附近的长岛南海岸上的一个小镇，除了夏季度假的人们，长年居住着一些辛勤工作的中等收入群体。

布里奇汉普顿的冬季是高中男子篮球季。几乎所有的常住居民，甚至连同纽约夏季来度假的人们都十分狂热地推崇杀人蜂团队——其中有着充分的理由。杀人蜂团队是一支无与伦比的传奇团队。自1980年以来，他们积累了164胜32败的记录，6次打进全美冠军季后赛，并且两次夺得冠军，另有两次打入四强半决赛。这对于一支校园球队来说已经相当不错了，要知道学校的总招生人数自1985年以来已从67人跌至41人，而全校的男生数量更是连20人都不到！

约翰·尼尔斯执教杀人蜂至1991年，他说："我也不知道为什么我们打得那么好，没有哪个球员是特别出色的，但他们合为一体常常就表现得非常出色。我认为社会家庭在其中也起到了重要作用，他们多年以来一直支持着这支团队。他们的父亲、兄弟和堂表兄弟中有曾经的队员，他们的母亲、姐妹和姨母不遗余力地为他们加油鼓劲。"

尼尔斯其实太过谦虚了。事实上，尼尔斯的队内只有也仅有7名队员，队内没有任何有力的明星球员，甚至连队员们身高也并不出众。所以，尼尔斯和球员们每年不得不另辟蹊径，开发不同的能力和比赛策略。为了赢得比赛，杀人蜂的球员们必须将多面性、灵活性和速度发挥到极致。他们的比赛强项是"团队篮球"，这让他们不管走到哪里都排在最优秀之列。

然而，如尼尔斯所言，杀人蜂团队成功的另一有力依据便是他们坚定不移的态度。杀人蜂团队拥有内容丰富、深刻的目标。他们的使命不只是赢得篮球比赛,而是立志要为自己所处的社群带来荣誉和赞许,将这份荣誉和传统好好捍卫和加强,世世代代永存。他们都清楚其中的内涵和缘由。

篮球造就了一个更紧密相连的布里奇汉普顿社区——这甚至让我们都有些嫉妒。因为篮球,球员间建立起了友谊,许多家庭有了良好的社会环境和社会意义感,也让这个小镇拥有了荣誉和认可。所有这些在其他任何地方,仅靠几场篮球比赛的胜利是远不可能达成的。这就是杀人蜂团队的目标的本质意义所在。

所有这些反过来推动了团队惊人的职业道德和能力发展特征。布里奇汉普顿的男孩们上学前就打起了户外街头篮球,并且一年365天不停练习。有人犯规出局、摔倒受伤、毕业或转学时,他的队友们会替补上阵,继续打球。并且,尼尔斯明显不是球队的唯一领导者,每场比赛根据不同的情况和在场的球员,都会产生即时有效的领导者。尼尔斯1991年退休后,由卡尔·约翰逊接替出任教练,而他自己也曾是杀人蜂队的球员。

杀人蜂队的球员似乎总能随机应变;10多年来,面对强劲、更有天赋的对手,杀人蜂队总是能后来居上,赢得比赛。1989年,纽约政府计划关闭这所学校,与另一所学校合并。对此,家长和朋友们坚持不懈地向州监理局抗争了数月,但显然不起任何作用。到了比赛季,杀人蜂队在准备本赛季最后几场比赛的时候,学校似乎注定前途渺茫。

比赛当天晚上,杀人蜂队开场状态非常不稳定。临近比赛结束,他们依然落后,并且似乎必输无疑了,正在这时传来了消息:州政府放宽条件,再给学校一年的时间。霎时间,比赛场馆中群情激昂。这个好消息带来的情感号召力和激情是如此的振奋人心,帮助杀人蜂队重整旗鼓,最终赢得了比赛,并且又一次打入了全美季后赛——这是他们历史上又一轮后来居上、赢得胜利的比赛。

和大多数高效能团队一样,成为杀人蜂队的一员本身就是奖励。尼尔斯坚持认为学校表现才是最重要的,他的所有的队员也都顺利毕业,大部分都进入了大学。但是,在大学里几乎没有队员体现出球类运动的天赋,也没有队员发展成为优秀的篮球明星。成为球队的一分子当然没有任何报酬,但对他们而言,最好的奖励便是成为这支独一无二、鼓舞人心的高效能团队的一员,这同时也是一段珍贵的回忆。

大家可能会认为这都是教练的功劳,1991年尼尔斯连同三名毕业的老球员一起离开了球队。对其他人来说,少了一位这般优秀的领导者和启蒙者确实是一大损失。至少大家觉得球队会经历几年的低迷和重组,甚至有可能就此终结球队的高效能神话。但是,那些热衷推崇杀人蜂球队的人并未如此,他们依旧看着球队在接下来的赛季中冲出小组赛,好像什么都没改变过——面对占据上风的强劲对手依旧所向披靡,依旧在球迷的欢呼声中后来居上,依旧为他们的社群带去荣誉和认可。但是,对于这些活动或社群精神,我们的描述远远不及里克·墨菲在《东汉普顿明星》中的描述,它生动地讲述了杀人蜂队对阵强劲的杰弗逊港队争夺季后赛的一席之位:

> 这所有都增加了杰弗逊港队的完胜可能性吧?错!……噢,确实大获全胜,不过是杀人蜂队"屠杀"了对手,赢得了胜利……杰弗逊港队的球员们心急如焚。杀人蜂队则在半场区高枕无忧,身高略胜一筹的杰弗逊港队队员们发现这种战略相当

不错……杀人蜂队在半场时将比分追到3分之差，但杰弗逊港队在比赛第三节中又慢慢将比分拉开至8分……随后出现了十几年来仍发挥作用的战术：新教练卡尔·约翰逊命令进行全场紧逼，扑面而来的压力让对手疲于应付。这种战术如此有效，帮助杀人蜂队在短短几分钟内就将胜利收入囊中。对观众来说，拉蒙特·威彻、特瑞尔·特纳、罗伯特·琼斯将比赛场馆变成了人间地狱……皮尔森的导师肯·亨特总结得很精辟："杀人蜂没有重组，而是重装上阵。"

或许有一天这些辉煌会结束。但可以肯定，我们还未了解到其他任何一支高效能团队能像杀人蜂队这般长久成功。要扼杀这支高效能团队的精神，只更换一位教练是远远不够的。《东汉普顿明星》在最新一季季后赛胜利后，如是总结：

> 布里奇汉普顿球迷们的队伍也相当庞大，比赛过后虽说有些兴奋得头晕眼花，但球迷们并不惊讶，虽然杀人蜂的孩子们在吵架的时候处于劣势，至少十一区的测试委员会是这么认为的，但杀人蜂就是杀人蜂，他们想要胜利，而且取得了胜利。这成了传统，记录说明一切。全美没有哪个高中篮球队能像他们这般成功。

当然，和其他体育类团队一样，杀人蜂队的案例并不是一个可以完美类比商业的案例。但他们还是拥有高效能团队的典型特征，这些特征同伯灵顿北方公司联运团队、《塔拉哈西民主报》"一零"团队、快速反应团队、"达拉斯黑手党"团队体现的一样，都是团队成员之间互相极度忠诚，对团队目标和绩效十分坚定，由此迸发出了工作并娱乐着的强大工作理念、互补及互换的能力、共享的领导力、不可思议的成果。

我们真想和杀人蜂队来场比赛。

行动起来

我们仔细听取了所有不选择团队方式的理由，其中许多理由即使不令人信服，也是合理和可以理解的。然而，虽然我们尊重这份不情愿，但我们坚决维护自己的基本论点：大多数反对追求团队方式的观点并不能掩盖团队带来的优势。绩效提升的机遇太大了，不能让误解、经验缺乏、不确定性或错误的假设（甚至以前团队的失败）阻碍了前进的道路，而且为达成团队绩效必须承担的风险和采取的行动绝对都在我们大多数人能力范围之内。

本书列举了许多案例和图表，如果此时你内心深处依旧不相信团队能为绩效带来重大的改变，那我们鼓励你亲自探讨一下，眼见为实。看看杀人蜂队，抛开你所在组织的文化和氛围，亲自找一找组织中真正的团队。找到之后，观察他们的行为，审视他们的成果；和团队成员聊一聊团队中起作用和不起作用的要素，问问其中的缘由。或许您没有在本书中找到想要的答案，但通过参与到您周围的团队中，一定可以有所收获。我们开始撰写本书时，也曾以为我们对团队无所不知。但直到我们深入探究真正的团队时，才学会如何衡量他们拥有的潜力。为了填补团队说明中出现的漏洞，我们认为最好的方式就是亲自看看他们的行动。

对于那些已经相信团队的读者，我们想说："赶紧着手打造团队绩效吧！"从您周围拥有成为团队潜力的集体开始，但不要逼迫成员变得团队化。您应该发起开放式讨论，由大家共同商讨成为团队需要的绩效和目标，随后重新设置这个集体的目标：是否明确、具体、可衡量、专注绩效？如果不是的话，就寻找解决方法。询问自己达成目标的过程中是否需要具体的团队工作成果。不用担心敏感问题和团队行为，直到你已经全力解决了少数人员、能力、意图、目标、工作方法和责任感这几个基本要素。事实上，你可能会惊奇地发现，找到一种方法来获得你们都认为重要的结果这种决心，让那些可疑的敏感因素消失得无影无踪。

在小组中，应当更加关注能力和态度，而非关注风格和个性。如果有些成员存在能力欠缺，那么小组如何才能给予他们关注、时间和支持，帮助他们发展能力并为团队绩效做出贡献呢？如果有成员实在无法达成，设法给予助力，或者直接将他们替换掉。永远不要自满于团队的能力；比起放弃目标，与团队成员或合适的高层管理者一起直面前方的问题才是更好的选择。最重要的是，不要简单地只成为一个团队，而是给自己实现团队绩效的机会。如此一来，结果将出乎你的预料。

如果你身处的职位需要帮助其他人组成团队，那就从遍布所有机构的伪团队着手。不要让他们自欺欺人，也不要欺骗别人。不要再叫他们团队，也不要让他们假装成为团队。一定要坚持让他们在工作小组和团队之间做出真正的选择。没有什么比伪团队更令人失望的了，也没有什么比看到伪团队的人员和高层管理人员直面解决其中的问题更加振奋人心了。

　　接下来转向潜在团队，这些团队对绩效来说最为关键。再次重申，不要告诉他们"即将成为团队"，而是对他们提出绩效要求。鼓励或支持他们致力于一个对他们有意义的共同目标，并且专注于一系列他们能互相负责的绩效目标，确保他们的工作方式建立的基础是为绩效目标做贡献、设立一个个小里程碑作为集体工作成果。如果必要的话，"将他们锁在房里"，直到他们商量制定出一系列共同认可的目标和衡量方式。密切关注他们的能力，并且鼓励他们自己也多加注意。需要思考他们能否取得预期的效果，或者你是否需要为这个能力组合做点儿补充。总之，要确保关键的能力短板能够填补，因为没有团队可以在没有恰当能力的情况下成功。如果有需要，对他们进行正式的培训，但在此之前先给他们一起奋斗甚至相互争吵或不知所措的机会。最重要的是，当他们开始兴奋，甚至对自己要尝试的事情认为不现实时，不要阻拦他们。不羁的激情正是团队的原动力。

　　最后，在你的组织中为团队的胜利大大庆祝一番，奖励成员为团队做出的成绩，可千万不要小看反馈的力量，我们全靠它兴旺壮大。当你有幸激发出了一个高效能团队时，请不要阻碍他们，确保组织中的其他人也意识到这个团队独特的成就和贡献。若是你自己正身处这个高效能团队中，那就尽情地工作、尽情地享受吧！

致　谢

就"团队"这一主题著书出版，我们进行了反复思量。毕竟大众早已对"团队"的概念烂熟于心，市面上有关"团队"的图书比比皆是。不过，我们认为这类图书中大部分仅是专注于说服读者"团队很重要"，或者为如何促进团队合作提供建议。相反，我们感兴趣的是，真正的团队和非团队对努力求取改变和绩效的人来说到底有何意义？秉持着这样的理念，我们希望能发现一些与众不同的东西，或者至少在我们看来别出心裁的点子。

核心团队

卡罗尔·弗兰科是哈佛商学院出版社的编辑，他大概是第一个提出"我们最好成为一个团队"的人。我们这支诚意满满的团队招收的第一个人是南希·陶本斯拉格，她的加入是一件再自然不过的事，因为她在"快速反应团队"（第5章）中是举足轻重的角色。南希的加入为我们带来了纪律严明的项目管理技巧、严谨有序的思考方式和充满质疑却饱含建设性的批判主义精神，这一切于我们来说是弥足珍贵的。南希还不断提醒我们对团队应有自己的感情，对此我们深表感谢。

随后我们发现了马克·沃里斯，他本来是一位自由职业记者，后来却成了团队中最具驱动力的成员和"秘密武器"。多亏马克对真实故事孜孜不倦的追求，我们才能获得诸多深刻的见解。马克从不轻信任何事，天生就有侦探般敏锐的直觉，他妙笔生花，其文笔比我们所有人加起来还要好。我们还没完全把他变成团队的顾问（谢天谢地），但确实在让他朝这个方向发展。

吉吉·哈内德-安诺尼奥和特里西娅·亨尼西一遍又一遍地打字输入、归档、寻找资料，将我们最终使用要求的材料记录在案。数不清有多少个深夜，这两位还伏在案前负责把本书中的内容输入计算机。多亏了他们的辛勤付出和耐心，本书才得以问世。更重要的是，很多时候计算机故障、文件丢失、材料放错位置等问题惹得作者恐慌不已，是他们一次次挺身而出安抚作者的情绪。事实上，有一次卡扎[①]在长岛度周末（据他回忆是这样），不小心把所有微软软件包和文件全弄丢了。他绝望至极，当天夜里就回到纽约，幸好他的儿子雷（一位在西雅图工作的计算机经理）给他打长途电话教他恢复文件，在此，真诚地向雷说一声"谢谢"。

卡扎真正开始动笔写作是在暑假期间，这让他的家人倍感沮丧，但他为自己工作狂式的生活方法找到了解决之道，他深知自己的太太琳达天生就是一位杰出的编辑和读者，内心希望她能够加入本书的创作者行列。当然，琳达是个聪明人，才不会轻易落入卡扎的圈套，但她最终接受了丈夫的邀请，并要求记录下夫妇俩为本书贡献的时间，

[①] 卡扎即作者之一卡扎巴赫。——编者注

结果，总时长居然有几百个小时，卡扎为这本书的辛劳付出可见一斑。琳达对我们而言也是弥足珍贵，因为这一路上我们风雨同舟（顺便说一下，她十分讨厌这种措辞），她一直是智慧和内容细节的灵感来源。

最后加入我们团队的是艾伦·坎特罗。他那饱含智慧的编辑能力让本书升华到全新的高度。艾伦对本书的态度比所有人都要谨慎，他甚至花了很长时间才真正相信我们要出一本书。最终，他也上钩了。毫无疑问，他为之投入的时间、奉献和付出都满足核心团队的要求。正是艾伦孜孜不倦的鼓励和引导，让我们有能力为这本书投入真正的智慧。

其他主要贡献者

感谢以下人士对本书的大力支持和辛勤付出。感谢迪克·卡瓦纳、唐·果戈尔和罗杰·克兰牺牲自己的时间通读本书的初稿，感谢你们的鼓励和建设性的批评意见，尤其感谢卡瓦纳不辞劳苦地提供独特的见解，并将我们引荐给一些团队。感谢弗雷德·格鲁克、特德·霍尔和比尔·马塔索尼阅读本书终稿并给予及时的鼓励，感谢麦肯锡的大力支持。此外，还要感谢哈佛商学院出版社挑选的匿名"同龄群体"读者。感谢你们每一位在本书初稿出炉时付出的时间和努力，并坦诚地为我们提供细节化的反馈信息——这些反馈对我们来说意义非凡（即便是对本书深恶痛绝的人留下的评论也有深刻的意义）。肯·库兹曼和克里斯·加尼翁为本书选题做了大量的初期工作，为我们思考团队和一些优秀案例提供了最初的框架和轮廓。

感谢罗伯特·沃特曼和汤姆·彼得斯在卡扎动笔写作之前与他相伴，反复斟酌我们最初的想法，帮助我们避免潜在的共同创作的陷阱。你们的很多观点对我们都极具指导意义。

特别鸣谢弗兰克·奥斯特罗夫帮助我们进入一些重要的非麦肯锡客户公司所做的努力。感谢鲍勃·卡普兰、迈克·内文斯、戴夫·诺布尔和布鲁斯·罗伯逊不辞劳苦地为我们在重要公司之间安排讨论和案例分析。感谢麦肯锡天资聪颖的视觉顾问基恩·泽拉兹尼，他已为麦肯锡工作近30年，感谢其创作的插图概念框架。

感谢鲍勃·欧文巩固了我们的表现曲线，并帮助我们强化对高层工作小组的想法。感谢黛安·格雷迪和阿什利·史蒂文森让我们进一步了解为何团队对于应用广泛的前线挑战而言至关重要。感谢史蒂夫·迪希特与我们分享他对团队和转换型变化的见解。感谢谢全仁在领导力和改变团队方面增加内容时的鼎力相助。感谢迈克·默里率先指出让我们专注于公司良好的职业道德。

除卡罗尔·弗兰科之外，哈佛商学院出版社倾力相助的同仁还有盖尔·特蕾德维尔、戴维·吉文斯、纳特·格林伯格、萨拉·麦康维尔、比利·威斯以及莱斯利·塞特林。

其他对我们的见解进行耐心思考的人还有：迪克·艾什莉、苏珊·巴奈特、查理·鲍姆、莫莉·贝利、马文·鲍尔、埃斯特·布里默、罗威尔·布莱恩、约翰·塞西尔、史蒂夫·科利、艾莉森·戴维斯、道尔夫·迪比西奥、查克·法尔、鲍勃·菲尔顿、彼得·弗莱厄蒂、迪克·福斯特、彼得·弗伊、拉里·卡纳里克、杰夫·莱恩、吉尔·马默尔、斯科特·麦斯威尔、麦克·普瑞图拉、吉姆·罗森塔尔、布鲁尔·萨克斯伯格、查理·斯科特、简·史密斯、安迪·斯泰恩胡伯、沃伦·斯特里克兰、罗伯特·泰勒、丹尼斯·廷斯利、朱迪·韦德、彼得·沃克以及唐·维特。

最后，感谢真正的团队和非团队与我们分享经验和见解，感谢你们为本书提供真实、有效的帮助，以及为本书贡献的时间和知识。更重要的是，同所有真正的团队一样，你们承担着将自己公之于众的风险，对陌生人也坦诚相待。感激之情难以言表，感谢你们的付出让本书最终得以出版，我们也从中受益良多。